A.S.アイクナー編

ポスト・ケインズ派経済学入門

緒方俊雄／中野守
森義隆／福田川洋二　共訳

日本経済評論社

A Guide to Post-Keynesian Economics
Edited by Alfred S. Eichner
Copyright © 1979
M.E. Sharpe, Inc.

凡　　例

1. 本書は，Alfred S. Eichner (ed.), *A Guide to Post-Keynesian Economics*, with a Foreword by Joan Robinson, M.E. Sharpe, Inc. 1979 の全訳である。
2. 原文中の"……"，ならびに論文名は「　　」で示した。また著書名は『　　』で示した。
3. 書名と外来語をのぞく，イタリックの原文は傍点を付した。ただし，外来語であっても，必要と思われるときには傍点を付した。
4. 人名や特定の専門用語は，初出のところに原語あるいはルビを入れておいた。
5. 本書文中の〔　　〕内の言葉は訳者が挿入したものである。また，若干の説明が必要だと思われる用語については，各章末に訳者注を付した。
6. 本書中の引用文で邦訳書のあるものは参照したが，訳文は必ずしも邦訳書どおりではない。
7. その他，翻訳にあたっての表記等は慣例に従った。

執筆者一覧

アイリーン・アッペルバウム (Eileen Appelbaum) は，Temple 大学の経済学教授である。彼女が公刊した労作には，シドニー・ワイントロープ編の *Modern Economic Growth* 〔1977年〕の中の「ラディカル・コエノミックス」に関する一章がある。彼女は成人女性の労働力〔市場〕への復帰と高校生の職業志願に関する調査に目下取り組んでいる。

A. アシマコプロス (A. Asimakopulos) は，カナダの McGill 大学の経済学教授であり，*An Introduction to Economic Theory : Microeconomics* 〔1978年〕という教科書の著者である。彼が学術雑誌に発表した論文には，"A Kaleckian Theory of Income Distribution", *Canadian Journal of Economics*, 1975年5月号，および（ジョン・バービッジと共同の）"The Short-Period Incidence of Taxation", *Economic Journal*, 1974年6月号が含まれる。

ジョン・B. バービッジ (John B. Burbidge) は，カナダの McMaster大学の経済学助教授。論文には，"Internally Inconsistent Mixtures of Micro-and Macrotheory in Empirical Studies of Profits Tax Incidence", *Finanzarchiv* (no. 2, 1976年), および（A. アシマコプロスと共同の）"The Short-Period Incidence of Taxation", *Economic Journal*, 1974年6月号がある。

リチャード・X. チェース (Richard X. Chase) は，Vermont 大学の経済学教授である。彼は学術雑誌にケインズに関する幾つかの論文を発表しており，特にパラダイムの転換を強調した社会経済的変化の性格に関する調査に目下取り組んでいる。

ジョン・コーンウォール (John Cornwall) は，カナダの Dalhousie 大学の経済学教授。公刊した著書には，*Growth and Stability in a Mature Economy* 〔1972年〕と *Modern Capitalism : Its Growth and Transformation* 〔1977年〕がある。彼

は目下スタグフレーションの研究に取り組んでいる。

ポール・デヴィッドソン (Paul Davidson) は，Rutgers 大学の経済学教授，そして *Journal of the Post Keynesian Economics* という雑誌の共同編集者である。彼は，かつて，Continental Oil Company の assistant research director であった。彼の主著 *Money and the Real World* 〔2nd ed. 1977年, 『貨幣的経済理論』（原正彦監訳，日本経済評論社，1980年）〕は，貨幣に関するポスト・ケインズ派の文献の中の基本的労作のうちの一冊である。彼は，Ford Foundation と Brookings Institution の両方にとってのエネルギー問題に関する研究の共同執筆者である。

アルフレッド・S. アイクナー (Alfred S. Eichner) は，ニューヨーク州立大学 Purchase 校の経済学教授ならびに Center for Economic and Anthropogenic Research の研究所長である。彼は，*The Emergence of Oligopoly : Sugar Refining as a Case Study* 〔1969年〕と *The Megacorp and Oligopoly : Micro Foundations of Macro Dynamics* 〔1976年，『巨大企業と寡占——マクロ動学のミクロ的基礎——』（川口弘監訳，日本経済評論社，近刊）〕の著者であり，*Controlling Social Expenditures : The Search for Output Measures* の共著者である。

ピーター・ケニヨン (Peter Kenyon) は，1977年に Virginia 大学に居を構えるまでは，オーストラリアの Adelaide 大学の tutor であった。彼は，ジェフリイ・ハーコート (Geoffrey Harcourt) との共同論文，"Pricing and the Investment Decision" を *Kyklos*, 1976年9月号に発表している。

ジョン・A. クリーゲル (J. A. Kregel) は，Rutgers 大学 Livingston 校の経済学教授である。彼は，*Rate of Profit, Distribution and Growth : Two Views* 〔1971年〕と *The Reconstruction of Political Economy : An Introduction to Post-Keynesian Economics* 〔2nd ed. 1975年，『政治経済学の再構築——ポスト・ケインズ派経済学入門——』（川口弘監訳，日本経済評論社，1978年）〕の著者である。

バズル・J.ムーア (Basil J. Moore) は，コネティカット州の Wesleyan 大学の経済学教授である。彼は，*An Introduction to the Theory of Finance*〔1968年，『現代金融入門』前田新太郎・漆崎健治訳，第三出版，1974-7年〕と *An Introduction to Modern Economic Theory*〔1973年〕の二冊の教科書の著者である。彼が学術雑誌に発表した論文の中には，"The Endogenous Money Supply", *Journal of Post Keynesian Economics*, 1979年9月号がある。

アレッサンドロ・ロンカッリア (Alessandro Roncaglia) は，イタリアの Perugia 大学の政治経済学(ポリティカル・エコノミー)教授である。彼は，*Sraffa and the Theory of Prices*〔1978年，ただしこれは，1975年の伊語版のJ. A. クリーゲルによる英訳版，伊語版からの日本語版は，『スラッファと経済学の革新』（渡会勝義訳，日本経済新聞社，1977年〕の著者であり，イタリアとイギリスの雑誌に価値と分配の理論に関する諸論文を寄稿している。

目　次

凡　　例……………………………………………………………… i
執筆者一覧………………………………………………………… ii
はしがき…………………………………………………………… 1
序　　文………………………………ジョーン・ロビンソン…… 5
1. 総　　論……………………………アルフレッド・S.アイクナー…15
2. マクロ動学…………………………ジョン・コーンウォール……31
3. 価格設定……………………………ピーター・ケニョン……45
4. 所得分配……………………………ジョン・A.クリーゲル……57
5. 税の帰着……………………………A.アシマコプロス……71
6. 生産理論……………………………リチャード・X.チェース……81
7. スラッファの貢献……………アレッサンドロ・ロンカッリア……97
8. 労働市場…………………………アイリーン・アッペルバウム……109
9. 貨幣的要因…………………………バズル・J.ムーア……127
10. 国際的次元…………………………ジョン・B.バービッジ……145
11. 自然資源……………………………ポール・デヴィッドソン……157
12. 展　　望……………………………アルフレッド・S.アイクナー……171
　　参考文献……………………………………………………190
　　訳者あとがき………………………………………………199
　　索　　引……………………………………………………215

はしがき

　おそくなって，多くの経済学教授たちは，2，3杯のお酒を飲んだあとで，経済学のカリキュラムの中心をなす理論について彼ら自身の留保事項を告白しはじめるだろう。その理論は，経済的諸制度の作用について知られている多くのことと対立するものであることを，彼らは認めるであろう。「そうはいっても，われわれの学生に他に何か教えるべきものが存在するのかね」と彼らはたずねるであろう。

　この問題は容易に答えることができるということが，わかる。経済学の初級・中級・上級課程で学生たちに提示される「新古典派総合」に対する代替理論が存在しているからだ。その代替理論とは，本書の主題であるポスト・ケインズ派理論である。

　だがほとんどの経済学教授は，この代替理論にまだ気付いていないようである——そして，〔気付いているとしても〕彼らの学生にそれを進んでふれさせようと思う人はそれにもまして少ない。このことは，ポスト・ケインズ派理論に——これはその主要な考えが今から20年以上も昔のものであるという事実にもかかわらず——彼らが十分慣れ親しんでいないためでありえようか。広くゆき渡っている新古典派理論とポスト・ケインズ派代替理論との間の主な相違点を概説している論文がほんの2，3年前に *Journal of Economic Literature* (Eichner and Kregel, 1975年) に発表されているとはいえ，その論文があまりにも専門的に高レベルでありすぎたためでありえようか。その論文は，おそらく，あまりにも簡潔なものであったために，新しいアプローチによって論究される経済学の重要な分野のすべてを明らかにできなかったためであろうか。まさか，ポスト・ケインズ派理論の正統派経済学に対する挑戦がどれほど根本的なものであるかを偏見のない同僚たちが今だに正しく評価することができないでいる

というのか。このような幾つかの可能性を考えてみれば，経済学の初心者（neophyte）のために書かれるポスト・ケインズ派理論に関する一連の論文が必要であることは明らかであった。経済学の教授たちが彼らの学生にポスト・ケインズ派理論をふれさせない理由がどんなものであろうとも，その理論は彼ら自身に対して，あるいは彼らの学生に対して近寄りがたいものである，というからではないはずである。

　幸いなことに，私は Challenge 誌の編集者マイク・シャープ（Mike Sharpe）から彼の雑誌のために私の著書『巨大企業と寡占』への続論についての話をすでに持ちかけられていた。あの著書が〔ポスト・ケインズ派の〕はるかに多くの文献のうちのほんの一部でしかすぎなかったので，最良の続論は，ポスト・ケインズ派理論に関する一連の論文となるであろう，と私は彼にいった。彼はこの提案に快く同意してくれた。そしてそれは，最初，Challenge 誌における一連の論文を生み出す共同研究の開始となり，そして今やジョーン・ロビンソンによる序文のついた書物という形でのこのような発刊となった。

　共同研究はいくつかの理由で幸運なものであった。第1に，マイクだけでなく実際に Challenge 誌および M. E. シャープ社のすべてのスタッフもその企画に取り組むことに賛成してくれたことである。彼らがどうしてそんなに協力的でありえたかを想像することは困難である。第2に，本書の各章へと移し変えられたそれぞれの論文は，経済学に特別の訓練もしていない人々に対してさえもわかりやすいものでなければならないというのは，マイクによる主張であった。この主張は提示されている考えの重要な点検――一般に学術雑誌には欠けている点検――に役に立った。この方針を遂行する実際の仕事は，まず初め，Challenge 誌の編集長マレイ・ヤノウィチ（Murray Yanowitch）が，そして次にマイクおよびジャッキー・シャープがあたった。表現の明晰さと思考の一貫性は，彼らの並々ならぬ編集努力にほとんど負うている。アーノルド・トヴェル（Arnold Tovell）にも謝意を表わす必要がある。彼は論文が Challenge 誌に発表されてから本書の出版にこぎつけるのに決定的な役割を果たしてくれた。

　しかしながら，本書の発刊に対して最も功績のある人々は，個々の論文を執

は　し　が　き

筆してくれた著者たちである。彼らは各々，ポスト・ケインズ派理論のより良い理解に特別の貢献をしてくれた。場合によっては，彼らはポスト・ケインズ派理論と一般に結びついていない経済学の分野へとアプローチを拡張してくれたが，たいていの場合には，彼らは経済学におけるはっきりとしたポスト・ケインズ派のパラダイム (paradigm) の明確化を実際に促進してくれた。本書に対する主要な栄誉を担うのは彼らである。彼らの主な関心分野以外の経済学の領域の課題を引き受けてくださった寄稿者たちに私は特に謝意を表したい。しかも，これらの人々はすべて彼らの能力と協力を通じて，本書の編集者としての私の仕事を比較的容易なものにしてくれた。そしてもちろんM.E.シャープ社のスタッフの方々にも同じことがいえる。

　　　　　　　　　　　　　　　　　　　　　　アルフレッド・S.アイクナー
　　　　　　　　　　　　　　　　　　　　　　　　　　　　1979年5月

序　文

ジョーン・ロビンソン

　ケインズが『一般理論』を書いた当時，彼と彼が逃れようと闘っていた学派との主な相違点は，彼らが無視していた有効需要の問題の認識にあった。彼がリカードウからピグーにいたるすべての人々を1つのカテゴリーに含めたのは，まさにこの理由のためであり，マルサスを過大評価したのもこの理由のためであった。その書物が出版された後になると，彼はそれとは異なる区別を行った。彼はその主な区別が，将来の諸期待が必然的に不確実であるという明かな事実を自分が認め彼らが無視しているということである点に気づいたのだった。
　ポスト・ケインズ派理論が出発するのはまさにこの点からである。不確実性の認識は，伝統的な均衡概念の基礎を掘り崩すものである。

I

　いかなる経済行為も，たとえそれがバスの切符を買うことであっても，その将来の帰結へ向けられている。つまりある経済行為に導く決意あるいは選択は，単なる慣習か，あるいはその結果についての諸期待のいずれかによって決定されたものである。選択が行われている時点では，将来は確実には知られえないという事実は，競争市場のミクロ経済学的均衡概念が自己矛盾であるということを含意している。市場が均衡状態にある時，すべての市場参加者は，彼らが置かれていた環境において彼らが可能な最善の選択を行ったということで満足しているが，しかし選択が行われた時，彼らがその結果がいかなるものになるかを知らなかったならば，そうすることはできなかったであろう。均衡とは，他の誰もがそうするであろうことを誰もが知っている完全に伝統主義的な経済

においてのみ想像されうるものである。だがそうのような状態では，なされるべき決意や行われるべき選択など存在しないのである。

　通常述べられているように，競争市場において供給と需要にかかわる選択は同時になされるように思われる。このことは，そのような市場が赤十字の小包みの中身を交換する戦争捕虜の有名なケース〔訳注1〕にあるような，すでにできあがった財の交換のみにあてはめられうるにすぎない，ということを意味している。供給が生産とかかわりをもつ場合には，供給にかかわる決意は，買手が彼らの選択を行なう以前に前もってなされねばならない。

　市場諸力の自由な作用が希少な諸資源を代替的用途間へ配分する，というスローガンは理解できるものでない。いかなる時点でもそこに存在する生産手段のストックは，多かれ少なかれ特定化されたものである。産出高水準は需要の状態いかんで上昇したり低下したりするかもしれないが，産出物の構成にはほとんど作用しない。需要に対する諸資源の適用の変化は，投資過程を通じてのみ生じるものである。だが，投資計画は完全に実現されることのめったにない将来についての諸期待に照してたてられ，それゆえ広い範囲の誤差をもって作成されねばならない。

　ケインズは投資の短期的側面，つまり有効需要の押し上げ要因としての側面に自分の議論をほとんど全く限定した。彼は投資の長期的側面，つまり生産手段のストックを増加させる能力にはほとんど注意を払わなかった。(彼は『一般理論』の第17章において長期の蓄積過程を論じたが，それをその書物の他の部分と整合的にするのはけっして容易ではない。)「資源投入物間の，………その相対価格変化に伴う，合理的代替」に基づく販売可能な諸商品の生産にとっての技術の選択という新古典派的概念に取り組むことは，ポスト・ケインズ派の批判者たちに残された (リチャード・X. チェースによる論文，本書83～84頁をみよ)。ここでは，諸価格がいつ変化するのかという問題をたずねる必要があるだけである。長期間存続する工場(プラント)への投資は，その計画が作成されるときに抱かれる諸期待に照らして計画される。その工場の稼働期間中，諸価格および他の多くの環境——とりわけ，技術開発の状態——は変化し，次期に建設される一組の工場に対す

る計画は一般に異なったものになるであろう。

II

　ピエロ・スラッファは，全く異なった視角から「要素価格」の概念を攻撃した。彼は与えられた労働者数 (labour force) の下で投入の特定フローを必要としながら産出の特定のフローを産出するための技術のモデルを組み立てた。これは物的タームで特定化されうる。そのシステムが自己再生産の状態にあるとき，——つまり，投入物はそれらが使い尽されるにつれて補塡されるとき——，やはり物的タームにおいて特定化される純生産高のフローが存在する。ここでは，技術工学が「限界生産力」を通じて，あるいは任意の他の方法において分配を決定するのではない。あるいはまた，「要素価格」が技術工学に影響を及ぼすこともない。リカードウは，実質賃金率が物的タームで与えられ，労働者たちの慣習的な生活水準によって支配されていると仮定した。それゆえ，スラッファが示すように，すべての諸価格，資本ストックの価値および利潤率が決定される。だがスラッファは，実質賃金を純産出高の一部と認めることによってその分析を拡張した。それゆえ，賃金の各々の分け前に対応して，純産出高に占める利潤の分け前，資本に対する利潤率，および投入物と産出物すべてについての諸価格の1つの組合せ——任意のニュメレール (numeraire) あるいは計算単位で測った——が存在する。

　スラッファは非の打ちどころのないニュメレール——標準商品——を構築するのに非常に努力したが，一度その議論をわれわれが理解したならば，われわれはケインズの賃金単位によってそれを解釈することができる。労働時間1単位当りの平均貨幣賃金をニュメレールと見なすと，貨幣価格のより高い水準はより高い利潤率とより低い実質賃金を示していることがわかる。

　このことはすべて，同一の技術が依然として使用されつづけるという仮定を必要とし，生産過程で使い尽されるすべての投入物が同一のもので補塡されるという単一技術システムの見地からは完全に成し遂げられた。それから，スラッファは不幸にして問題を混乱させる方法で，技術変化を導入したのであっ

た。

　そのモデルを特定化するために彼は，代替的生産方法，つまり産出物のある1つの結合にとって必要な投入物の結合における相違〔という考え方〕を導入した。これは歴史上の特定の日付において生じる出来事，つまり新しい発明を示すものではない。それは，ある論点を説明するために，自らの諸仮定を操作している経済学者〔の姿を示している〕にすぎない。あるいはそれは，第2の生産方法がいかなる賃金率でも第1の生産方法より望ましく，したがってそれを排除してしまうという意味での技術工学における絶対的改善でもない。実質賃金のある水準では，第2の生産方法がより高い利潤率をもたらすが，他の水準では第1の生産方法がより高い利潤率をもたらす。このような2つの技術が比較されるとき，より低い利潤率に適する技術は，必ずしも「一層多くの資本」，つまり雇用される同一の労働量の下での生産手段のストックのより高い価値を必ずしも必要としないということがわかる。さらにある技術はかなりかけ離れた利潤率に適するかもしれないが，別の技術はそれらの中間の利潤率に適しているということがわかる。

　「技術の再切換え」(re-switching)〔訳注2〕をめぐって生じた大騒ぎ（リチャード・X.チェースの論文，本書82頁をみよ）は，新古典派の生産関数を処分するのには役に立たずに，むしろ同一の日付に共存しているすべての代替的諸技術を示す擬似生産関数の議論に導入されたすべての巧妙な手口のお陰で，それに第2の生命を与えてしまった（擬似生産関数は，労働および「資本投入物」ならびに財およびサービスの産出高との間の想定された数学的関係である。ジャン・クリーゲル Jan Kregel による論文〔本書第4章〕をみよ）。

　両陣営のその論争への参加者たちは，それ〔技術の再切換え〕が歴史的時間を通じて進行する蓄積過程における技術の選択の分析，あるいは利潤率の決定の分析に全く関係がないということに気づくことができなかった。

　おそらく，どちらがより優れているともいえない，即座に利用可能なすべての技術の想像上の一覧表として「一冊の青写真集」(a book of blueprints)という表現を導入したことについて私にも非難されるところがあるが，しかし少な

序　文

くとも私は私の擬似生産関数が各々すでに存在している資本のストックを比較することのためにのみ使用されうるにすぎないと主張したのであった。

Ⅲ

　サムエルソン教授は，特定の形態の擬似生産関数を考案した。彼は，同質の商品の産出高を生産する多くの技術が存在し，各々が異なる形態の「機械」を使用している，と仮定した。各々の技術にとって，「機械」の労働に対する比率は，「機械」を生産するためのものと，その商品を生産するためのものとで同一であった。したがって彼は各々の技術の内部では一様の資本・労働比率，あるいはマルクスの用語でいうと一様の資本の有機的構成を仮定していた。それゆえ労働価値価格が支配していた。各々の技術にとって，商品で測った機械ストックの価値は，それゆえ，利潤率から独立であった。そこには〔資本〕逆転 (reversals)〔訳注3〕および技術の再切換えの余地は存在しなかった。それらの技術は，労働1単位当りの産出高の高いものから低いものへと配列されるとき，利潤率の低いものから高いものへと配列される。その側面図は，それゆえ「うまく動く (wellbehaved) 生産関数」のそれと全く同じである。新古典派理論を合理化するこうした試みは，事実，どこに基本的な誤謬が存在しているかを理解するのをますます容易にした。

　この説明においては，雇用労働者1人当りの最高の産出高をもたらす技術は，1人当り資本の最高の価値を必要とする。新古典派的考え方では，より高い産出高はより大きな資本量に起因する。資本はそれ自身の「限界生産力」をもつ「1生産要素」と見なされている。

　これは，古くからの誤った考えである。生産力の相違は，技術工学——すなわち人間の能力と投入物の質の利用の仕方，およびエネルギーの利用の仕方——の相違から生ずる。あまり生産的でない技術からより生産的な技術への転換は，雇用労働者1人当り資本価値のより高い比率を必要とするかもしれないが，そうならねばならない必然性はけっしてない。技術革新は資本使用的偏倚と同様に資本節約的偏倚をもつかもしれない。一定の利潤率と一定の資本・産

出高比率を伴う産業成長の「定形化された事実」は，技術変化が中立的で，実質賃金が労働者1人当りの産出高と同じ早さで上昇しているときに実現される。蓄積と技術変化は時間を通じて進行するものと見なされねばならないのであって，既知の技術を示す既存の一覧表(シェデュール)を昇っていくものと見なされてはならない。

　サムエルソン教授の蓄積の考え方の第2の大きな誤謬は，蓄積は次第に資本・労働比率を引き上げ，利潤率を引き下げると見なされており，他方それ〔蓄積〕は所与の労働力人員の下で産出高が最低で，利潤率が最高であるところから生じるということである。

　新古典派理論への忠誠を表明したC. E. ファーガスン教授（1963年）は，計量経済学者たちに，「システム内部に新古典派的結果 を 達成するのに十分な代替可能性」が存在するかどうかを見つけ出してほしいと訴えた。計量経済学は，投資が生産手段の現存ストックに対してなされたときに，いかなる技術が導入されたかをせいぜい示しうるにすぎない。それは，もし「要素諸価格」がその過去の水準とは異なったものであったならば，いかなる投資がなされたであろうかを示すことはできない。しかしながら計量経済学者たちは，異なった国々の間で任意の合理的な手段によって資本・労働比率を比較することができるはずである。一般に，資本・労働比率が最大である国々で利潤率が最低であることをもし彼らが見いだすとすれば，それは確かに驚くべきことであろう。「レオンチェフの逆説」は同様の誤解から生じたものである。たとえば雇用労働者1人当りの馬力のような，資本の労働に対する比率の任意の粗雑な物的尺度であっても，アメリカにおける方が他の工業諸国におけるよりもより高い比率を示していた。それゆえ，アメリカは資本価値の労働に対するより高い比率をもつ諸産業で，貿易における競争上の優位性をもつであろうと想定された。レオンチェフは，事実，資本・労働比率が輸入品よりも輸出品においてより低いものであるということを発見した。このことは，アメリカの産業における相対的効率性がエネルギーと設備の両者を生産している産業において最大であり，それゆえアメリカの技術工学はその競争相手国のそれと比較して，資本節約的なものであるということを意味していたにちがいない。

序文

IV

　崩壊しつつある均衡諸理論の瓦礫がすべて一掃されたとき，ポスト・ケインズ派の分析が本領を発揮することができる。現実に適用されることを本気で意図される経済理論というものは，自由放任(レッセ・フェール)に有利な前提のようなイデオロギー上の教義でもなければ，いわゆる〔貨幣〕数量説の公式 $MV=PT$ のような定義上の同義反復的真理でもない。つまり，それは現実の経済がいかに機能するかについての仮説なのである（バズル・ムーア Basil Moore による論文，本書127頁をみよ）。仮説は歴史的経験や現代的経験に適用される以前に，その論理的な一貫性と先験的妥当性が最初に検討されねばならない。好結果をもたらす仮説は，これまでに解決されたことのない問題に対する新しい解答を提示するか，これまでに認識されたことのない問題に対する新しい枠組みを提示する仮説である。

　ポスト・ケインズ派理論は主としてケインズとミハウ・カレツキ (Michal Kalecki) によって示唆された仮説を継承してきているし，最近の経験を取り扱うためにそれらを洗練し拡大してきている。現時点での支配的問題とは，なぜ資本主義諸国が再び大量失業に悩まされているのか，そしてそれはかつて支配したような物価の下落に代ってインフレをなぜ伴うのか，という問題である。

　その問題に対する暫定的解答は以下のように概説されうる。第2次世界大戦終結後の25年間，工業経済における急速な成長と高い雇用水準の長期的継続は，途中軽微な景気後退で中断されたもののすぐに回復し，ブームの特徴の多くを備えていた。カレツキは，資本主義制度はそれらの危機が有用であるがゆえに危機を引き起こすと述べた。投資率の上昇は利潤のフローの上昇をもたらし，労働者の雇用と設備の既存ストックの利用を促進する。これは，さらに投資の一層の増大に対する動機を与えるが，同時にそれは生産能力をも追加することになる。生産手段のストックの成長が利潤のフローの増大を上回るとき，資本に対する全般的利潤率は下落する。投資誘因は弱められ，景気後退が始まる。

　技術工学における重要な革新と新しい商品の創造は，新しい投資機会を切り

開き，莫大な赤字予算によって人工呼吸が行われる。しかし，生産手段のストックの増大に対して，投資の速度が無限に増大しつづけると期待することは，合理的なことではないであろう。それがそうならなくなるとき，余剰能力が工業設備や耐久消費財を生産している諸産業に出現する。ここに70年代における状況を説明するヒントがある。ブームの金融的展開についてのそれと同様の分析は，ハイマン・ミンスキー (Hyman Minsky) によってなされてきている。

長いブームを終焉させる「不規則衝撃」(random shock)〔訳注4〕を説明するために，われわれは旧式の市場理論から一論点を借用しなければならない。非弾力的需要の商品価格の上昇は，それに対する支出額を増大させ，それゆえ他のものに対する需要を減少させる。1974年に石油に対する支出の増大は，他のすべてのものに対する世界的規模での需要の減少となり，それは産業産出高と雇用量の減少へと導いた。この逆転は，もしブームが生産能力の過剰拡張（とりわけ鉄鋼および自動車における）と負債のどうにもならない累積を生み出すことによってすでに尽きてしまっていなかったならば，長期の停滞をもたらさなかったであろう。

ケインズ革命の最も重要な洞察の1つは，工業経済における一般的物価水準は諸費用の一般的水準によって決定され，費用に及ぼす主要な影響力は貨幣賃金率と雇用一単位当りの産出高との間の関係に見出されねばならないという今や明らかだと思われる命題であった。ほとんど継続的に高い雇用をもたらしていた期間中，賃金率は生産性に比べて上昇する一般的傾向があった。

このことに加えて，長期ブームの末期に産業の拡張は多くの基礎資材の供給の増大を上回り，投機によって増大した商品市場における諸価格を急激に上昇させた。2つのタイプの費用の動きは相互に作用しあう。資材諸価格の増大は貨幣賃金率に比べて生活費の増大に導き，それゆえその補正的引上げに対する要求を高める。したがって，工業成長の成功はインフレをもたらすビルト・インされた傾向をもち，ひとたびインフレが慣習的になったならば，それはその初めの諸条件が消滅してしまった後でもなおもはびこりつづける。

インフレが貨幣の過剰な創造によって引き起こされるという代替的仮説は，

序　文

論理的一貫性という最初の検証を通過しない。というのは，それはいかなるメカニズムがそれら〔貨幣ストックと貨幣所得〕を結びつけているかを説明もせずに，〔もっぱら〕貨幣のストックと貨幣所得のフローとの間の統計的相関関係に頼っているように思われるからである。取引フローの貨幣価値 PT の増大が，貨幣のストック M をいかにして増大させるかを理解することは全く容易である。というのは，運転資本の増大が銀行信用の増大を要求するからである。そしてもし MV が十分に増大することができないならば，信用制限が活動を低下させるということを理解することも容易である。しかしその因果関係が，いかにして反対の方向に作用することになるかをこれまで誰も示してはこなかった。

不幸にして，国際通貨基金(IMF)を含む世界の金融当局がマネタリストの信条を採用してきており，彼らは自分たちの権威を用いて貨幣的制限を課するべきだと主張している。もっともその制限は実質的産出高を減少させる点ではかなり信頼のおけるものであるが，物価を抑える点ではほとんど効果がない。

経済学において，仮説は実験科学のように対照実験〔訳注5〕によって検証されえないが，少なくともポスト・ケインズ派理論がマネタリストの諸概念よりも経験的検証によりよく耐えるものであると主張することができる。

V

技術の再切換えが不必要な気晴しであることがわかったけれども，古典派の利潤率の理論のスラッファによる復活は，ポスト・ケインズ派理論が必要とする正常な長期分析を提供している。リカードウをピグーと一緒に分類するのは誤っていた。ケインズは，新古典派の均衡を打ち倒し，自分の理論を歴史的時間の中に組み込んだ。ここでは彼〔ケインズ〕とリカードウは同じ陣営に属している。

技術変化が進行し，新しい商品が導入されているとき，スラッファのモデルの明快な区別はひかれえないが，分配理論に対する鍵が技術的諸条件と産出高価値のフローに占める利潤の分け前との間の諸関係の中に見出されるはずだという原則は生き残る。

巨大な株式会社は，彼らの販売価格を彼らの望ましいものにすることができ，彼らの政策が彼らが投資計画を遂行するのに必要な資金をもたらすと期待される水準に粗マージンを設定することである，というように議論することは今日では流行である。だが，投資計画が実際に実現される粗利潤によって影響されると論じることも少なからず当を得ているであろう。どちらのケースにおいても，明らかに，最も成功的な企業とは最大限の粗利潤を獲得し，最も急速な資本蓄積を遂行する企業である。

全体としての産業にとって，有効需要の与えられた状態の下でのより高い粗マージンは，より高い利潤水準をもたらさないであろう。いかなる発展の局面においても，粗マージンの全般的減少は総利潤を減少させないが，実質賃金を引き上げ雇用量を増大するであろう。

これらの問題のすべては，依然として検討されるべき問題である。本書の著者たちは，新古典派的均衡の麻酔を投げ捨て，さまざまな観点から，変化してやまない世界の実際の歴史的展開における物価，雇用，蓄積，分配，成長および停滞の問題を探究している。問題の性格からして最終的解答はすぐには見出されえない。依然としてなされねばならない仕事が山ほど存在するのである。

〔訳注1〕 ワルラス型需要・供給理論では，論理的時間の中での模索過程を通じて均衡が達成されるが，それに対応する現実生活の一例として，ロビンソンは捕虜収容所のケースをあげている。たとえば，『異端の経済学』（宇沢弘文訳，日本経済新聞社，1973年，26頁）をみよ。

〔訳注2〕 「技術の再切換え」とは，利潤率の変化に応じて，ある利潤率の下で選択された技術が別の利潤率の下で再び採用されることをいう。

〔訳注3〕 「資本逆転」とは，利潤率が低くなるにつれて1人当り産出高および1人当り資本価値が低下すること，すなわち利潤率と資本価値との間に正の関係が存在することをいう。

〔訳注4〕 「不規則衝撃」については，本書第6章における〔訳注1〕をみよ。

〔訳注5〕 「対照実験」(controlled experiments) とは，実験材料を2群に分け，A群には実験を加え，B群には実験を加えずにおき，その実験の影響を調べることをいう。

1 総論

アルフレッド・S・アイクナー

　19世紀後半の限界主義革命 (marginalist revolution) 以来，経済理論は競争的市場諸条件下の資源配分についての一組の公理的言明として，ますます洗練されたものになってきている。仮定が記述されるさいの正確さ，次に論理が追求されるさいの巧妙さ，そして最後に証明が提示されるさいの厳格さは，すべて，経済学がたとえ社会科学の物理学ではないとしても，社会科学のユークリッド幾何学であるという主張を支持しているように思われる。

　同時に，経済理論は，経済成長，循環的変動，インフレーション，貧困，失業，低開発――あるいはさらに企業の成功――のような，現実の世界の諸現象を理解しようと望む人にとって次第に役に立たなくなってきた。公務員，民間実業家，学生および一般市民は，すべて，経済理論が，彼らが理解する必要のある現実とはかけ離れていることに気付いている。経済学の現在の危機――科学としてのこの学問の評判を脅かす危機――の基底にあるものは，まさに〔理論の〕優美さと〔現実〕妥当性との間のこの対照性なのである。

　幸いにも，経済学は資源配分についての単なる公理的言明以上のものを包含している。多数の経済学者は，経済理論の空虚さと見なすものに幻滅を感じて，いかなる概念的枠組みの使用も軽蔑し，それに代わって純粋な経験主義者として研究することを好むようになった。需要弾力性，費用関数，マーク・アップによる価格設定，機能的所得分配，外国と取引される財の労働成分およびその他の技術上の諸問題について，彼らが生み出した定量的研究のいくつかは，経済に関するわれわれの知識を著しく増加させただけでなく，理論と現実との間のかなりの乖離を明らかにするのにも役に立った。それにもかかわらず，この

経験主義的研究は概念上の制約から完全に自由であるというわけではなかった。というのは，他のことはともかく，なにを測定するかという選択は先験的判断だからである。

　経済学者のもっとずっと小さいグループは，一般に流布している経済理論の空虚さに対して全く異なる仕方で反応した。彼らは，より現実的な仕方でその理論の核心を再構成しようと試みた。彼らは固くまとまった1つのグループとはいえないが——それと対抗する新古典派以上にまとまりがないというわけではないが——，これらの経済学者の研究は若干の重要な共通の特徴をもっている。そのうえ，このグループの規模が拡大し，議論が経済理論の核心以外の領域にまで広がるにつれて，それらの共通の特徴がいかなるものであるかという認識も強まった。ある経済学者〔ケインズ〕に敬意を表しながらも，彼が正統派理論における最初の重要な分裂に責任があり，また，その分裂がどれほど不完全であったかをも心に留めて，このグループの人々はポスト・ケインジアン(post-Keynesians)と呼ばれることを好んでいる。そのメンバーは，経済学内部におけるいくつかの意見を異にする伝統の——ケインズの親密な僚友の伝統はもとより，アメリカの制度学派およびヨーロッパ大陸のマルクス主義者の伝統の——集まりを代表している。彼らの研究は，ひとまとめにすると，経済理論において一般に流布している正統説，つまりそれが〔現実〕妥当性を欠いているため，賢明な経済政策への主要な障害となっている正統説に対し包括的で一貫した代替理論を提示しているかもしれない。

　この序論的論文の後に続くものは，このポスト・ケインジアンという標題の下に入るすべての研究に共通の特徴を特定化する試みである。ひとたび，これらの特有の特徴が確認されたならば，「ポスト・ケインジアン」という用語は，このような代替的理論体系が存在していることを，現在認識している経済学者よりももっと多くの経済学者の研究にも適用されるということが明らかになるであろう。つまり，それらの人々の多くは自覚していなくともポスト・ケインジアンなのである。それどころか，純粋な経験主義者の変則的調査結果の多くは，現実世界を理解するために，ポスト・ケインズ派のパラダイムの方がより

1 総　　論

大きな妥当性をもつことをまさに確証するだけのものであることが明らかになるであろう。

　本書の後出の諸論文は，ポスト・ケインズ派の枠組みが経済学の種々の主要分野——マクロ動学，価格設定，所得分配，貨幣，税の帰着，国際貿易，労働および自然資源——において，異なる形態の分析にいかにして導くかを示すであろう。ポスト・ケインズ派理論と新古典派理論の間の主な理論上の相違点と，その結果として生じる政策上の含意とが，明らかにされるであろう。この序論的論文は，ポスト・ケインズ派のパラダイムが従来のパラダイムに対する一部の経済学者の不満からどのようにして出現したかを最初に説明したのち，この研究本体の特有の特徴を要約した形で提示するであろう。

ポスト・ケインズ派理論の出現

　今世紀への転換期に経済理論における限界主義革命が勢力を握るやいなや，若干の経済学者は現代の諸制度の現実を捨象したものとして，この新しい諸概念を批判しはじめた。ドイツの歴史学派の人々とアメリカのソースタイン・ヴェブレン (Thorstein Veblen) とがともにその攻撃の陣頭に立った。

　当時，経済学の学位を与えるイギリスのただ2つの主要大学のうちの1つの経済学〔教授〕の唯一の椅子を占めていたアルフレッド・マーシャル (Alfred Marshall) の反応は，相反する二面的なものであった。一方では，彼は新しい限界主義理論の方が大きな分析力をもつと確信していた。それは，彼の数学的な精神構造と，政治経済学(political economy)の研究を経済学(economics)という科学に転換したいという彼の願望に訴えた。事実，彼が1890年に初めて出版した『経済学原理』は，当時展開されていた限界主義分析のうち最も洗練された説明を提示し，その後の7回の改訂版は，第2次世界大戦のかなり後まで，英語常用国における支配的な教科書として君臨するようになった。他方では，マーシャルは経済学におけるリカードウの伝統の後継者としての彼の地位を承知していた。この伝統の一部は新しい限界主義諸理論と統合されることができたが，その他はできなかった。そのうえ，ダーウィンの進化論の思想の1信奉者

として，マーシャルは限界主義分析の静学的枠組みに完全に満足していたわけではなかった。実際，マーシャルが承知していたように，その枠組みは，営利企業の間での「生存競争」を含む，「日常の生活を営んでいる(ordinary business of life) 人間の研究」のためには不似合いな乗物であった。

このようなマーシャルの相反する二面性はけっして完全には解決されなかった——確かに『原理』においては，歴史的および制度的記述を与える章の間に，限界主義分析の章が後者の制約に関する明らかな警告とともに散在しているものの，解決されているわけではなかった。その結果として，イギリスおよびその他の英語圏で支配権を握った新古典派理論は，〔ヨーロッパ〕大陸でワルラス(Walras)とその追随者たちによって展開された新古典派理論ほど現実を捨象してはいなかった。この対照は，マーシャル派の時間を特定した（短期と長期の）部分均衡分析とワルラス派の無時間の一般均衡分析との相違に反映された。この点を銘記しておくと，貨幣問題を専攻する未熟なマーシャリアンから，限界主義分析の勝利以来の正統説に対する最も有効な挑戦者への1理論家としてのケインズの変身を理解することが一層容易になる。というのは，ケインズにおいて，マーシャルの別々になっていたリカードウ的側面と制度学派的側面が，その時代の政策的諸問題に究極的に応える新しい形態の理論的統合となって突如として現れたからである。

「ケインズ革命」(Keynesian Revolution) について語ることは普通のこととなった。しかしそれでも，ケインズがケインジアンたちの最も重要な人物であったのか，あるいは『一般理論』がその功績とされる経済理論の革命をもたらしたのかは，明らかでない。もちろん名声の点ではケインズは抜群であった。ケンブリッジにおける彼の地位，*Economic Journal* の編集者としての地位，そして官吏としての職務が相まって，彼が提唱するいかなる着想にも，同時代の他のいかなる経済学者も集めることができなかったほどの聴衆が耳を傾けた。それでもなお，ケインズは，経済学を全く新しい発展路線におき，ケム河畔の大学を——少なくとも最近まで——世界中の正統派理論からの離反者のための知的故郷にしようとする同心のグループの間の有力な1人物にすぎなかった。

1 総　　　論

ケインズの他にケンブリッジの名高い「サーカス」(Circus)に加わった彼の若い同僚や同志——乗数概念に寄与したリチャード・カーン(Richard Kahn)と不完全競争に関する著作をもつジョーン・ロビンソン(Joan Robinson)——がいた。ケンブリッジ以外の若い学者——後にロンドン大学からケンブリッジに移ることになるニコラス・カルドア(Nicholas Kaldor)とオックスフォードに留まることになったロイ・ハロッド (Roy Harrod) ——がいた。ケンブリッジにおけるケインズ自身の同僚としてはピエロ・スラッファ (Piero Sraffa) がいた。彼は *Economic Journal* に掲載した規模に関する収益についての論文 (1926年) をもって，マーシャル的ミクロ経済理論を動揺させた後，経済学におけるリカードウの名誉を回復する仕事に従事していた。そして最後に，ミハウ・カレツキ (Michal Kalecki) がいた。彼はポーランドのマルクス主義者で，『一般理論』の出版後まもなく，それより前に書かれた同一のモデルの彼自身の見解をもってイギリスに到着し，ジョーン・ロビンソンを通じて，やがて同じグループの1人となった。

その後の40年間のポスト・ケインズ派理論の発展のうえで誰がより大きな影響力を発揮したか，すなわちケインズ自身か，それともカレツキか，ということは困難である。彼らはともに，古典的ケインズ学説の2つの独立した潮流の源を代表する——1つの要素はケインズの貨幣的視野に由来し，他の要素はカレツキの実物部門分析に由来するものである。前者は貨幣化された経済での投資にまつわる不確実性を重視し，後者は投資および貯蓄の分配効果とその他の効果を重視していて，両要素とも貨幣を使用する経済システムにおける時間を通じての生産の完全な分析にとって不可欠なものである。皮肉にも，ケンブリッジにおけるその後の研究の基礎になったのは，カレツキの実物部門分析であり，ケインズの貨幣的視野は別のところで——イギリスにおいては G.L.S. シャックル (Shackle)，アメリカにおいてはシドニー・ワイントロープ (Sidney Weintraub)，ポール・デヴィッドソン (Paul Davidson) およびハイマン・P. ミンスキー (Hyman P. Minsky) によって——支持されることになった。そのうえ，アルヴィン・ハンセン (Alvin Hansen) とローレンス・クライン (Lawrence

Klein）によってアメリカに持ち込まれ，この国で支配的な学説となったケインズ派理論も，精神においては『一般理論』自体よりもカレツキの単純な数学モデルに一層近いもの——もっとも，それはアメリカ人特有のやり方でカレツキが分配効果を重視していたことを完全に無視したもの——であった。

基本的貢献

ケインズ派分析から決別したポスト・ケインズ派分析の展開の第1歩は，成長動学に関する1930年代のハロッドの研究から始まった。〔当時〕経済学において一般に流布していた理論は，動学理論よりもむしろ静学理論であった。それは，初めは静止状態にあると仮定される経済システムが，外部から撹乱されたとき，どのようにして新たな静止点に到達するかを説明するのに主として役に立つということを意味していた。必要なものは，時間を通じて変化する経済システムの観察可能な動きを引き起こすものを説明する理論体系である，とハロッドは主張した。この必要に応えて，ハロッドは，アメリカの経済学者にはハロッド＝ドーマーの公式としてよく知られている基本方程式を展開した。その公式では，成長率は従属変数で，貯蓄性向および資本・産出高の増分比率によって決定される。しかし動学分析を展開しようとするハロッドの先駆的な努力が，割合がっしりとしたポスト・ケインズ派理論の出現となって結実したのは，ほぼ20年後のことであった。

1956年には2つの基本的な著作が現れた。1つはロビンソンによる『資本蓄積論』という著書で，いま1つは Review of Economic Studies に掲載されたカルドアによる「代替的な分配諸理論」(Alternative Theories of Distribution) という論文であった。それらはあいまって，経済学における際立ったポスト・ケインズ派の基本文献の出発点を印すものである。両者は，カレツキの著作における（そして彼を通じて，マルクスにおける）賃金と利潤との間の区別を参考にして，所得分配と解きがたく結合している成長動学の本質的側面を説明した。その論点は，成長率の増加は，それが含意する投資水準の上昇のために，国民所得に占める利潤の分け前の増大を必然的に伴うことになり，したがって労働

1 総論

者の暮らし向きを相対的に悪化させるということであった。しかしながら，公表されたこれらの2つの著作はともに，ケンブリッジの仲間以外の学者からはほとんど注目されなかった。実際，ロビンソンは，おそらくその『資本蓄積論』における議論をあまりにも抑制しすぎたことの責任が自分にあると感じて，その後解説を意図して『経済成長論』〔1962年〕を書いたが，他の経済学者からの反応は以前と同様であった。

現実は，ケンブリッジでのケインズのかつての同僚や後継者が正統派理論からケインズが関係を絶った点について詳しく説明しようと努めていたのと同じ時期に，専門の経済学者の中の他の人々は，ケインズの異端的学説を極力抑えようとしていたということであった。このことは，すでに支配的な世界的強国として，ほぼイギリスに取って替っていたアメリカにおいては，特にそうであった。そこでは，進歩的(リベラル)経済学者の中でも，ポール・サムエルソン (Paul Samuelson) の著作を基礎とした「新古典派総合」が出現していた。サムエルソンは一般に容認された理論を数学に移し換えるとともに，初等的学生のために評判の高い教科書を書いた。この解説書においては，マーシャル的アプローチとワルラス的アプローチの間の区別は失われ，ケインズ的マクロ経済モデルが一般に流布しているミクロ経済理論に無造作に接木された。投資およびその他の自由裁量支出の変化から生じる所得効果を重視するケインズ的マクロ経済モデルと，価格変化の結果として生じる代替効果を重視する一般に流布しているミクロ経済理論との間に両立の可能性がないにもかかわらず，この融合が遂行されたのである。種々の市場不完全性要因のために，新古典派理論の調整機構の効力が十分に発揮されるのを妨げ，その結果として生じる失業が政治的に容認できないものとなる傾向がある短期にのみ，ケインズ派の主張は当てはまるとみなされた。しかしながら，長期的には，特に新しい分析方法を用いて短期的失業問題に対処することを委ねられている政府の下では，ケインズ以前の (pre-Keynesian) 理論は依然として頼りにすることができた。実際，これは，『資本蓄積論』と「代替的な分配諸理論」の2つが現れたのと同じ年の1956年に，マサチューセッツ工科大学 (MIT) のサムエルソンの同僚ロバート・ソロー (Robert

Solow)（およびオーストラリアのトレボー・スワン Trevor Swan）によって定式化された新古典派成長モデルの基礎にある仮定であった。

　政策的には，新古典派総合は，1960年代に，基本的には安定していて一層徹底的な形の介入を必要としないと想定されるアメリカ経済を「微調整する（ファイン・チューニング）」という政策へと導いた。この政策綱領は，インフレの問題について破綻し，したがって経済学における現在の危機を促進した。というのは，新古典派総合には，完全雇用と物価安定という目標をどうしたらともに達成することができ，したがってこの両者の間にフィリップス的選択を行う必要を避けるにはどうしたらよいかを示唆するものなど——ましてや景気後退とインフレが，1970年代を通じてそうであったように，同時に発生しうるのはどうしてかを説明するものさえ——何一つ存在しなかったからである。経済学における現代の危機を特徴づけているものは，すべての理論モデルへの信頼の欠如が強まってきたということなのである。その結果として生じた混乱状態において，それほど進歩的（リベラル）でない経済学者は，新古典派総合からそのケインズ的装飾を剝ぎ取ろうと努め，マーシャルの下で訓練を受けたケインズが1930年代に脱却しようと闘ったマネタリズムへの復帰を主張した。しかし，他の経済学者にとって理論と経験との間のますます大きくなる乖離は，ポスト・ケインジアンの線に沿ってその研究を新しい方向に向ける経済学者にとっては，彼らが使用する概念的枠組みを単に確証するものでしかない。特に，インフレと景気後退の同時発生は，価格の設定も賃金の決定ももっぱら非人格的な市場諸力にだけ依存するというのではない現代の経済諸条件の下で彼らが予想するところのものなのである。

　すでに示されたように，意識的にかつ公然とパラダイムのこのような転換（シフト）を行った経済学者の数はごく少ない——このグループの規模はわが国〔アメリカ〕の主要な大学院学生の研修所および主要な経済学雑誌の両者に本拠をもつ正統派の保守的中心部から彼ら〔ポスト・ケインジアンたち〕の思想に対する抵抗を反映するものである。しかし，新古典派理論に対するこの代替理論をまだよく知らないか，あるいは独自でこの代替理論と同じ考えのいくつかに到達しながら，その考えが属するより大きな研究体系を知らないでいる経済学者の

1 総　　論

数は，もっとずっと大きい。応用分野を専攻する人々をも考慮に入れると，そういう人々はおそらく経済学者の過半数を占めるであろう。

本質的要素

それでは，ポスト・ケインズ派理論の性格とはいかなるものであるか。その回答の1部は，第2次大戦前およびその直後のケンブリッジ大学におけるケインズの親密な同僚の研究からポスト・ケインズ派理論が出現したことを歴史的に概観したさいにすでに与えられている。回答の残りの部分は，本論集の後出の論文において見出されるであろう。ここでは，ポスト・ケインズ派理論を，それと対立する新古典派正統理論と区別する最も一般的な特徴をほんのいくつか示すだけで十分であろう。

まず第1に，ポスト・ケインズ派理論は経済成長と所得分配――この両者は相互に直接に結びついていると見なされる――の説明を与える。基本的決定要素は両者にとって同一である。それは，国民所得総額と比較して測定されるにせよ，時間を通じての百分比の変化と見なされるにせよ，投資率である。したがって，新古典派分析の焦点である相対価格という変数の代わりに，ポスト・ケインズ派理論は投資を基本的決定要素とする。これは，動学的な，拡張する経済において（新古典派の用語法をわかりやすく言い換えると），投資およびその他の成長源によってもたらされる所得効果は，価格変動の結果として生じる代替効果よりはるかに大きいという，その基礎にある信念から出ている。すなわち，需要の変化は，集計的需要にせよ部門需要にせよ，相対価格の変化よりも所得の変化により一層起因しているのである。実際，所得効果――代替効果に対立するものとして――に置かれる重要性は，分析の任意の特定部分がどれだけポスト・ケインズ派的であるか，あるいはケインズ的ですらあるかを示す敏感な晴雨計_{バロメーター}である。これは，ポスト・ケインズ派理論が代替効果を全く無視しているというのではない。ただそれは代替効果を動学的過程の唯一の部分，いや最も重要な部分と見なすことを拒絶しているというだけのことである。これに反し，新古典派理論は，通常，仮定によって，所得効果のいかなる可能性をも排

除している。実際，これは，たいていの新古典派モデルにおいて，長期の完全雇用を仮定することによって満たされる目的である。ポスト・ケインズ派理論は，この点に関しては，それほど恣意的ではない。それは，所得効果が短期には支配的であり，またより長期においては代替効果に劣らず重要であることを認めている。

　第2に，ポスト・ケインズ派理論は，過去数世紀の支配的な経済的事実をはっきりと念頭に置いて定式化されている。この事実とは時間を通じての諸国民経済の不均等ではあるが，継続的な拡大である。したがって，たとえそのモデルの決定要因にもパラメーターにもなんの変化も仮定されなくても，その経済システムはなお何らかの長期的成長径路 (secular growth path) に沿って進むものとして描かれる。経済システムを不断に運動していると見るこの考え方は，新古典派理論の一般均衡説と部分均衡説の両者と著しい対照をなしている。それらの諸説では，たとえモデルの決定要因やパラメーターに変化が生じても，システムはなおある一定の活動水準に静止するようになると見なされている。事実，すでに示唆したように，不断に運動している1つの経済システムというこの考え方は，ポスト・ケインズ派理論を，俗流ケインズ主義に基づく標準的マクロ経済モデルから区別するものである。「新古典派」成長モデルは，これと同じ理由で非難されえないが，もう1つの種類の欠点に悩まされている。

　時間を通じて継続的に拡大する経済システムを説明するさいに，ポスト・ケインズ派理論は，産出高の長期的成長の原因となる諸要素と，その趨勢線をめぐる循環的運動の原因となる諸要素とを区別する必要性——それら要素の少なくとも1つ，つまり投資率が同じであるとしても——を認める。この方法論上の原則は，ポスト・ケインズ派の長期分析と短期分析との間の区別をもたらす。その長期分析は，持続的拡大の決定要因を遊離するに当り，ある新古典派成長モデルのように，経済を保証成長径路，すなわち経済が一定の定常率 (steady rate) で拡大できる径路に——たとえその径路から外れることがあったとしても——究極的には再び引き戻すのに市場諸力のみで十分であるとは，仮定していない。それとはまったく反対に，長期的成長率の決定要因は何よりもまず，趨

1 総　　論

勢線からたえず乖離させる原因となる個々の要素をさらに一層はっきりと浮び上がらせる目的で確定される。このように循環的変動は，外生的衝撃によって生じたものであろうとなかろうと，必ず自己是正的であることを否定する点で，ポスト・ケインズ派理論はそのケインズ派の先人たちに忠実である。これと対照的に，新古典派成長モデルは，経済の深刻な諸問題すべてを生ぜしめるのが短期であるにもかかわらず，あらゆる短期分析の必要性を簡単に仮定によって排除している。

第3に，ポスト・ケインズ派理論はすすんだ信用制度およびその他の貨幣諸制度——それらはすべて分析される動学的過程において根本的な役割を演じる——をもつ経済システムを記述しようと企図されている。これはマネタリストの分派を含む新古典派モデルとは対照的である。実質産出高に関するかぎり，貨幣は問題にはならず，ただ長期的インフレ率に関して問題となる。ポスト・ケインズ派モデルにおける貯蓄と投資との区別，あるいはさらに広義に，消費者耐久財と政府支出の役割を考慮に入れて，自由裁量所得と自由裁量支出との区別を有意義にするのは，一部は信用の必要に応じて生まれた貨幣の存在である。そのうえ，経済活動のあらゆる変化の衝撃がことごとく生産の実物面に及ぶのを防ぐのは，貸付需要の大きさ次第で銀行組織が遊休残高を活動化したり，凍結したりする信用の弾力性である。もし政府諸支出の急増あるいはその他の形の自由裁量支出の急増が現金需要を激しく増加させるならば，追加的信用を求める顧客の需要に応じるために商業銀行組織はそれが保有するだけの過剰準備を使用するであろう。そして銀行組織の準備が限度に達しても，まだその他に引き出せる信用供給源——たとえば旧債務返済の延期や，企業間信用の増加など——が存在する。その反対の場合に，自由裁量支出の減少が軽度の景気後退へと導いたとき，商業銀行組織は，現金および信用への需要が低下するのにつれて，その準備が再び増加することに気づくであろう。実際，準備の蓄積は，商業銀行組織への資金の過剰流入部分をほとんど不活動化するであろう。もちろん，もし経済活動の後退が金融構造への信頼を傷つけるほど厳しいものであるならば，その場合は全く違った結果，すなわち，資産価値の低下が

銀行の信用供与の基礎全体を掘り崩す程度まで進むとき，流動性の危機 (liquidity crisis) が見られるであろう。

近代銀行制度およびその他の信用制度は，このように自由裁量支出の決意に便宜を図るように考案されているが，中央銀行政策を通じて，それらをさほど重要でなくすることも可能である。その場合には，貨幣がまさに問題になる——その時どきの景気循環の振幅だけではなく，実質産出高の長期的成長にも影響を及ぼす。貨幣が問題になるのは，それがなくては購買，特に自由裁量的購買を行うことができないからである。そしてもし購買を行うことができなければ，集計的需要は減少するであろう。たとえある種の自由裁量支出が流動資金のないために——手の出せないほど高い利子率の場合を除いて——〔銀行からの借入れまでの期間〕一時延期されるだけでも，経済の現実の成長径路は，そうでない場合とは違ったものになるであろう。信用が完全に遮断され，どこからも現金を調達できないような極端な場合には，その結果はまたも——仮定された状況の下では，今度は中央銀行政策の直接の結果としてであるが——流動性の危機である。

第4に，ポスト・ケインズ派理論は，多国籍企業の存在やそれより若干力の弱い全国的な労働組合の存在を認めるのに何も苦労することはない。現代の技術工学的に進んだ経済の産業的中核内においては，価格も賃金も「管理されている」——すなわち，たとえ公表価格以外で売られることがあるとしても，それらは供給者によって承諾するか否かいずれにせよ一方的に相場がつけられている——と仮定される。このようにして相場がつけられる価格は，ちょうど政府によって賦課される税率が公共部門の歳入の流入，すなわち自由裁量所得を決定するパラメーターになるのと同様に，企業部門および家計部門内における貯蓄率，すなわち自由裁量所得を決定するパラメーターとなる。経済の寡占的中核における価格水準が高ければ高いほど，費用およびその他の要因が不変であるかぎり，キャッシュ・フロー〔減価償却引当金＋留保利益〕の率はそれだけ高くなり，したがって内部的に発生する貯蓄量はそれだけ大きくなる。

ポスト・ケインズ派理論は，産業部門における管理価格，すなわち売手が相

場をつける価格というこうした制度のみならず，国際商品市場で一般に流布している，より伸縮的な価格制度をも考慮に入れている。実際，一方では寡占的であり，他方では競争的である，この2つの部門の間の相互作用はインフレ過程の重要な部分である。ポスト・ケインズ派理論のこのミクロ経済的基礎は，財貨および労働用役の供給者すべてが競争市場における価格受容者（price takers）であるという仮定にその結論が決定的に依存する新古典派モデルと鋭い対照をなしている。ポスト・ケインズ派の分析においては，競争は最も収益性のある投資機会を利用しようとする営利企業の不断の努力以上のものを含意する必要はない。世界中で一般に展開されているのは，この限られた意味での競争だけである——このことは古典派経済学者がはっきり認識していた事実である。

第5に，そして最後に，ポスト・ケインズ派理論は現実の経済システムの動学的作用に関心を抱いている。それは，新古典派理論のように，仮説的市場諸条件下における資源配分の分析に制限されてはいない。このようにその範囲を競争的市場過程に限ることを拒否することによって——それは非競争的市場過程と非市場的配分形態の両者をともに包摂することができる——ポスト・ケインズ派理論は，それほど知的目隠しをせずに経済システムを見ることができると同時に，なおそのシステムの運動法則を説明するのに役立つモデルを提供している。そして経済諸制度の性格について是認されない仮定を置かなくてもよいから，それは他の社会科学に由来する知識と一層整合的なモデルである。

政策上の含意

多くの利害関係者にとって決定的に重要な問題は，ポスト・ケインズ派理論の政策上の含意とはいかなるものかということであろう。その含意は急進的か，進歩的か，あるいは保守的なのか。この問題には，それを質問するいかなる人をも十分満足のゆくように答えることはおそらくできないであろう。それでもなお，ある種の回答を与えることはできる。

新古典派経済学からポスト・ケインズ派経済学への移行は，科学のパラダイムにおける従来の移行に類似している。その変化が起こっているあいだ，一掃

されるような旧式の諸概念を確認することの方が，この新しい分析様式の知的でしかも政治的含意のすべてを予想することよりも容易である。というのは，この萌芽の状態にあるパラダイムは，完全に発達した知識の体系というよりは，むしろ非生産的な研究部面をしめ出した研究計画(リサーチ・プログラム)といったものだからである。すでに予想されうるそれらの含意は，広い範囲にわたって政策上の意見を混乱させる傾向にあるだろう。たとえば，保守派の人々は，所得分配が〔経済〕システムの生産性を損うことなしに著しく変更されうるという結論を喜ばないであろう。進歩派の人々は，競争市場は〔経済〕システムの効率的運営にとって不可欠なものではないという考えを喜ばないであろう。また急進派の人びとは，〔経済〕システムは諸制度の根本的転換を行わなくても安定しうるという考えを喜ばないであろう。まして，これら広範にわたる論点についての意見の一致の程度を誇張すべきではない。ポスト・ケインズ派理論は，現在の発展段階では，正統理論として定着するにはまだほど遠いのである。

　ポスト・ケインズ派的見方をする経済学者が一致しそうな点が1つあるとすれば，おそらくそれは，インフレーションは財政・金融政策という伝統的〔政策〕手段によっては制御できないということである。これは彼らがインフレを，財に対する「超過需要」から必ずしも生じるものではなく，むしろ利用可能な所得額および産出量の分配に関するより根本的な衝突の結果として生じるものと見なすからである。伝統的政策手段は，経済活動水準を削減することによって，分配のために利用可能な所得額および産出量を単に減らし，それによってインフレ過程の基底にある社会的衝突を強めるだけである。それらは，利用可能な産出量に対する所得要求を，きわめて不完全にしか緩和しないので，時間を通じての名目所得の成長は実質所得の成長と等しくなり，物価の上昇がこの二者を均衡させる必要は生じない。ポスト・ケインズ派経済学者が，所得政策は必要かどうかを問う代わりに，どのようにすれば所得政策が有効にかつ公平に作用するように行うことができるかという問題に一般に向かったのは，まさにこの理由によるのである。

1　総　　　論

〔訳注1〕　「サーカス」とは，ケインズが『貨幣論』(1930年)を公刊するとまもなく，ケンブリッジ大学内にこれを検討するために組織されたグループのこと。そこでの討論結果は，R．カーンを通じてケインズに逐一報告され，『一般理論』(1936年)の形成に大きく貢献した。

2 マクロ動学

ジョン・コーンウォール

　マクロ動学およびマクロ動学理論という言葉は，今日では，資本主義経済の時間を通じての発展を取り扱う経済学の分野を指すのに経済学者によって使用されている。その目的は，発達した市場経済における景気循環と経済成長パターンの両者を記述し説明することである。

　その初期の段階においては，マクロ動学諸理論は，単なる経済発展の「諸法則」以上のものを発見しようとして，マルサス，リカードウおよびマルクスのような著者によって「雄大」かつ「壮厳」な規模で展開された。社会的，政治的および文化的発展もまた，シュムペーターおよびヴェブレンの下で20世紀に入るまで続いた伝統の中で考察された。マクロ動学理論の現代版は，1930年代および1940年代におけるイギリスの経済学者，ロイ・ハロッド (Roy Harrod) およびアメリカの経済学者，イヴセイ・ドーマー (Evsey Domar) の研究にその起源を求められる。彼らの著名な諸先人の研究よりもその視野においてはるかに狭小ではあったが，これらの研究は，それらが生み出した他の研究の数のおびただしさという点では，その影響は先人に勝るとも劣るものではなかった。

　マクロ動学の将来の発展にとって，興味ある2つの論点がこれらの著作から流れ出た。第1に，『一般理論』におけるケインズは，投資の所得創出効果，もしくは乗数効果――すなわち，それによって投資の増加がその何倍かの所得の増加をもたらす過程――に集中した。当然，支出の増大は雇用の増大をも刺激する。しかしながら，投資は，たとえそれが同じ率に維持されるだけだとしても，資本ストックへの追加となるので，その経済が財を生産する能力を絶えず増大させる。それゆえに，これは，経済の全生産能力の完全な利用を維持す

るのに十分な集計的需要を創出するためには，投資が大量であっても，一定額では十分でないことを意味している。投資は，経済の拡大する資本ストックを完全利用の状態に維持するのに必要とされる需要の成長をもたらすために，ある率で増加しなければならない。

　第2に，投資が需要を創出するとともに，生産能力を増加させるという投資の二重の役割の認識から，資本主義制度は本来不安定であるという確信が高まった。問題は簡単に次のように提起されている。ある投資成長率の結果として生じる需要の増加（乗数効果）は，この同じ投資成長の結果として生じる生産能力の成長率とどうしてちょうど等しくなければならないのか。たとえば，投資成長率が生産能力の成長率より低い需要成長率をどうしてもたらさないといえるのか。もしそういうことが起これば，その結果として生じる過剰能力は経済を景気後退へと陥れるものと予想できよう。たとえ需要と生産能力が同率で成長していても，この成長率は，労働力人員の成長率（技術工学の変化率によって決定される労働生産性の成長についての可能な調整を加えたもの）より小さいかもしれない。その場合は，おそらく失業率の増大が生じるであろう。〔それとは反対に〕類推してゆくと，投資の成長率，それゆえに需要の成長率が，その結果として生じる〔生産〕能力の増加と労働力人員とを追越すこともあろう。その場合には，インフレ的事態を生むであろう。

　すべての資本を完全な利用状態に維持するのにちょうど十分な需要の成長率（および投資の成長率）は，ハロッドによって「保証」成長率と呼ばれた。任意の労働生産性の増大を考慮に入れた，増加する労働力人員を雇用するのにちょうど十分な需要の成長率は，「自然」成長率もしくは「潜在的」成長率と呼ばれた。ハロッド＝ドーマーの分析と呼ばれるようになったものによって提起された問題は，次のように言い換えることができる。つまり，資本主義経済は，現実に，保証成長率と自然成長率に等しい率で成長し，それによってすべての資本の完全利用およびすべての労働者の完全雇用を維持する傾向があるか，あるいはその可能性すらあるのか，ということである。多くの人々にとっては，〔この問題に対して〕否定的回答が唯一の適切な回答のように思えた。

2 マクロ動学

新古典派の寓話

　これらの理論展開が大不況の最悪の時期の直後に現れたので，ハロッド＝ドーマーの〔理論的〕枠組みは，どうして資本主義が深刻な不況を経験し，かつ経験しつづけるのであろうかという問題にいくつかの洞察を与えるように思われた。これは，これらの研究がマクロ動学理論の将来の展開に与えた衝撃がどうしてあのように多大であったのかという理由を一部説明している。とりわけ1950年代には，資本主義制度の自然な発展の1部として，好況だけでなく景気後退をもたらすことのできる理論およびモデルがおびただしく出現した。これらの理論とモデルは，まもなく明らかにされる理由のために，ケインズ派の伝統の一部と見なされるであろう。しかしながら1950年代中期には，このポスト・ケインズ派の分析方法とは鋭い対照をなす全く異なったマクロ動学の伝統も展開された。これは新古典派成長理論の展開であって，今日までマクロ動学理論を支配してきたアプローチである。

　初期の新古典派成長論者の意図は，ハロッド＝ドーマーの分析における不安定性の源泉を確定し，いかなる方法で安定性を回復することができるかを調べることであった。振り返ってみると，これらは答えるべき重要な問題であったし，多くの点でその結果はマクロ動学における実質上の進歩となるものであったことは明らかである。仮定がより明示的にされた。すなわち，「価格効果」が織り込まれた。非常な厳密さがそなえられ，筋の通った答えが見出された。しかしこれらの点で進歩したものの，新古典派成長理論の提唱者たちは，意識的に，あるいは無意識的に，マクロ動学の方向性を完全に変えてしまうような枠組みの確立に向かった。経済成長と景気循環が歴史的にどうして手に手を携えて起こったのかという問題を説明するための理論を展開しないで，新古典派の人々は，あたかも循環的変動の問題が存在しないかのように，経済成長の源泉を分析しようと試みた。こうして1950年代に出現した成長理論は，経済学における初期のケインズ革命から——実際それどころか，たいていの入門的教科書で提出されている俗流ケインズ主義学説からさえ——一歩後退したものになってしまった。

ポスト・ケインズ派経済学入門

　新古典派成長理論の核心とみなされる要素，すなわち，その理論が数学的外被を剝ぎ取られて，その下にある諸前提と諸目的を現したときの要素を以下で考察してみよう。

　1. マクロ動学における主な関心事は，(a)ある理論またはモデルに，産出量，資本ストック，投資および労働のような関連するすべての経済変数が同じ一定率で成長することができるような状況が存在するかどうか，および (b)もしその経済がその保証成長径路ならびに自然成長径路から乖離した場合には，これらの同じ諸変数がこの一定の成長率を回復する傾向があるかどうか，を決定することである。

　2. 長期の成長率を決定する諸要素は，すべて供給側にある。それらは労働力人員の成長率および技術工学の変化率の基底にある諸要素である。しかしながら，これらの供給諸要素の成長率を何が決定するかは，ほとんど説明されていない。

　3. 需要は受動的な役割を演じる。つまり，もし経済が恒常的で安定した成長の能力があれば，需要の成長率はちょうどいま述べた，最も根本的な供給諸要素に順応するだけである。集計的需要はいつも「申し分ない」。すなわち，あらゆる要素のすべての単位が完全に雇用されているものと仮定されている。主としてこの仮定のため，現実の成長率と，そして以前に保証成長率と呼んだものとは，自然成長率と容易に一致させられる。これは価格機構の作用の結果として生じる。つまり価格機構は非常に効率的に作用し，資本もしくは労働の何単位かが雇用されない傾向が万が一にもあるときには，要素の相対価格は，すべての資本および労働の完全雇用へと回復させるのを誘因するように調整される。要するに，新古典派成長分析は，需要不足，景気循環あるいは失業といった問題に関心をもたないのである。経済は，この意味において，けっして不均衡状態にはない。したがって新古典派マクロ動学は，単に新古典派成長理論と呼ぶことができる。

　4. 完全雇用産出高または集計的供給は，簡単な生産関数，つまりある経済の総産出高を資本および労働の投入量に関係づける関数によって分析すること

ができる。この関数関係は,「規模に関する収益不変」,すなわち,すべての投入をある百分率だけ増せば,産出は同じ百分率だけ増加することを仮定している。

5. 所得受領者が所得のいかなる一定割合を貯蓄することにしても,その割合が集計的産出高のうち投資される部分を決定するであろう。そのうえ,集計的産出高の中のこの投資の部分の大きさがどのようなものであっても,経済の長期的成長率には影響しないであろう。これは,長期的成長率が前記の供給諸要素に依存しているので,より高い投資率はより資本集約的生産方法へと導くか,あるいは保証成長率および自然成長率から一時的な乖離をもたらすこともあろうが,これらの成長率を変化させることはないからである。

6. どのような形態のものであろうと新古典派理論は,制度的枠組みを不変のままに保持することによってその分析の経済的(数学的とは区別された)複雑さを減じる強い傾向を示している。これは,消費者の嗜好および生産の技術工学的知識が多かれ少なかれ不変のままであると仮定することによって達成される。新古典派成長理論においては,上記の仮定が2つの方法で導入されている。経済が全体的もしくは総合的視野から考察される場合は,集計的生産関数および集計的貯蓄関数はともに一定であるとされる。経済が諸部門に分解される場合は,その成長過程は経済の全部門が同じ率で成長し,その構成をけっして変化させることなく総産出高を生産するものとして取り扱われる。このように産出物の構成が変化しないのは,技術工学もしくは生産関数の集合に変化がないことによるのである。

7. 完全競争がすべての市場において一般に流布している。そこでは,独占要素は存在せず,すべての人は過去・現在・将来の出来事の完全な知識をもっている。実質賃金は職種間で均等化され,資本収益率は企業間で均等化される。

8. 技術革新,すなわち新しい技術工学上の知識または新製品の導入は考察から除外され,産出高の中の貯蓄され投資される割合は所得受領者によって決定され,また完全競争が一般に流布しているので,経営者の唯一の役割は生産を調整すること——たとえば,資本の相対価格が低下する場合,労働に代えて

資本を使用すること，およびその逆の場合は逆——である。

ポスト・ケインジアンの代案

　1950年代半ば以降の新古典派マクロ動学の進展は，数学的巧妙さと複雑さの強化によって特徴づけられてきた。しかしながら，その分析を拡張して，現実世界に見出される重要な経済諸現象の大部分——労働組合，寡占，失業，不確実性，需要圧力の変化，新しい技術工学上の知識および新製品の不断の導入——を組み入れる努力は，ほとんどなされなかった。その結果として，新古典派マクロ動学は，19世紀初期以来のマクロ動学論者たちによって提起された種類の質問，つまりなぜある国が他の国より一層急速に成長するのか，なぜ成長はある時期には加速し，他の時期には加速しないのか，資本主義的発展の起こりそうなパターンとはいかなるものか，なぜ失業が，何よりもある国，あるいは時期においてより一層問題になるのか，という質問に答えるように発展することはできなかった。

　戦後期には新古典派成長理論が定期刊行物（journals）や論壇を支配していたものの，それに代わるべきマクロ動学のパラダイムもしくは見方，つまりその外観において明らかに一層ケインズ的なものが生きつづけていた。ケンブリッジなど一部の大学では，それはニコラス・カルドアおよびジョーン・ロビンソンの重要な貢献を基礎として隆盛でさえあった。新古典派成長理論と同様に，その現代の起源はハロッド＝ドーマーの分析に（ある程度まで）求めることができるが，マクロ動学過程の正しい研究についての彼らの考え方において，〔他の分野の〕どんな2つの伝統もこれほど違ったものはないであろう。厳格な意味での正統説というものは存在しないが，このポスト・ケインズ派のマクロ動学の考え方を少なくとも概説することを許す若干の共通の要素が現れてきている。以下に記すことは，ポスト・ケインズ派のパラダイムの説明であり，それは筆者なりに新古典派成長理論の弱みをきわだたせながら，ポスト・ケインズ派のパラダイムの強みを最もはっきりと表すような諸側面を強調するものである。この対比は，初めは一般的なタームで，それから次にもっと詳細に定式化される。

2 マクロ動学

ポスト・ケインズ派のマクロ動学についての見方は，資本主義制度を時間を通じて，しかし不均等に成長する制度として考察する。関心の的となるのは，このような成長率がなぜ各国間で，または一国内の異なる期間で異なるのかという問題である。これに加えて，成長過程の不均等性を重視する場合，なぜ資本主義経済は産出高および雇用量の短期の循環的変動によって特徴づけられ，そのさい，投資がこれらの循環の発生にこのような基軸的な役割を演じるのかという問題が存在する。第1の問題からポスト・ケインズ派長期分析が生じ，第2の問題からポスト・ケインズ派短期分析が生じた。

短期の変動が排除されていないので，ポスト・ケインズ派マクロ動学は，資本主義制度が通常ある種の不均衡状態にあるという見方をきわだたせることができる。それゆえ，それは，ポスト・ケインズ派マクロ動学の根本的関心事，つまり，これらの短期の変動を制限するように作用し，それゆえ失業率が，たとえば二桁数字にはめったにならないようにする資本主義経済の調整機構とはいかなるものかということに至るまでにはほんの一歩である。こうした結果をもたらすのは価格機構だけでないことは，多くの経験的考察が示唆している。また1930年代の崩壊は，いつでも頼りにすることができるような自動的な自己是正機構など存在しないことを示唆している。

種々の仮定

ポスト・ケインズ派マクロ動学は，それゆえある意味で，新古典派マクロ動学と同様に，長期均衡の性格とその安定性に関係するものであった。それはまた，ある経済の現実の成長率が以前に保証成長率および自然成長率と呼んだものと等しくなる傾向があるかどうかを発見しようと努めている。しかしながら，ちょうど今述べたように，これはポスト・ケインズ派マクロ動学の分析のほんの手始めにすぎないと見なされてきた。その中心的関心事は，なぜ成長率が異なるのか，またなぜ循環的変動が起こるのかを説明することであった。

この種の問題を解決しようと努力して，ポスト・ケインズ派マクロ動学は，新古典派分析の基本的諸仮定の大部分を廃棄することを余儀なくされた。後者

〔新古典派〕の仮定のうち，より一層重要な2つの仮定は，所与の嗜好および所与の技術工学上の知識という仮定である。それらを廃棄することで，ポスト・ケインズ派の論者は，成長過程を（シュムペーターの言葉を使用すれば）「質的変化」の過程であり，それによって産出物の構成とその産出物を生産する方法が不断に変化しているものと見なすことができた。こうして，現実の成長過程の進路においては，1人当り所得が増大し，消費者の嗜好が変化するにつれて，需要は新製品に移り，今や需要が増加している財を生産するために資源の配分の変更と新しい技術工学上の知識の開発を誘因するようになる。ある与えられた時代における質的変化のこれら決定的に重要な諸側面をきわだたせようとすることによって，ポスト・ケインズ派マクロ動学は，その分析に「歴史の観念」(sense of history) を吹き込もうとしている。

ある産業で衰退し，他の産業では好況となるというように，成長を不均衡なものと見なす見方は，いくつか他の特性をもっている。新産業，新企業および新製品の誕生は，（消費者の嗜好の変化に加えて）新しい技術工学上の知識の導入と関係する。ポスト・ケインズ派のマクロ動学は，この意味および少なくとも他の2つの意味における技術工学の可変性を強調している。ポスト・ケインズ派の分析は規模に関する収益の可変性を許容するだけでなく，さらに強調しさえしているのである。もし企業，産業または経済が労働と資本の両者の使用を，たとえば10％だけ増加するならば，産出高は10％を上回るか，それを下回るか，あるいはちょうど10％だけ増加するかもしれない。さらにそのうえ，技術工学上の知識の種類および機械化の程度は，経済の諸部門間にわたって，および諸部門内において異なることがありうるし，また通常異なるであろう。最も進んだ資本主義経済でさえ，経済の同じ部門（たとえば製造業）においてのみならず，しばしば同じ産業においても，最も新しい技術工学を使用する高度に機械化された企業が，技術工学的に遅れた非能率な企業と共存しているというのが，1つの共通の特徴である。したがって予想されるように，利潤率（および賃金率）は現実経済の諸部門間で大きく異なるのである。ポスト・ケインズ派のマクロ動学は，これらの関係ある諸現象をその分析の中に組み入れている。

2 マクロ動学

　成長が消費者の嗜好および生産の技術工学上の知識の連続的な変化を伴う過程であるという事実は，投資の重要性についてのポスト・ケインズ派の見方と新古典派の見方の間の著しい相違点をさらに強調している。後者の見方では，産出高のうち投資に向けられる部分の増加は，経済の成長率を恒久的に高めることができない。これとは対照的に，ポスト・ケインズ派理論は，新しい技術工学は大量の投資なしにはめったに導入されえないことを強調する。成長過程は，1人当り所得の上昇の過程と見なされ，さまざまな品目に対する需要の所得弾力性の相違によって定義された「財の階層(ヒエラルキー)」を消費者が昇ってゆくにつれて最終需要の構成が変化するので，最終需要の構成の変化によって要求される新しい技術工学は，購入されている新しい資本財に必ず体化されていなければならないことになる。他の諸条件が等しいとすれば，産出高のうち投資に向けられる部分が大きければ大きいほど，この成長過程はそれだけ急速に開花するであろう。

　予想されるように，――ほとんど投資を通じての――需要構成のこの変化と新しい技術工学上の知識の連続的な導入は，不均等な歩調で進む傾向があるであろう。このことは，以前に述べた成長過程の不均等な性格を部分的に説明する。産出高のうちどれだけの部分が投資財の生産に向けられようとも，進行中の成長過程の不均衡な性格が投資水準の変動，したがって拡張率の変動に必然的に導くであろう。これらの循環的運動は，ポスト・ケインズ派の短期分析が説明しようと意図するものなのである。

　多額の投資支出のための資金を融通する貯蓄は，どこからやって来るのか。ポスト・ケインズ派経済学においては，これらの貯蓄は，資本家およびその他の家計の主人が，所得のうちその時々の消費ニーズに支出しないことにする部分に限定されるという想定は存在しない――急速な成長の鍵となる企業投資の場合には明らかに異なる。実生活においては，たいていの家計貯蓄は住宅供給市場に流入し，それゆえ企業投資を賄うためには利用できない。カレツキが40年前に強調したように，後者〔企業投資〕を賄うために使用される貯蓄は，大部分が企業内に生じたものである。これは売れ行きが好調で，設備能力が精一杯

稼働しているときには，十分容易に達成される。しかしそれほど順調でない状況の下ですら，企業の価格設定政策が重要な役割を演じる。というのは，利潤マージンは投資のために必要な追加資金を供給するように（適当な範囲内で）増加することができるからである。その含意は，総国民所得の分け前としての貯蓄が，企業部門，特に規模の大きな寡占諸企業によって大部分決定されるということである。これは，貯蓄比率（および投資比率）が，短期にも長期にもともに可変的でありうるし，かつ高度に可変的であると，いうことを示唆している。

　議論をもう一歩進めると，貯蓄比率の変化は，発達した市場経済の安定性を説明するために新古典派モデルにおいて頼りにされる要素の相対価格の変化に代わる変数と見なすことができる。両方の分析装置とも，経済が保証成長率および自然成長率からひとたび逸脱したとき，需要と供給を再び一致させるための調整機構として本質においては機能する。貯蓄比率の変化がポスト・ケインズ派諸モデルにおいて重視されているのは，現実の世界においてはこの調整機構の方がはるかに重要な役割を演じると思われているからである。

　新しい技術工学上の知識，消費者の嗜好の変化に対応する企業，および価格設定政策と投資政策との関連性という重要性を強調した以上の論議から，ポスト・ケインズ派マクロ動学が，企業家を——あるいは任意の大規模な組織における企業家的要素を——成長過程にとって中心的なものと見なしていることが明らかになるはずである。固定した嗜好と技術工学上の知識，固定した貯蓄比率および投資比率，出来事の過去・現在・将来の進路についての完全な情報という新古典派的世界は，企業家精神の占めるべき場をほとんどもたない世界である。それどころか，それは生産が新たに行われるよりもむしろ単に調整されるにしたがって，相対価格の変化に受動的に反応するのを原則とする会計係の世界なのである。

　要約すれば，ポスト・ケインズ派マクロ動学は，発達した市場経済の制度的枠組みと，この制度的枠組みが時間を通じて変化する仕方の両者を，成長過程と循環過程の説明に組み入れる試みと見なすことができる。新古典派マクロ動学とは異なり，それは不確実性，寡占，新製品および技術工学上の知識という

現実世界，つまり「人間的要素」が企業家階級の質に反映される世界を包摂しようと努める。ポスト・ケインズ派経済学者の見方は，これらの要素をその分析に組み入れることによってのみ，マクロ動学が現実世界の諸問題への解決を提示しはじめることができるというものである。

政策上の含意

　これら2つの異なるパラダイムに由来する公共政策にとっての含意とは何か。この質問への回答は，2つのアプローチの相対的説明力を別の仕方で明らかにするのに役に立つ。新古典派成長分析は，政策処方箋にとって非常に不十分にしか役に立たない。それは景気循環を扱わず，あるいは失業も考慮していないので，分析に基づいた景気安定策か完全雇用政策を立案することができない。さらに，成長率は説明されていない諸要素によって究極的には決定されるので，それは成長率に影響する政策を作成することもできない。

　これらの決定的に否定的な結論は，新古典派成長理論の理論的構造と，それが答えようと努めた種類の問題から自動的に生れてくる。諸々のモデルの数学的特性の決定のことばかりに夢中になることによって，その経験的内容を無視するようになった。それゆえに，政策を扱うことが不可能だという問題が出てくる。

　これと対照的に，ポスト・ケインズ派マクロ動学の理論構造は，国民諸経済の相対的成果の差異を説明したいという願望から発展した。それがこの目的を達成できて初めて，それは政策立案に役立つことができる。たとえば，ポスト・ケインズ派マクロ動学は，成長率の決定と同様に，循環の発生における投資の基本的役割を強調している。これはすぐに，安定化政策，雇用政策および成長政策を考慮するさいに第1に優先すべきものを示唆する。高い雇用水準での集計的産出高の恒常的で急速な成長は，高水準の投資の恒常的で急速な成長を必要とする。

　世界的規模のスタグフレーションという現代の状況に関して，ポスト・ケインズ派経済学者は，現在の諸政策が長期的な解決を与えるだろうということには一般に懐疑的である。資本主義諸国の政府高官は，しばしば「臨時的」賃金

・物価統制を織りまぜながら，たいていは引締的な金融・財政政策を追求している。その結果，高い失業率と低い能力利用率という二重の呪に苦しむのである。おそらく，有力な雇用主集団および被雇用者集団は，不況状況にある期間が長びき，それぞれの集団が国民産出量の分け前に対する自分たちの要求を緩和しないならば，政府が完全雇用を保証することができないということを確信するであろう。それゆえ，このような方策は，伝統的な経済分析に基づくと，現在のインフレ率を鈍化させることによって，一度限りインフレ心理にむちを打つ——すなわち，物価が上昇しつづけるであろうという人々の期待を逆転させる——ように作用すると考えられている。

不幸にして，今後5年，10年あるいは20年，そのような期待を逆転させるのにそれがどれだけ長くかかろうと(それができるとして)，拡張政策が失業を抑制するために究極的に再導入されるとき，二桁台のインフレが(所得政策が導入されないとき)再開しないという保証は何も存在しない。それとは反対に，ポスト・ケインズ派の見方は，応々にしてこのような政策が長期的には反生産的だと見なしている。成長をかなり削減し，失業率を一層高めることによる現在の反インフレ政策は，たいていのポスト・ケインジアンによって経済的，社会的および政治的衝突の追加原因をつくり出しているものと見なされている。これらは結局，異なる諸集団による利用可能な産出高に対する過激な，しかし実現不可能な要求となって現れ，これらはまた継続的なコスト・プッシュ・インフレの悪循環となって現れるであろう。

そこで，失業率を長期間高い水準に維持させることによっては，インフレ心理をむち打つことはできず，また失業をもっと人道にかなった水準に引き下げようとするいかなる将来の試みも，(再び，所得政策が導入されないとき)インフレの再燃を伴うであろうと想定しよう。さらに，第2次世界大戦につづく繁栄の20年と幾分類似している経済的環境を創造しようとすることは望ましいことと見なされていると想定しよう。この場合でさえも，ポスト・ケインズ派マクロ動学は，完全雇用，物価安定および成長の回復を可能にするような政策の構造について語るべき多くのことをもっている。刺激的な財政・金融政策は，所

得政策と結びついて，最初の2つの目標を達成するであろう。そのうえ，成長目標は，その所得政策がどんな形態をとらねばならないかを指示する。それは，高い投資水準と矛盾しないものでなければならない。

アルフレッド・アイクナー (1976年) およびその他の人々による研究は，これは，財および用役に関するかぎり，相対的に伸縮的な価格，もしくは規制されない価格を必要とするということを示している。これは，価格を引き上げて，資本家階級に有利なように所得分配の変更を企業に許す必要性があると思うからではない。本当の理由はすでに示唆されてきている。巨大法人企業においては，価格設定政策は投資政策と関連している。企業が投資支出を増加する必要があるとき，そうすべき内部資金が不足しているならば，彼らは必要な資金を確保するために価格を引き上げる傾向がある。伸縮的な製品価格は，この重要な配分機構が経済成長のために作動できるようにしている。

抑制(コントロール)されねばならないのは賃金である。しかしながら公平を保ち，政治的に許容されうるようにするためには，利潤のうち，投資資金のために法人企業によって留保されない部分を制限する必要がある。これには，配当および役員報酬に対して，これら諸形態の所得成長を賃金所得の増加と一致させておくような率で課税する政策が必要である。

このうちのいずれも，緩慢な成長率であっても，それへの復帰と矛盾しない所得政策を組み立てることが容易だなどと言おうとするものではない。いろいろな国における戦後の所得政策の実際の記録は，数えきれぬ困難が存在することを明らかに示している。しかしながらポスト・ケインズ派経済学者が固く信じていることは，この目的，あるいは他の望ましい目的を達成するために，気のきいた政策の応答集が作成されうる以前に，かなりの説明力をもち，政策立案者たちに，資本主義経済が時間を通じて現実に進展する仕方への洞察力を与えることのできるような，健全な理論体系が展開されなければならない，ということである。そしてこれは，マクロ動学理論が新古典派の分析様式から離れて，その伝統的な知的発展径路の方向へと溯るという，鋭くかつ劇的な方向転換が行われるとき，初めて達成できるのである。

3 価格設定

ピーター・ケニヨン

　成長および分配に関するポスト・ケインズ派マクロ経済理論のミクロ経済的基礎は，いつも批評家たちを悩ませてきた。彼らは，ポスト・ケインズ派理論は，いくらよく見ても，単純な（そして説明されることのない）マーク・アップによる価格設定の公式に頼りかかっていると主張していた。しかしながら，マーク・アップは，ポスト・ケインズ派分析のミクロ経済的基礎を構成する非常に包括的でしっかりと構築された体系の最も目につきやすい1要素でしかない。マーク・アップは，単に容易に説明されるだけでなく，マクロ経済レベルで観察可能な成長と分配をもたらすために作用している経済的諸力の複雑な組合せの結果でもあることがわかる。

　ポスト・ケインズ派理論の核心は，経営者の貯蓄と投資計画との間の関係であり，このことは，ポスト・ケインズ派価格設定理論の核心についても同様である。ポスト・ケインズ派の論者たちは，諸市場をカレツキ流に2つの広義のカテゴリーに分ける。1つは，正統派理論がわれわれに教えるのとほぼ同じやり方で価格が決定される競争的「伸縮価格」(flexprice) 市場である。そしてもう1つは，価格が「正常」(normal) 生産費（「正常」費用とは何を意味するかは，後で論じる）と，計画される投資支出を賄うための留保利潤に対する需要との両者を反映する「固定価格」(fixprice) 市場である。

　伸縮価格市場は主として原料および1次食糧品の取引に関係する市場である。これらの市場では，ある商品の供給が市場に配達され，そして買手の需要の強弱に依存して，その市場期間内では，その特定商品の市場を一掃する1つの価格が達成される。これらの商品については，特定化された市場期間中，供給は

多かれ少なかれ一定である。

しかしながら，供給諸条件が幾分異なる別の形態の商品が存在する。それは他の諸商品によって生産される商品——すなわち製造品もしくは「完成財」——である。これらの財の生産は，生産能力の（計画された）予備が存在するため，需要の変化に全く感応的である。それゆえ，伸縮価格市場においては，価格が買手の需要水準に依存しつつ調節されるが，他方，固定価格市場においては，需要の変化は主として産出量の変化によって満たされ，価格は相対的に影響を受けずにいる傾向がある。ジョン・ヒックス (John Hicks, 1974年) が言ったように，これらの市場においては，「………われわれは，超過供給もしくは超過需要が存在する場合には常に価格が変化しなければならないという規則を一時停止するのである」〔邦訳32頁〕。

ポスト・ケインズ派の論者たちは，現代資本主義経済の民間企業部門のはるかに重要な部分は第2の形態の市場であると主張する。彼らは，この部門内の諸産業は構造上ほぼ寡占的であり，それを構成する諸企業は，その市場支配力とその製品の供給諸条件によって期待される売上高から，その計画される投資支出を賄うことができるほど十分な留保利潤を生成するように，価格を設定することができると考える。

寡占理論への通常のアプローチは，寡占諸企業の相互依存性を静学的な問題と見なすことである。つまり，その構成企業は（個々の）利潤を極大化するために価格と数量の目標を定めようとするが，彼らの競争相手がとりうる反応の不確実性のために，この目標を達成する任意の価格を見出すことを妨げられる。この困難を切抜けるために，その理論家は，通常，価格がどのようにして決定されるかという問題に対する何か明確な解決に到達することができるように，その産業内の諸企業が競争相手の行為に対して示しそうな反応についてのなんらかの恣意的な仮定を導入する〔訳注1〕。しかしながら，こうした議論は少しも満足できるものではなく，寡占，つまり現代資本主義の分析にとって経験的に最も適切な市場構造が，正統派経済学の説明力にとって悩みの種となっていることは，ずっと前から認識されている。マーチン・シュビック (Martin Shubik)

3 価格設定

が正統派ミクロ経済学の最近の展望 (1970年) において，率直に認めたように，「寡占理論などなんら存在しない………」。さらにシュビックは，寡占の議論において，「動学の諸問題がありのままの姿で現れる」と言った。これは，寡占の行動を分析するさいに，経済学者が価格と数量という変数に集中したためである。しかし，なぜこれらの諸変数が戦略的な変数として選ばれなければならないのかという先験的理由など存在しない。その選択は，たいていの正統派経済学者が保持している混乱した競争概念を反映するだけである。

競争の意味

新古典派理論においては，競争は，市場一掃価格(market clearing price) が需要と供給との相互作用を通して達成される過程ならびに市場構造の記述と見なされている。実際，競争は，独占の反対として，厳しい諸仮定の下で，諸資源が社会的に最適な方法で配分される市場構造の形態と見なされている。このように，過程と最終状態とが混同されるので，経済学者が不完全競争状態に向かうとき，彼らは，最終状態が達成された過程を見ないで，最終状態，つまり最適配分からの乖離の程度を調べようと試みる。むしろ彼らは，過程は構造の中に暗示されていると仮定している。検討のために選ばれる最終状態，すなわち結果として生じる資源配分はもちろん恣意的であるが，それは価格変数を，論理上の関心事としているのだ。

したがって，基軸的変数としての価格に払われる注意は，生産よりむしろ配分に焦点を合わせる現代経済学のワルラス派の伝統に一致している。このことの強調は，経済学とは何かに関する新古典派的見解──すなわち，競合する諸目的間における希少諸資源の最適配分──を反映している。その場合，ポール・J. マクナルティ(Paul J. McNulty, 1968年) が述べたように，「………競争がそれ自体市場構造であるという考えの出現は，新古典派経済学の顕著な貢献であった」ということは理解できる。

競争について，これに代わるべき1つの見解が，古典派理論およびマルクス主義理論において提出されている。ここでの敵対関係(rivalry) とは，新規投資

に対して期待される利潤率を企業間および産業間で一様化させようとする傾向を余儀なくさせるようなものである。アダム・スミスからカール・マルクスに至る古典派経済思想に占める競争は，このように過程ではあっても，最終状態ではない。投資政策および成長政策に反映されているように，競争は，時間上の・一・時・点においてそれら諸資源が個人間に配分されるだけというよりも，諸資源が時間を通じて社会諸階級間に配分される――そして最終的には所得が分配される――過程を含んでいる。このことの強調は，古典派経済学者（特にリカードウとマルクス）の資本概念および資本蓄積過程への深い関心を反映している。

　競争過程に関するこの本質的に動学的な古典派の見解が採用されるとき，1産業内の構成企業間の敵対関係は，収益性のあるいかなる投資機会も先んじられないよう保証するのに全く十分なものであることを必要とする。基軸的戦略変数は，相対的成長率と相対的市場シェアとに焦点が置かれる競争的敵対関係の下で，企業の投資計画から導出された資本支出の水準となる。短期利潤の極大化それ自体を1つの目的とするよりも，むしろ諸企業は利潤を1つの目的への手段，つまり望むらくはその市場シェアを増大することによって，彼らが時間を通じて拡大することができるようにする手段と見なす。ポスト・ケインズ派の論者たちは，諸企業の行動目標は，最低限度の利潤の制約を受けつつ，時間を通じて売上収入の成長を極大化することであると主張する。（産業エコノミストは，もちろん，売上収入で測った成長と，他の方法――たとえば，時間を通じての利潤――で測った成長とを経験的に区別することは困難であるということを気付いた。しかし，それをどのように測ろうと，企業の目標は明らかに成長である）。ここでもわれわれは，蓄積とその蓄積の背後にある推進力としての企業間の競争とを強調する古典派の分析様式への復帰に遭遇する。

　このアプローチの1つの重要な帰結は，それが古典派政治経済学の伝統において「因果」の連鎖に注意が向けられる「期間化」と呼ばれる分析方法に直接に導くということである。換言すると，ある期間におけるある「結果」（たとえば価格および投資が決定されるような仕方）は，それより前のある期間における先行の

3 価格設定

「原因」によって説明されうる。この見解は，すべての要素が相互に同時に影響しあうと見なされる新古典派経済学の方法論的アプローチと対比されうる。

マーク・アップ

暗黙の「期間化」を伴う「因果」の連鎖の強調は，ポスト・ケインズ派の価格設定の分析にまで広がる。ポスト・ケインズ派経済学者は，工業化された資本主義経済の製造部門における寡占諸企業の価格設定行動は，投資支出の目的のための内部的源泉から生じる資金に対する需要によって説明されうると主張する。

アメリカの製造業における粗固定資本支出の75％から90％は留保利潤から賄われていることを証拠が示している (Eichner, 1976年)。それゆえに，ポスト・ケインジアンたちは，ある程度の自由裁量の権限をもっている寡占企業が正常生産費用を超えて〔利潤〕マージンを設定し，それゆえ彼らが実施したいと望む投資支出のほとんどを，内部的源泉から賄うに十分なキャッシュ・フロー〔減価償却引当金＋留保利益〕を生成することができるようにする，と結論する。すなわち，価格の動きは，内部的に生成される投資資金に対する企業の要求額および正常生産費用の動きに依存する。マーク・アップは，計画された投資支出を賄う必要性と直接に結びつけられている。

この見解によれば，マーク・アップは次のようにして達成される。第1に企業（その時々の価格設定期間の中で，産業のプライス・リーダーと見なされうる企業）は，観察された能力利用率とある望ましい〔能力〕利用率との間の関係に基づいて，その将来の投資計画についての決意を行う。望ましい設備能力は，企業がその産出高に対する需要の突然の増加に対処できるようなものであろう。諸企業が不確実性の諸条件下で市場シェアをめぐる争奪戦を行っている場合，予期せざる注文の増加に応じるのに必要な余剰能力をもたないような状態に遭遇したくないであろう。投資計画は，市場需要の将来の成長と種々の代替的投資計画の推定された収益性とについての企業の〔現時点での〕予測を基礎とするであろう。

次に，企業は，その配当支払比率と持分（equity）に対する負債比率（あるいはギアリング・レイショウ〔訳注2〕）が与えられている場合，留保利潤の必要水準を生むようなマーク・アップを選ぶであろう。それから，その企業は，生産能力が適切であることを需要状態が示すかぎり，また生産費用がその正常水準から著しく乖離しないかぎり，このような計画過程を通じて達成された価格を維持する。それゆえ，能力利用度は，ある平均水準もしくは標準的水準をめぐって市場需要状態とともに変化する。

　これらの決意は，経験が企業に適当であると示唆する需要状態に関してなされる。すなわち，企業のマーク・アップ政策は，企業の一般的確信の状態によって影響される。これと同じ確信の状態が企業の投資計画をも決定する。投資計画とマーク・アップの大きさは，企業が意図した投資計画の資金を調達する留保利潤という形態で，資金の需要と供給を通じて固く結びつけられている。こうして，現実の諸価格はその時々の需要状態を反映しない。むしろ，企業がその能力を期待される将来の需要を十分にみたしうるよう調整するとすれば，現実の諸価格は，企業が必要と見なす計画投資支出のための資金必要額を反映している。

　価格設定のこのような考え方全体は，諸価格が需要によって決定されるよりも，基本的には生産によって決定される古典派政治経済学の伝統に完全に沿うものである。古典派的分析においては，需要の変動は価格決定になんら直接的役割を演じない結果として，「自然」価格は生産費を反映している。需要の役割は，諸市場を一掃し，有名なワルラス型均衡を達成するように，自動温度調節装置のように諸価格を調整することではない。それどころかむしろその役割は，期待される収益性に及ぼす効果，したがって投資に及ぼす効果を通じて，より長い期間にわたり産業間に諸資源を移動させることである。期待される利潤率が産業間において一様でない（そして市場価格が「自然価格」から乖離する）ところでは，資本家たちは諸資源を収益性の低い用途からより収益性の高い用途へと移動させるものと予想できる。競争過程は投資および資本蓄積を通じて生じるのである。

3 価格設定

正常費用

諸価格の第2の主要な決定要因は、ポスト・ケインズ派経済学によれば、正常費用の水準である。正常費用は、経済がその長期的(secular or long-run)成長径路にあるとき、ある標準的または期待される能力利用率に適用される費用として定義される。(ウェイン・ゴッドレィ Wynne Godley とウィリアム・ノードハウス William Nordhaus, 1972年 は、彼らの産出高の成長の趨勢線を用いて、これを経験的に概算した)。生産費用の一時的変化も製品需要の一時的変化も、産出物価格に直接的にはそれほど影響を与えない。ケインズ=カレツキ流にいえば、需要水準が粗国民生産 (GNP) によって測られる経済活動水準を決定する。景気循環において需要水準とともに変動するのは、産出高の水準であって価格ではない。ルイジ・パシネッティ(Luigi Pasinetti, 1974年)が主張するように、「より原始的な社会と対照的に［諸価格を決定するために作用する諸要素のうちで］需要の変動が重要でなくなったという基本的特徴が残っている。それゆえ、価格変化という伝統的な反応機構が作用しなくなったので、別の機構が使用されることになる。生産者は、需要の変化に対し、生産を変えることによって対応する。」〔Pasinetti, 1974年, p. 33. ただし文中 ［ ］ および傍点は筆者のもの〕

新規投資に対する〔産業間の〕期待利潤率が需要の恒久的変化を示すのに十分なほど異なり、それにより産業間における諸資源の移動を必要とさせるようになると、必要な留保利潤を生成しうるように、投資計画が策定され、利潤マージンが調整されるであろう。リカードウとマルクスはともに利潤を蓄積の源泉と考えた。しかしながら、エイドリアン・ウッド (Adrian Wood, 1975年) が指摘したように、価格設定のこのような説明が、「経済学の主流をなす正統派の一部を形成したことは、一度もなかった。しかし密接に関連する考え方が表面に浮かびでることがときどきあった。」〔邦訳, 15頁〕

これらの関連した考え方は、1930年代末にホール(Hall)とヒッチ(Hitch)の先駆的な研究(1939年)から始まった。その時以来ずっと、価格設定行動の経験的研究は、主として現代資本主義経済の製造業部門において、マーク・アップによる価格設定行動を幾度も立証してきた。しかしながら、生産費用を基礎とす

る価格行動の説明は——そのような理論が正真正銘の古典派の血統に属するものであるにもかかわらず——正統派経済学者によって一般的には受け入れられることはなかった。もっとも一般的につけられている理由は，マーク・アップの大きさを決定するものは何か，という質問に対して受け入れられうる回答——正統派経済学者によって与えられるものとは異なる回答——を欠いているということであった。ポスト・ケインズ派経済学者は，価格理論への自らのアプローチがその質問に回答を与える，と主張している。

　ポスト・ケインズ派のミクロ経済学の最近の諸展開は直観に訴えるものがある。それらは，現実的諸仮定であると思えるものを設けることによって，現代資本主義経済における企業および産業の現実の行動が分析されるのに役に立つ枠組みを与える。それらは，企業の生産技術の性質の違いに，したがって費用条件の違いに基づく諸部門間の価格設定行動の違いを考慮に入れる。それらは，寡占部門における諸企業の第1の目的として，時間を通じての売上収入の極大化を明示的に認める。そしてそれらは，——不完全な知識と不確実性による——不完全な資本市場の存在を認める。投資支出がその分析の核心であるという事実は，この理論を明白に動学的なものとする。そのうえ，この理論は，投資資金の源泉として，なにゆえに利潤が巨大工業会社によって必然的に稼得されなければならないかを説明する。

　実のところ，この理論は，所有者支配企業と経営者支配企業の相対的収益性に関する産業エコノミストの不確実な調査結果を説明するかもしれない。もし巨大寡占企業が期待投資支出に基づいて利潤マージンを設定するならば，所有の支配からの分離は，経営者支配企業と所有者支配企業の相対的成果にほとんど差異をもたらさないかもしれない。競争産業内の諸企業は寡占部門内の諸企業とは異なる成果を上げていると予想するであろう。その若干のものを経験的証拠が確証している。しかしながら，寡占部門内での成果の差異は経営者支配の程度とはほとんど関係がないかもしれない。むしろ，そのような差異は，価格設定行動の相違によって，特に寡占部門内の諸企業がポスト・ケインズ派の論者によって示唆されるようなやり方で自らの価格を設定するかどうかによっ

3 価 格 設 定

て,説明されるかもしれない。

政策上の含意

価格決定に対するポスト・ケインズ派のアプローチの政策上の含意の一部とは何であろうか。第1に,本書のこの論文および他の論文から,ポスト・ケインズ派理論が,経済内における価格変化に対する反応 (代替可能性) よりも,むしろ所得水準および所得分配の重要性を強調していることは明らかであるはずである。第2に,所得分配を変更しようとする政府の努力は,利潤と投資の因果関係の不十分な理解によって,したがって再分配政策が雇用,生産性および成長に及ぼす諸効果を恐れて,通常,妨げられてきた。

ポスト・ケインズ派の分析は,価格,利潤および投資の間の関係を明確に説明し,そうすることによって,大部分の工業化された資本主義経済を悩ませている高水準の失業と高率のインフレの同時発生という現在の事態に対してかなりの洞察力を与える。

経済活動水準,したがって失業水準に影響を与える伝統的需要管理政策は,寡占部門における価格にほとんど影響を及ぼすことがない。われわれが見てきたように,集計的需要水準の変化に順応するのは産出高であって,価格ではない——もっとも,現実の利潤マージンは間接費の存在によって圧縮されるかもしれないが。

もし労働者か資本家かのいずれかに (配当か留保利潤のいずれかの形態で) 向かう法人所得の機能的分け前を変更する努力がなされるならば,賃金・物価の悪循環(スパイラル)が起こるであろう。所得水準の変化は,所得分配の変化を必然的に伴うので,そのような賃金・物価の悪循環は需要管理政策からのいかにも起こりそうな結果である。機能的分け前は,短期において,都合の悪い効果を伴うことなく,資本家の自由裁量支出 (消費財か投資財への支出) を変えるだけで変更することができる。前述したポスト・ケインズ派モデルの見地から言えば,それはマーク・アップの変化を必要とする。この意味で,資本家たちは,ミハウ・カレツキの言葉を借りれば,「自らの運命の主人」なのである (Kalecki, 1971年〔p.13〕)。

労働者と資本家との間の貨幣賃金をめぐる交渉において，労働組合はパイ全体に占める自らの「公正な」あるいは歴史的な分け前を監視するかもしれない。それゆえ，もし雇用主が，投資支出を賄うのに必要とする結果として，マーク・アップを引き上げる能力をもっているならば，実質賃金は，諸物価の上昇につれ，浸蝕されるであろう。その場合，組合は彼らの「公正な」分け前を維持するために名目賃金の大幅な引上げを迫るかもしれず，賃金・物価の悪循環の基礎が敷かれるであろう。ポスト・ケインズ派経済学者が価格・所得政策 (prices and incomes policy) を，投資額および投資形態を指導するための何か社会的機構（たとえば，選別的公共部門支出を伴う指示的計画作成）とともに，伝統的需要管理政策の必要な付属的政策と見なすのは，このような理由からである。これはケインズ (1936年) が，「私は，長期的観点から，かつ一般の社会的利益を基礎として資本の限界効率を計算することができる地位にある国家が，投資を直接に組織化することにますます大きな責任を負うようになるものと予想している」〔p. 164，邦訳，183頁〕とずっと前に書いたとき，すでに見越していた政策である。

そのような政策は，ジョーン・ロビンソンが1976年のアデライデ大学で行った講演の中で「自己の労働に対する一層の管理，過剰からの一層の防衛，社会サービスの改善……に対する労働者の合理的要求を満足させる真の社会契約」と呼んだものに道を開くであろう (Harcourt, 1977年)。すなわち，この政策は，賃金稼得者たちが，彼らの貨幣賃金〔引上げ〕要求を一層，節度をもって行うようになるであろうし，そうした見識の下で社会的賃金の実質的価値が生産性の成長（そして，もちろん為替レートの安定）に伴って維持され，または増大されつつあることを保証するであろう。

* * * *

結びの言葉として，ポスト・ケインズ派の価格決定へのアプローチの前述の概要は，ポスト・ケインズ派経済学者が，彼らのアプローチがすべての市場にわたって適用されると考えている，ということを含意しようとするものではな

3 価 格 設 定

いことが強調されるべきであろう。限界費用を著しく変化させることなくして産出高を調整することが容易にできないような供給状態のところでは，伝統的価格理論の全構造が明らかに妥当性をもっている。前述の議論は，その目的が，現代の工業化された経済の寡占部門における価格決定についてのポスト・ケインズ派経済学者の所説を読者に紹介することにあったので，これら〔競争的〕市場（そして，ついでにいえば，小売市場のうちほとんどとまではいわないが多くの市場を含む）を扱わなかった。ポスト・ケインズ派理論は発展の揺籃期にあるにすぎないので，それに余りにも多くのことを求めすぎないように注意しなければならない。

　〔訳注1〕たとえば寡占理論の最初の理論的定式者の A. クールノー（1838年）は，競争相手の販売量を与えられたものと見なし，そのうえで，自分に最大の利潤をもたらす産出量（販売量）を決定するという行動をとると仮定した。このクールノーの仮定を批判した J. ベルトラン（1883年）は，そのような産出量の調整行動ではなく，むしろ価格の調整行動を仮定した。
　〔訳注2〕ギアリング・レイショウ（gearing ratio）については，「訳者あとがき」をみよ。

4 所 得 分 配

ジョン・A. クリーゲル

　所得分配へのポスト・ケインズ派のアプローチは，ケインズの産出高と雇用の理論の中心的命題をその出発点とする。この命題は「公衆の心理が所与ならば，全体としての産出高と雇用の水準は投資量に依存する」(ケインズ，1936年) という言明に手短かに要約されうる。しかしながら，ポスト・ケインジアンたちはケインズの理論を拡張して，投資は産出高と雇用のみならず，賃金と利潤への国民所得の分配の主要な決定因でもあると主張する。

　ケインズが『一般理論』において分配の問題を明示的には論じなかったことは，もちろん周知のことである。しかし，彼は所得分配が，雇用水準，そしてとりわけ集計的需要の水準およびその構成に及ぼす諸効果について多くの示唆を与えた。そのうえ，ケインズは自分の分析の中で収益逓減を仮定した。生産能力のストックが一定の場合には，このことは，産出高が大きくなれば諸価格も上昇し，雇用水準と不変の貨幣賃金率の購買力との間〔の動き〕に逆の関係をもたらすことを意味した。このような関係は，さらに一方の有効需要，産出高および雇用と，他方の総産出高に占める賃金の分け前との間〔の動き〕に逆の関係を意味した。しかしこれら暗黙のうちに含意された諸関係が正式に検出されたり究明されたことはなかった。

　したがって，ジョーン・ロビンソン，リチャード・カーン，ニコラス・カルドアなどのケインズの弟子や後継者たちがケインズ雇用理論のより広い理論的含意の探究（戦争の勃発によって延期されていた仕事）に進んだとき，所得分配の分析に対してケインズの所得決定理論がもっている含意を一層体系的な形で確定しようと試みたことは，おそらく自然なことであった。しかしながら，この

試みは産出高の長期的成長という，より一般的な分析の一部としてなされたのである。この問題こそ，古典派経済学者たちの中心的関心事であり，第2次世界大戦の直前にハロッドが再びもち出してきていたものであった。

このような努力の過程で，ケインズの後継者たちには，集計的国民所得の分配に関する自分たちの議論を賃金と利潤との区別に基づいて，すなわちケインズが『一般理論』で提起した経済的集計量の観点から構築することが論理的であるように思われた。こうして，ポスト・ケインズ派理論は「ミクロ経済的」というよりも，むしろ主として「マクロ経済的」と今日呼ばれるものである（もっとも，最初の定式化はこのようなはっきりとした分割を認めなかったのであるが）。所得面での賃金と利潤とへの所得分配に対応するものとしての生産物面での消費と投資とへの集計的国民産出高の分配が大きく強調され，集計的産出高自体は，貯蓄と投資との相対的な釣合いと乗数によって決定される。

正統派理論

これに対して正統派理論では，所得分配は競争市場において，各個人が自ら所有する生産要素の用役を販売することのできる価格によって決定される。このアプローチは，特定の要素市場で取引する経済諸要素によってミクロ経済レベルで決定されるような個人的な，すなわち私的な（パーソナル）所得分配を主として取り扱う。正統派理論は次のような結論に導く。すなわち，(a) 最初の要素賦存量が〔各人間で〕等しいと仮定して，もし要素諸用役の供給が相対的要素価格の変化に調整されるならば，そのとき各人の所得は等しくなるであろう。(b) もし市場機構に（アメリカ医師会によっておしつけられる各種の供給制限のような）欠陥があれば，あるいは生得の技能や資質に著しい差異があれば，各人の所得は等しくはならないであろう。したがって，能力が人口の階層間に無作為に分布している場合には，所得も無作為に，あるいは統計的に正規分布となるであろう。つまり，所得分配は釣鐘形になるであろう。

このアプローチは制度的，社会的かつ歴史的諸要因を考慮しえないということで，しばしば批判されてきた（もっとも，これこそこのアプローチの一般的ある

4 所得分配

いは「科学的」性質の証明だと見なす経済学者もいるのだが)。しかしながら、より一貫した分配理論を構築しようとするポスト・ケインズ派の試みの背後には、なお一層基本的な〔正統派〕批判があり、それは新古典派のアプローチの基本的分析構造に関するものである。正統派の所得分配の説明は、種々の形態をとるが、〔いずれも〕競争市場で作用する供給と需要の概念を基礎にしている。ある要素用役に対する需要は、生産の限界における同要素の産出高への貢献——つまり、いわゆる要素の「限界生産力」——から究極的には派生するものと見なされる。したがって、利潤極大化は、生産の組織者が要素用役に対して、その要素の生産過程における使用によって生産可能になる追加的産出高を販売することでもたらされる彼の収入増加〔＝限界生産物の価値〕以上に支払わないことを必要とする。換言すると、要素用役の価格、したがってそれが受け取る所得は、その限界生産物の価値に等しくなければならない。

他方、いかなる要素用役の供給もその使用に伴う犠牲、すなわち負効用によって決定される。労働の場合には、これは仕事に伴う肉体的あるいは精神的苦痛と見なされ、他の諸要素の場合には、何か他の代替的用途から得られたはずの所得から生ずる機会費用に当るものと見なされるであろう。生産諸要素を支配する人々が自らの厚生を極大化しようとする競争市場では、要素用役は供給される用役の追加単位の負効用がその結果受け取る所得の増加分と等しくなる点までしか供給されないであろう。つまり、要素用役の価格（要素所有者の受け取る所得）は、その用役供給の限界負効用をちょうど相殺しなければならない。

こうして、1つは価格と需要される要素用役数量との間の関係（需要関数）、もう1つは価格と供給される要素用役数量との間の関係（供給関数）という2つの関係が存在する。これらの関数関係を図示した2つの曲線が交叉する点で需要と供給が等しくなる。それらは競争市場における均衡価格と販売数量の決定要因を表わしている。〔このように〕、各生産要素の受け取る所得が決められるのは、まさに価格と数量を基礎にしてである。

さまざまな要素用役の限界生産力と限界負効用とによって決められるものとしての需要と供給に基づいた均衡価格に依拠するこの理論は、2つの異なる種

類の批判を受けてきた。第1に今や周知のことであるが，労働用役の場合には賃金が提供された労力の限界負効用に必ず等しくなるということをケインズ (1936年) は否定した。すなわち，彼は労働者が雇用されるさいの実質賃金を選ぶことができるということに反論した。ケインズはさらに進んで，まったく異なる基礎の上に雇用水準を説明する理論を構築した。そして，その過程で，ずっと以前にシドニー・ワイントロープ (1956年) が指摘したように，ケインズは労働需要がその限界生産力に依存することをも暗黙のうちに否定した。こうしてケインズは，労働所得あるいは雇用量が，労働市場のミクロ経済レベルで作用している限界原理によって決定されうるという考えを拒絶した。彼は充用されている資本の所得と量についての類似した議論をも拒絶したが，この点での彼の論理的筋道はそれほどはっきりとしたものではなかった。

　正統派の限界主義的分配理論に対する第2の批判は，スラッファ (1960年) による古典派の生産価格概念の精緻化から発している。(同方向の批判はジョーン・ロビンソンの研究，1953，1956年にも見られるが，それは幾分異なる分析的枠組みに基礎を置いている)。スラッファは，まず，均衡価格体系がいかなる「限界的」変化とも無関係に，そして実際に要素諸用役需要によって演じられる役割を直接認識しないでも導出されうることを明らかにしてきた。換言すると，均衡価格を決定するために，限界生産力あるいは限界負効用のいずれの概念にも依存する必要はなかったのだ。

　スラッファはまた，「資本」用役が，最終消費者の手にわたらず生産過程で使用されるような異質的な諸商品から成るものとしてひとたび認識されるならば，——資本の「量」を価値タームで計算する以外に——その「量」を測定する何の方法もないことを明らかにすることができた。けれども，そのような価値は (財の任意のストックの価値はその量にその価格を乗じたものに等しいのだから)，価格に依存し，価格は次に (所得分配が異なれば，資本財につけられる価格の中に——資本財用役をカバーするために——含められねばならない利潤率も異なるであろうから) 所得分配に依存するであろう。それゆえ，資本が価値タームで測定される場合には，資本財の任意のストックの量は価格とは独立には決定されえない。これ

4 所 得 分 配

が意味することは，資本の量とその価格との間に何らの明白な単調関係を確立することはできないということである。この結果は，「集計的生産関数」——すなわち，「資本」や労働のような種々の集計的投入物(インプット)と集計的産出高(アウトプット)との間の量的関係を特定化する方程式——の使用に反対して初めにジョーン・ロビンソン(1953年)が提起した論点を含んでいる。ロビンソンの批判は，諸資本財のストックから構成される異質的な諸商品を，同時に，それらの資本価値決定に使われる特定の利潤率，すなわち「価格」から独立している「資本」とレッテルを貼られる単一の集計的尺度に結合することの妥当性に焦点を合わせたものであった。というのは，もしこれができないならば，資本ストックに付された価値評価は，集計的生産関数に組み入れられた後に資本「量」が説明することになっている所得分配から独立ではなくなるからである。だが，ピエランジェロ・ガレニャーニ(1960, 1966, 1970年)が強調したように，スラッファの研究から派生する批判のほうが，一層根本的なものである。というのは，それは(資本についてだけでなく，すべての要素用役について)限界生産力に基づく需要曲線の論理的基礎そのものを否定し，こうして，正統派の説明のような，需給条件の反映としての市場を通じた要素用役価格の決定に基づく所得分配の説明を無効にするからである。この批判は資本の集計値——それは次に生産関数の中で使用されうる——を計算することの困難さから生じる批判よりも，その一般性において明らかに強力なものである。

ケインズとカレツキ

正統派理論に向けられたこれら2方向の批判，すなわち1つはケインズの分析から派生し，もう1つはスラッファの分析から派生した批判を考慮して，ポスト・ケインジアンは，集計的産出高ならびに雇用を説明する現代的アプローチに加えて，古典派経済学者の初期の研究に基づく首尾一貫した分配理論を打ち建てようと企図している。この努力には2つの基本的な出発点が存在する。第1のものはケインズ自身の『貨幣論』であり，そこでは所得分配の分析が『一般理論』でよりもはるかに重要な位置を占めていた。第2の，そしておそ

らくより重要なものはポーランドの経済学者,ミハウ・カレツキの研究 (1966年) である。カレツキはケインズとほぼ同じ時期に雇用水準決定についての1つの説明を展開していたが,カレツキのアプローチの基礎は,所得分配に対する投資と価格の関係の上により直接的に置かれていた。カレツキによる同理論の説明は,「労働者は彼らが得るものを支出し,資本家は彼らが支出するものを得る」という格言で要約されてきた。このことは国民所得勘定と国民生産物（支出）勘定を参照することで最も簡単に論証されうる。

周知のように,国民所得は次のように所得面と支出面からの2つの方法で測定しうる。

所　得	支　出
利潤（資本家の所得）	投　資
	＋資本家の消費
＋賃金（労働者の所得）	＋労働者の消費
＝国民所得	＝国民生産物

カレツキに従えば,国民所得は資本家が受け取る利潤と労働者が受け取る賃金とに分けることができる。他方,国民生産物は資本家による投資および消費と,労働者による消費とに分けることができる。投資には固定資本（機械,建物等）の購入と在庫のあらゆる変化が含められる。

労働者が自らの収入すべてを消費に支出すると仮定されるならば,労働者が所得として受け取る賃金は労働者の消費財生産額に必ず等しくなければならない。というのは彼らの所得のすべてが消費財に支出されるからである。このことは,資本家の所得である利潤が資本家の利潤による財の購入額——投資についても消費についても——に等しくなることを意味する。〔そこで〕2つのきわだった結論が経済システムの単純な分類から現れる。第1に投資水準の上昇が,当然のことながら,乗数に基づいて集計的産出高の増大に導くのだから,資本家は,ただ単に投資に支出する額を増やすだけで彼らが利潤として受け取る国民所得の分け前を増大させることができる。他方で,たとえ資本家が自ら

の利潤を投資にではなく高級な生活 (high living) のために支出するとしても，それによって彼らの利潤所得は少しも減少しない。資本家の所得に関するかぎり，それがどのように使われるかとは無関係に〔一定に〕維持されるのである。あるいは，ケインズ (1930年) がこの状況を描写したように，資本家の利潤は汲めども尽きぬ寡婦の壺(widow's cruse) のようなものである。

現代のポスト・ケインズ派アプローチ

これらの簡単な諸関係は，所得分配への現代のポスト・ケインズ派アプローチの核心をなしているが，それは次のことを強調する。

1. 利潤受領者（企業家か巨大法人企業かのどちらか）による投資，したがって成長の支配，そして生産者（寡占的法人企業）の価格支配。

2. 労働者1人当り産出高の変化率の，粗投資率および技術進歩率への依存。

3. 一方で産出高成長と，他方での賃金と利潤とへの所得分配との間の相互依存性（その相互依存性は投資を遂行する企業組織の意欲と能力に影響する）。

これらの論点の展開において，ポスト・ケインズ派の理論は『一般理論』でのケインズと同一の経済集計値分類を使用する。異なる形態の所得からの消費性向について，2つの仮定に訴えることによって，このアプローチの説明は単純化されうるし，同時に古典派経済学とのつながりが論証されうる。カレツキの研究との関連ですでに出てきたその2つの仮定とは次のものである。

1. 賃金はすべて消費財（賃金財もしくは必需財）に支出される。これは生存賃金という仮定の現代的言換えである。これは貨幣賃金が所与の場合，消費者の支出が雇用水準の関数となるような消費関数をもたらす。

2. 利潤はすべて新投資財を購入するために使用される。これは家族経営の事業を拡張するために自らの利潤を再投資する理想化された古典的企業家の場合に相当する。そしてこれは投資（および貯蓄）が稼得された利潤に等しい投資需要関数をもたらす。

もし産出高を消費財と投資財——それぞれの種類〔の財〕がはっきりと異なる経済部門で生産される——というカテゴリーに集計することで分析が一層単

純化されるならば，これら2部門間の財の流れと所得の流れを調べることが可能である。重要な点をはっきりさせるために，ケインズがしたように，投資水準は外生的に決定されると仮定するのが普通である。ケインズ (1936年) 自身は，投資決意が単に発生した利潤とか資本のアベイラビリティよりもずっと複雑な諸要因の組合せに基づいていることを指摘するため，「アニマル・スピリッツ」というキャッチ・フレーズを用いた。分析を扱いやすくするため，「公衆の心理を所与」とし技術的条件を所与と仮定することも必要である。

　これらの単純な諸仮定のもとでは，投資量と支配的な技術工学が雇用水準そして賃金財生産と投資財生産との間の分業を決定する。したがって，技術的条件と既存の生産能力はそれぞれの種類の財の総生産高をも決定する。こうして労働者の所得によって決定されるような支出の流れと対応する賃金財の確定量と，産出物を生産するためにそれ〔投資財〕を労働と結合させることで得られる将来収益についての企業家の期待に応じて生産される投資財の確定量が存在する。賃金財と投資財の生産から得られる実現利潤は，主要生産費あるいは直接生産費（単純化のために賃金費用が唯一の主要費用であると仮定される）に対する価格の関係に依存するであろう。賃金財部門では，需要は消費財部門と投資財部門における賃金支払額に等しくなり，その結果，賃金財部門の売上収入は投資部門の賃金支払額と同額だけ賃金費用を上回るであろう。これが賃金財部門での投資財購入の資金を用意する。

　投資財部門の生産者も，自らの使用のために投資財を需要するであろう。この部門の賃金財部門企業への販売高は，それ自身の使用のために生産された追加的な投資財がすべて費用を上回る売上超過分——つまり，それは投資財部門の利潤に等しい——を表すように生産の労働費用をカバーしなければならない。

　それゆえ両部門合わせた利潤は純投資財の生産額に等しくなければならない。他方，賃金の実質価値（賃金財価格で調整された貨幣賃金）は賃金財生産額に等しくなければならない。そうなるのは，両部門合わせた利潤だけが投資財部門の産出物購入のために利用でき，両部門で稼得された賃金だけが賃金財部門の産出物購入のために利用できるからである。ここでは，賃金と利潤とへの所得分

4 所得分配

配は，賃金財と投資財との間の国民産出高の分割（そして技術工学を所与とすれば，投資財部門と賃金財部門の分業）によって写し出されている。総生産高に占める投資の割合が高くなれば，投資財部門の雇用は賃金財部門の雇用と比べて大きくなり，それゆえ，それは国民所得に占める利潤の分け前を賃金の分け前に比べて大きくする。この逆も成立する。もちろん，これは先に国民所得勘定を使って説明した基本的関係と同じである。

これまでの議論は，投資から始まり，雇用と物価を通って分配に達しているので，カレツキよりもケインズにより多く依拠している。他方，カレツキは，費用を上回る価格のマージンを決定できる企業の能力——それは「独占度」を反映している——を認識することによって自分の考察を開始した。平均主要費用に対する価格水準についての企業の決意を所与とすれば，均衡雇用水準と期待利潤水準——これが投資決意の引き金となるのだが——は企業によってともに決定され，次にその投資決意が賃金と利潤との間の国民所得の分割を決定するであろう。

先に指摘したように，ポスト・ケインズ派のアプローチはこれら両方の要因——すなわち投資の価格に及ぼす影響（ケインズ）と価格の投資に及ぼす影響（カレツキ）——を考慮に入れる。それというのも，企業は自らの投資計画を決定する能力をもっている（投資に関するこれらの個別的な決意の集計が投資支出の集計水準を決定する）だけでなく，自らの産出物を販売する価格をも決定する能力をもっているからである（それは，集計的投資水準と消費水準によって決定される需要水準と相まって，これらの価格で販売される数量，したがって費用を所与とすると，彼らの利潤を決定する）。最近のポスト・ケインズ派の文献の多くは，現行産出高の価格設定と将来の生産能力に関する決意との間の関係の考察と，これらの2つの決意が国民所得に占める賃金と利潤の分け前の決定に及ぼす効果の研究を扱ってきた。

労働者の貯蓄

所得分配に対するポスト・ケインズ派アプローチの展開の初期の段階では，

上述の諸帰結が先に述べたような単純化の仮定，とりわけ種々の所得形態からの消費に関する仮定に大きく依存しているものと一部の経済学者は考えた。利潤からの消費がなんら特別な問題をひき起こすものでないことを理解するのはたやすいことであった。というのは他の事情が等しければ，利潤からの消費は賃金財に対する需要を（この場合には，利潤受領者から生じる賃金財需要増大のため）その供給に比して増大させるにすぎず，それにより価格と利潤を比例的に上昇させ，かくて〔実質〕賃金を比例的に低下させるであろう。これはまさに先に述べた寡婦の壺のケースである。そのような状況の下では，利潤が消費（賃金）財購入に使用されるのと同じ比率で，利潤は投資を超過するであろう。けれども，労働者の賃金からの貯蓄の場合は，それほど単純だとは思われなかった。

　労働者による貯蓄は集計的産出高に占める賃金財の分け前に反対の効果をもっている。その貯蓄は投資財への支出に比べて賃金財への支出を減少させ，したがって時間の経過とともに賃金財の相対価格の低下，労働者の購買力の増大そして実質賃金の上昇へと導く。賃金からの貯蓄を考慮することは，一層の複雑化要因を生みだす，というのは，労働者が貯蓄をするならば，それは，たとえば所得を生み出す金融諸資産を購入するとかの，なんらかの目的をもっているにちがいない。そうすると，労働者は利子あるいは配当の受領という形で，間接的にか，直接的に，集計的利潤の分け前にあずかるにちがいない。こうして労働者は賃金と利潤の両方から成る結合所得を受け取り，したがって貨幣賃金の実質価値と労働者の結合所得の実質価値とは明確に区別されねばならないであろう。だが，ルイジ・パシネッティ (1962年) が明らかにしたように，その分析が所得カテゴリーとしての賃金と利潤との所得分配に限定されるかぎり，賃金からの貯蓄の存在は先の帰結をなんら変えるものではない。けれども，労働者の貯蓄行動は，総国民所得に占める労働者の集計的結合所得の分け前には（総利潤のうち，利子あるいは，配当として彼らが受け取る割合によって）確かに影響を与える。

　このような帰結にもかかわらず，一部の経済学者はこの理論が歴史的に定義できる賃金受領者階級と利潤受領者階級が存在するかどうかにかかっていると

4 所 得 分 配

か，分配をこのような「階級に基づく」観点から見ることに限定されているとかと依然信じていたのだ。大部分の政治経済学者が社会諸階級に関連した分析に与える利点にもかかわらず，パシネッティのアプローチはその論理的極限にまでおし進めるならば，人的分配の分析に対しても基礎を与えうるのである。ひとたび，賃金稼得者も，たとえば貯蓄に対する利子，地代，あるいは利潤のようななんらかの非賃金所得を受け取るならば，彼らはその所得源以外のなんらかの基準に従って——たとえば彼らの資産選好という観点から——分類されねばならない。異なる「諸階級」の数は，極限的な場合には，個々の所得受領者数と一致することもありうる。実際，パシネッティの本来の意図はその理論を数多くの所得諸階級に広げることであった。けれども，そのような階級がどんなに多く考慮されようとも，あるいはそれらがどのようにして決められようとも，賃金と利潤という所得カテゴリー間の（しかし，さまざまに定義された別の社会グループの間のではない）所得分配にとって賃金からの貯蓄は無関係であるという彼の基本的な結果は，利潤所得のみを受け取るグループがこれらのグループに少なくとも1つあるかぎり妥当するのだ。

分析の含意

このようにポスト・ケインズ派の分配理論は，国民所得の分割における投資・雇用・成長および価格の役割をきわだたせている。それは，社会で稼得される所得が，個人あるいは階級の生産力とのいかなる直接的な関係からも独立に説明できることを示すことによって，正統派理論と著しい相違を示している。このような見地からは，異なる生産力に基づいて不平等な所得分配を正当化したり，同じ根拠に立って賃金と利潤との差異を正当化することはもはや不可能である。このように，所得格差は自然な事実でもなければ経済的な事実でもなく，市場支配力とならんで社会的・政治的な慣習と決意の結果なのである。同時に，成長・分配・価格（あるいは費用を上回る価格のマーク・アップ）の間の諸関係を論証することによって，この理論は，経済の成長率，貯蓄階級と非貯蓄階級との間の所得分配ならびに物価水準の間に厳密な諸関係が必然的に存在する

ことを明らかにしている。したがって，これらの諸要因のどれか1つに影響を与える政策は他の諸要因にも同時に影響をもつことが予想されうる。

所得分配についてのポスト・ケインズ派の説明と正統派の説明の根本的相違が〔上述のように〕与えられたのだから，この2つの立場から引き出される政策上の姿勢にも当然違いがあるはずだ。すでに述べたように生産力の差異という観点からの正統派による所得不平等の正当化は，1973年論文でエドワード・ネルが強調したように，ポスト・ケインズ派のアプローチではなんら支持されない。また，利潤も，「生産的な」要素である「資本」への収益という観点では説明できない。このことは1960年にガレニャーニとスラッファの両者によって論証された。また最後に，ポール・デヴィッドソンが1973年論文で述べているように，より高い成長率への刺激を与えるために不平等が必要とされるわけでもない。

このような主張は，より平等な所得分配に対する経済的障害はなにも存在しないことを示唆するが，他方，それは利潤をなくすことができるとか，所得の平等化が他の諸要因とは無関係になしえるとかを含意するものではない。集計的レベルでは，この理論は所与の技術知識の状態のもとで，任意の望ましい成長率は，投資のために経済の諸資源のある特定の利用が必要であることを明らかにする。しかる後に残りの諸資源が現在の消費のために利用可能となる。同時に，名目所得は，総所得から利用可能な消費財への支出を差し引いたものが集計的投資額に等しくなるように分配されねばならない。しかし賃金と利潤すとの間のある特定の所得分配や個人間のある特定の所得分配がこの帰結を達成るために必要であるという仮定はなんら必要としない。

最後に，ポスト・ケインズ派の枠組みの中で作業をしている人々は，インフレ抑制の手段として所得政策の利用を勧めるのが普通である。これは，任意に与えられた成長率ならびにそれと結びついた貯蓄・投資パターンにおいて，価格水準は賃金水準によって，あるいはもっと直接的に産出高単位当りの賃金費用によって主として決定されるという基本命題から発している。したがって，費用を上回る価格のマーク・アップを所与とした時，仮に単位費用が生産性と歩調を合わせうるならば，価格は相対的に安定するはずである。

4　所　得　分　配

　同時に，この理論は，そのような政策が社会のさまざまなグループ間のある確定的な所得分配をも意味することをはっきりと示している。こうして所得政策は価格だけでなく所得分配にも影響する。このような視角からみれば，賃金政策は，経済の生産能力と労働力人員の完全利用〔雇用〕を保証する投資政策と無関係には正当化されえない。これらは，労働市場と商品市場の構造と機能に関する経済だけの問題ではもちろんなく，政治経済学の中心にある社会的・政治的問題でもある。ポスト・ケインズ派のアプローチの要点は，経済状態を正当化するために完全競争市場の非人格的諸力に訴えるのではもはや十分ではないということなのだ。

5 税の帰着

A. アシマコプロス

　税の帰着は，長い間，経済学者にとって魅力あることであった。一時期，税の経済的帰着は，その法律的帰着と異なると認められていた。たとえば，ヴェルサイユのルイ15世の侍医で有名な経済表を生み出したフランソワ・ケネーは，税は，それが何に対して課せられようと，究極的には農業の純生産物（produit net）から引き出されるだろうと論じた。というのは，彼によると，これがその経済によって生産された唯一の剰余所得であったからだ。今日では，もう1つの例を挙げれば，社会保障費の上昇をカバーするために課せられた支払給与税の急激な引上げが，これらの税の納付を法的に義務づけられた企業によって負担されるだろう，と信じている学者はほとんどいない。むしろ，高い税負担は，その企業の生産物のより高い価格に反映されているようだ。しかし，他の税の経済的帰着については，経済学者の間で重要な意見の相違がある。たとえば，法人利潤税の帰着は，殊に激しい論議を呼んだ問題であった。

　これらの相違は，その分析において，完全雇用を想定し，ミクロ経済的視角からだけ利潤の帰着を推論しようとする新古典派経済理論の支持者たちの間でさえ，みられるのである。たとえば，ハーバーガー（Harberger）は，この主題についての有力な論文（1962年）の中で，いつでも企業は利潤を極大化しようと行動している完全な競争市場を想定している。企業が自己の生産物を売るさいの価格とその生産費は，税に関係なく，すべて所与である。この状況では，利潤税の最初の負担は，企業の収入に向けられねばならない。なぜなら，仮定された競争的条件の下では，彼らの税引前の利潤を増加させる余地をもたないからだ。ところが，他方，ボーモル（1959年）は，利潤よりも売上高が極大化

されている制限つきの独占者として企業が行動している場合や，あるいは，短期利潤を極大化しない価格設定ルールに従って行動している場合には，企業は，価格引上げのメカニズムを通して，利潤税の増加を他へ転嫁することができるかもしれない，と指摘していた。

　税の帰着に対するポスト・ケインズ派のアプローチは，利潤税のようなブロード・ベースト・タックス〔課税標準の大きい税〕のマクロ経済的効果が無視されうるとは仮定していないという理由で，基本的には上の新古典派理論の2つの変種とは異なっている。より高い利潤税は，たとえ政府が追加の租税収入を支出することで均衡予算を維持するとしても，集計的需要に影響を及ぼし，かくして税引前利潤を変えるだろう。政府の租税収入と支出の均衡的増大のこの周知の効果は，経済学の文献の中で，「均衡予算乗数」と呼ばれている。しかしながら，新古典派経済学者は，租税の帰着を検討するさいに，それを無視してきた。たとえば，利潤税の増加に基づく税収と政府支出の均衡的増大は，拡張的である。その理由は，政府はこの税によって徴収した収入をすべて支出するが，課税された人々は，課税でもっていかれただろう部分のほんの一部を支出し，残りを貯蓄していただろうからだ。この拡張効果は，経済が完全雇用にあろうと完全雇用以下の水準にあろうと，また市場が競争的であろうと寡占的であろうと，存在するだろう。

　だが，この効果の帰結は，もちろん，市場の性質と経済の初期状態に依存する。たとえば，その経済が完全雇用にあり市場が競争的である場合には，政府予算の均衡的増大の拡張効果は，産出高および雇用量には変化がなく，ただ物価の上昇となって現れるだろう。ところが，他方，経済が完全雇用以下で操業し市場が寡占的である場合には，拡張効果は，企業がその増加した需要に，既存の価格での生産と販売の増大によって対応するので，ほとんど生産量と雇用量の上昇となって反映されるだろう。しかしながら，どちらの場合にも，税引前利潤は，政府課税および支出の変化の結果として，変化するだろう。

5 税 の 帰 着

ポスト・ケインズ派の見解

ポスト・ケインズ派理論は，ジョン・メイナード・ケインズとミハウ・カレツキ (Michal Kalecki) の著作から発展してきたのであるが，租税帰着の理論では，カレツキの影響の方が，より重要である。有効需要の理論と，投資と資本家の消費支出を利潤の決定因として指摘したマクロ経済的分配理論とを展開したあとで，カレツキは，租税の帰着に関する先駆的な論文を *Economic Journal* (1937年) に発表した。この論文は，経常的な短期における投資支出が，投資過程につきまとうタイム・ラグのために，あらかじめ決定されていると見なされるならば，また資本家の消費支出が彼らの所得の（期待された変化というよりむしろ）現実の変化に対してのみ反応するのであれば，利潤税の増大は，税引後利潤を低めないだろう，と指摘した。これは，これらの利潤があらかじめ決定された投資支出の水準と資本家の消費によって決まるからだ。不幸にも，カレツキの論文はそれにふさわしい注目を集めず，新古典派の租税帰着論は，カレツキの議論を考慮することなく展開された。カレツキのアプローチがポスト・ケインズ派の租税帰着論に組み込まれ展開されていったのは，やっと最近のことであり，ジョン・イートウェル (John Eatwell) の論文 (1971年) や A. アシマコプロスとジョン・バービッジ (John Burbidge) の論文 (1974年) においてであった。

租税の帰着へのポスト・ケインズ派のアプローチは，税率が変更される短期の諸条件の検討に始まる。この短期の期間内にも投資は行なわれているが，生産能力の変化は無視することができる。なぜなら，これらの時間のいくつかの間隔のうちの1つで投資計画の完成に基づく総生産能力の増大は，そのような期間の期首で利用可能な総生産能力に比べて通常は小さいからだ。この短期の期間が実際の暦年時間——たとえば3か月，6か月，あるいは1年でも——と同様の期間として扱われる。この期間は，所与の生産能力の下での産出率の変動を考慮するにたる長さをもっている。だが，投資決意とその後現れる投資活動との間のタイム・ラグは，一般にそれ以上に長く，その結果これらの短期の各々の投資率は，現実には，概してあらかじめ決定されていると仮定されうる。

ポスト・ケインズ派理論は，また賃金からの貯蓄性向と利潤からの貯蓄性向とを区別する。説明上の便宜のために，賃金からの貯蓄性向はゼロであると，しばしば仮定される（そして，この論文では，この慣用法に従うことにする）。しかし，決定的に重要な仮定は，利潤からの貯蓄性向が賃金からのそれよりも大きいということである。この仮定は，現代の法人企業が利潤を留保する傾向があるために，非常に強力な経験的基礎をもっている。利潤からの貯蓄性向は，企業の留保率プラス資本家によって貯蓄される配当および利子所得の割合，に等しい。

　ある経済は，（輸出と輸入が均衡し，政府の予算が均衡している経済では）先決の投資が実現され，この投資水準が，この期の所得が与えられると，個人および企業の選択する貯蓄に等しくなる場合，短期均衡にあるといわれる。この均衡条件プラス賃金からの貯蓄ゼロの仮定（もっと一般的にいえば，利潤からの貯蓄性向の方がより高いという仮定）は，貯蓄性向と実質タームでの投資率の関数として実質タームでの税引後利潤を規定するのに十分である。政府が，この短期の期首に利潤税の増税を発表・実施し，そしてこの税率引上げから得る追加租税収入を支出するならば，同期間の税引後利潤は，短期均衡が再び達成されるとすれば，その租税によって影響を受けることはないだろう。

　この結論は，競争的市場条件とともに非競争的市場条件にもあてはまる。——企業には，利潤税が引き上げられても今までに活用しなかった独占力を行使する必要はない——なぜなら，政府支出は，それが諸税の均等な増加によって賄われる場合でも，その経済に拡張的な効果を及ぼすからである。前述したように，政府の租税収入と政府支出の均衡的増大には経済への乗数効果がある。増税による民間支出の減少は，政府支出の均衡的増大に比べて小さい。なぜなら，増税の一部分は，民間貯蓄の減少によって吸収されるからだ。最初に失業が存在すれば，この乗数効果は，産出高と雇用量の増大となって現れるであろう。市場が競争的であれば，この拡張は，増加した需要が賃金に比べて，したがって費用に比べて，諸価格の上昇へと導くのであるから，実質賃金率の低下を伴うであろう。この結果としての税引前利潤の上昇は，たとえ利潤税率が高

くなったとしても，税引後利潤が一定の水準にあることを可能にする。市場が競争的であるよりむしろ寡占的である場合には，この政府政策の乗数効果は，産出高と雇用量のより急激な増大に反映されるだろう。これら諸市場の主導的な企業は，完全能力〔稼働〕率を下回ると仮定された産出率を基礎に計算された標準費用にマーク・アップを付加することによって価格を設定する。これらの市場での需要の短期的変動は，主として，このようにして設定された価格で販売される産出量の変化に反映されている。これらの企業の利潤は，需要の増加とともにより高い売上高と，そして固定費用がより大きな産出高に割りふられるので平均費用の減少とがみられるために，不変の価格の下でも，かなり増加しうるのである。政府の財政政策の変化の結果として生じるポスト・ケインズ派のモデルでは，所得分配の変化の下では，租税の法律的帰着と経済的帰着とは，ただ短期の調整にのみ注意が向けられている場合でも異なりうるのである。

新古典派の見解

利潤税の帰着についての新古典派の支配的な分析は，アーノルド・C. ハーバーガー (1962年) との関連でいえば，重要な点でポスト・ケインズ派の分析と異なる世界観に基づいている。短期の税引前所得の分配は，（もし，政府支出が政府の租税収入と等しい額だけ増加されるならば）利潤税の増加によって影響を受けないと想定され，したがって短期の利潤税引上げの帰着はすべて企業によって負担される。ハーバーガーの結論を支持するために構築されうるマクロ経済モデルは，ピーター・ミエツコウスキー (Peter Miezkowski, 1969年) によって素描されているように，前ケインズ派 (pre-Keynesian) というラベルを貼ることができる。それは，労働の完全雇用およびその他の要素の完全利用が，賃金と価格の伸縮性を通じて自動的に達成され，そのとき要素収入は技術工学と資源賦存量，すなわちその限界生産力によって決定される，と仮定する。このモデルには，独立の投資関数の入る余地がない。投資は貯蓄に依存する。そしてさらに，利潤への増税からの税収を，その納税者によって支出されたであろう

のと同じように，政府が支出すると仮定されるならば，所得の税引前の分配は，影響を受けないだろう。短期の租税の経済的帰着は，法律的帰着と同一でなければならない。ハーバーガーのモデルには，均衡予算乗数の入りこむ余地がない。完全雇用は持続的に維持され，租税収入からの政府支出はこの租税収入の吸上げによって削減された民間支出に厳密にとって代わる。ポスト・ケインズ派のアプローチは，失業がひきつづき存在し，循環的変動の諸原因がそれらを除去しようとする政策作成者の努力に勝っている現実世界の資本主義経済により一層適合的である。

経験的な証拠

最近，マリアン・クリザニアーク(Marian Krzyzaniak)とリチャード・マスグレイブ(Richard Musgrave)の主要な研究(1963年)に始まる，利潤税の短期の効果に関する計量経済学的研究が，いくつか現れた。彼らは，自分たちの研究が，製造業に属する法人企業の所得税は，短期には消費者に完全に前転されることを示した，と主張した。そしてこの言明は，その後かなりの論争と膨大な研究を呼び起こした。ジョン・クラッグ(John Cragg)，ハーバーガーおよびミエツコウスキー(1967年)は，この〔利潤〕税の短期の帰着に関するハーバーガーの理論的結論を弁護すべく，彼ら自身の経験的研究をもって応えた。彼らは，クリザニアーク＝マスグレイブ・モデルに若干の循環的変数を加え，法人所得税の短期的な転嫁は生じないと結論した。バービッジ(1976年)は，これらの経験的研究の多くを検討した。そして，彼は，彼らの理論的な土台が，完全雇用が支配する前ケインズ派モデルを，その場しのぎの循環的変数——現実の世界に存在するが，彼らのモデルでは否定されていて，循環的変動を扱うために挿入された変数——と結びつけているために，彼らの研究は不整合であることを示している。租税の変化効果について彼らの得た経験的推定は，組み込まれている方程式が新古典派理論によって特定化されないので，新古典派理論を検証するために使用することはできない。それらは，ある不完全な形で特定化されたケインズ派モデルに基づくその場しのぎの経験的研究の結果である。

5 税 の 帰 着

　失業が存在し，政府の租税および支出政策が雇用水準と所得分配に影響を及ぼす世界についてのこれらの推論は，失業が存在しえず，税引前の所得分配が税率の変化によって影響されない新古典派の仮想的世界における税率の変化の効果にいかなる光をも投げかけることができない。循環的変動の可能性がいったん認められると——そして，新古典派の経済学者でさえ，現実の経済のデータに直面するとこの可能性を認めるのだが——，特定の税率の変化と集計的需要の変化との間の可能な関連を研究することが必要である。すなわち，巧みに展開されたケインズ派の（すなわちカレツキ的ないしはポスト・ケインズ派の）モデルで研究することが必要である。

　租税の帰着に対するポスト・ケインズ派のアプローチは，現実の世界を扱うのに必要な視角を提供するが，それを一層展開するためにはやるべき多くのことが残されている。カレツキのこの主題の検討は，ただ短期の均衡状態の比較に基づいているのであって，アシマコプロスとバービッジ（1974年）によって報告された結果のほとんどは，またこのようにして得られたものであった。（しかしながら，アシマコプロスとバービッジは，経済のさまざまなグループの間での所得の分け前をめぐる闘争が，租税〔収入〕および支出の変化によって改めて再燃し，そしてこの闘争は今日まで展開されてきたいくつかのモデルの外部にある賃金と諸価格のインフレ的変化に導くかもしれない，と指摘している。）政府の財政政策の変化の乗数効果がその期末までに完全に作用し尽さない場合にもたらすであろう，意図せざる貯蓄の存在や，あるいは計画投資と現実投資の不一致を引き起こす意図せざる在庫の変化の存在は，この結果に影響を及ぼすであろう。たとえば，より大きな政府支出をカバーするために賦課される利潤税の引上げは，この変化の乗数効果が完全にゆきわたらず，貯蓄・所得比率がその望ましい比率に比べてより大きいならば，部分的に税引後利潤にはね返ってくるだろう。政府予算の均衡的増大の完全な拡張効果の普及におけるこうした遅れの結果は，始発の短期には，利潤税の引上げの幅より小さい利潤額の増加となって現れるであろう。この税引後利潤の低下に企業が現在の投資決意および将来期間の投資の削減をもって応えるとすれば，この増税の経済的帰着の一部は，企業によって

負担されることになろう。租税の変化の最終効果は，その投資決意および投資へのはね返りがわからないと，決定されえない。在庫の計画しない変化は，不均衡な貯蓄と同様の効果を税引後利潤に与える。均衡予算乗数に基づく需要の増加が企業にとって完全に予想されず，そのため需要の増加に等しい産出高の拡張よりもむしろ在庫の減少に導くとすれば，利潤ははじめ税の増加ほどには増加しないであろう。企業が，彼らの投資計画を変更することなく，在庫を積み増したり，需要の増加に見合うように対応するとすれば，その結果として現れる売上高と利潤の増加は，結局，利潤税の上昇を償うであろう。

したがって，より高い利潤税が（政府がこの租税収入分を支出する場合）税引後利潤に影響を与えないという結論は，その企業の投資計画が実現されまたこの租税の変化の拡張効果が完全にゆきわたる前に，調整が行われないことを必要としている。ポスト・ケインズ派のアプローチの展開にとって次の1歩は，短期の一連の継起をカバーすべくその拡張を図ることでなければならない。その場合，この時間の広がりにわたる投資は，そのモデルによって説明される。乗数過程におけるタイム・ラグのもつであろう含意は，この拡張されたモデルの文脈の中で検討されうる。

政策上の含意

ポスト・ケインズ派理論は，租税の経済的帰着の問題にそれ独自に単独の解答を提供しているのではない。むしろ，それは，この問題を検討するための枠組み——われわれの住む世界の本質的特徴を含む枠組み——を提供しているのである。それは，課税の帰着が，所得分配というより広範な問題に言及しないでは決定できないことを明らかにする。ここで，ポスト・ケインズ派理論は，所得の分け前をめぐる労働者と資本家との闘争——企業が高いマーク・アップと高い投資支出水準を確保できれば，その結果が資本家に一層有利になるような闘争——を示唆する。労働者は，高い貨幣賃金率を求めて交渉することで，彼らの分け前を増やそうとするが，これは，企業が彼らのマーク・アップを維持することができない場合にはじめて，彼らの実質賃金率の上昇と所得の分け

5 税の帰着

前の上昇に導くだろう。インフレーションは，所得の分け前をめぐるこの闘争の前兆の1つである。なぜなら，諸企業は，そのより高くなった賃金費用を基礎に，マーク・アップを回復しようと努力して，諸価格を引き上げるからだ。政府支出の増加は——たとえ，それが増税によって賄われようと——経済のさまざまな集団が増税の負担を他の集団に転嫁しようとするから，また新たな段階の価格上昇と賃金上昇が開始することになろう。

税法は，それ自体，租税の経済的負担に関する情報を与えない。そして「誰が支払うか」という問題は，とどのつまり適切な経済理論によってはじめて解決することができる。租税〔収入〕と支出の結合計画のための政策的支持は，提案された租税の経済的帰着について各人がいだく結論に，おおいに依存している。

6 生産理論

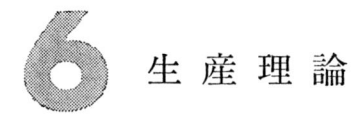

リチャード・X・チェース

　ヨーゼフ・シュムペーター (1954年) がかつて指摘したように, 経済理論とは, 「ヴィジョン」, つまり, ある組織的な経済実体の全体の構造と機能を頭の中で整序すること, の自然の結果である。この考えでは, 経済理論は, 類推(アナロジー)のそれと非常に似通った認識上の役割を果たしている。すなわち, 理論的な構築物は, まず第1に伝達可能であり, それゆえ第2に分析上明確かつ精巧でありうるような形態で, ある特定のヴィジョンに体化された (経済的) 構図をもたらすことを狙った過程であることがほとんどである。後者の特徴は, 持続的な研究計画や政策上の対象規定や定式化の指針に基礎を提供する。たとえば, シュムペーターは, 不安定な資本主義というケインズのヴィジョンを, 1919年の『平和の経済的帰結』から, 1936年の『一般理論』——主として, 選ばれた数人の彼の「仲間の経済学者たち」の理論的認識に影響を与えようと企図していた——に示された理論的な思考体系に至るまで, 跡づけている。(明らかに, ケインズ型の政策は, 当時広く支持されていた。)

　経済理論は, その性質のために, これまで一度も完全であるとも「真実」であるとも見なされえない。その唯一の意味のある評価は, それが「誤ってはいない」ということ, そして研究や政策的努力を支持し, かつその方向を見定めるうえでそれが役立つものであるということ, によって決まる。こうして, 理論体系の変則性や確証できない事例が生じたり, これらが公認の経済理論やそれと関連したヴィジョンを著しく疑問視させるほど, きわめておびただしくあり重要であれば, 学問研究や政策と関連した諸活動の全過程が, また重大な疑問に逢着せざるをえない。

経済理論の形而上学的一側面，したがって政策の一側面に関する上述の簡単な評釈は，最近の理論上の論争，いわゆる「資本論争」とその源泉である「技術の再切換え」定理の基本的な諸側面についての以下のような素描の基本的枠組みを確立するのに役立つであろう。この論文の目的は，この議論のもつ若干の基軸的な含意——専門的な論争から生じて混沌とした技術的な詳細のうちに，過小に評価され，あるいは見失われてきている含意——を明らかにすることである。その目的は，経済学の奥義のうちのかなり限定された説明であるように考えられている事柄を，より広範な視野に置いてみることである。それというのも，特にその問題は，経済体系の基本的なヴィジョンや，経済理論の現代の正統説からの自然な発展結果であるその体系を管理・運営するための基本的なアプローチと関連しているからである。

ヴィジョン

企業経済の構造の正統派＝新古典派のヴィジョンの本質を把握する最も容易な方法は，所得と産出高の周知の「循環的流れ」の単純にして深遠な説明を，統合された市場・価格体系の意味とともに，思い浮かべてみることである。この体系は，(1) 財やサービスのさまざまな産出物市場を連結し，(2) 資源投入物に対するさまざまな市場を連結し，そして (3) 最後に，体系のフロー量の産出側面を投入側面と整合させることによって，体系全体に全般的な一貫性を与えている。

もちろん，誰ひとりとして，単純な循環的流れの類推が真実であると主張する者はいない。ただ基本原則に関しては，誤っていない。そしてそれゆえに，それは有益であると主張しているにすぎない。このことは，さまざまな市場不完全性，摩擦などにもかかわらず，現実の世界に内在する基本的な経済諸力が，この理論的な類推——最も特定化していえば，体系的な統合と秩序への一般的傾向をもった経済諸力——によって把握され「説明される」ということになる。ここで重要な点は，そのモデルに含まれている市場動学が——たとえ一時的にか周期的に挫かれ，純化され，作用を受けず，あるいは伝達されないことはあ

6 生産理論

っても——，現実に存在し，そしてさらにそれらは，全体としての体系の内部での生産や分配における経済的首尾一貫性と秩序をもたらすように，整合的に作動しているということである。

異説すべてをそのうちに含むケインズ主義の「発明」ならび発展の下では，「完全雇用」「安定性」および「均衡」に向かう固有の傾向のような問題でさえ，このヴィジョンの本質にとってもはや決定的に重要ではない。こうした状態は，集計的な分析用具を用いて，現実世界におけるモデル対応物を指示したり操作したりすることで意図的に実現することができよう。こうしたアプローチは，現実の組織体全体が，実際に整合的でかつ固有の仕方で作用する市場諸力によって，市場を通じて受ける信号に概して合理的に反応する経済主体と結びつけられるかぎり，論理的には支持しうる。そして，そうした合理性や市場の整合性にとって決定的に重要な1つの事柄は，簡単で直観的に知覚しうる代替の原理の存在である。すなわち，市場には，買手が（相対的に）高くなった価格をもつ商品を，（相対的に）低くなった価格をもつ商品に，代替しようとする傾向が存在するということである。

この点で中心的に重要性をもつことは，経済的合理性がつねに市場で支配するということではなく，むしろ市場動学が，経済行為者に，より高価なものからより安価なものへの（合理的な）代替の原理に関して，つむじ曲りの仕方で行動させるいかなる体系的な傾向をも示さないということである。というのは，そうしたつむじ曲りは，経済諸問題にとっては首尾一貫性と秩序への傾向がその体系に固有のものであるというモデルの中心となるメッセージとヴィジョンを否認することになるからだ。

変則性

新古典派図式(シェーマ)の生産ないしは要素投入側面の首尾一貫した秩序化は，資源投入物間の，とくに資本と労働との間の，その相対価格変化に伴う合理的代替という基本原理に依存している。たとえば，相対的に低い実質賃金は，より低い労働集約度の生産技術よりもむしろより高い労働集約度の生産技術の採用を誘

発せしめる傾向をもった刺激を生み出すように作用するはずであり，逆の場合には逆である。

　ジョーン・ロビンソン (1953, 1956年) は，新古典派理論によって示唆された方向に沿って，生産過程の間の――すなわち，それらの相対価格の変化につれて，資本と労働の投入物との間の――代替が，必ずしも起こるわけではないと最初に指摘した1人であった。彼女の洞察は，「資本」――あるいはむしろ資本財――は，実際には異質であり，そのようなものとして分析される必要があるという観念からでてきた。資本財は，特定の生産物を生産するために必要とされる特定の設備とともに，特定の工場から構成される。さらにそのうえ，設備は，しばしば，労働や原材料と一定の割合で結合されて使用されねばならない。したがって，それは，新古典派理論が妥当すると示唆しているように，「資本」投入物を生産過程で使用される他の投入物に加えたり，あるいはそれから「資本」投入物を差し引いたりするといった単純な問題ではない。なるほど，ある固定比率の技術から他の比率の技術への「切換え」による場合を除いて，要素代替が要素価格の変化に反応して生ずる余地はないかもしれない。

　ロビンソンの初期の分析上の要諦は，そうした諸条件（異質的資本と固定要素比率）の下では，技術の変化は変則的であるようなときがいくつもあるかもしれない，というものであった。たとえば，資本の価格の（たとえば，実質賃金の上昇による）相対的な低下は，より高い資本集約度ではなくむしろより低い資本集約度の生産技術の選択と結びつくこともありうるだろう。資本財がそれ自体資本と労働の投入物を使って懐妊期間を考慮して生産されねばならないという事実は，この変則性の結果をもたらす主要な理由である。実質賃金率の上昇は，そのより労働集約的な生産方法のために，労働の費用に比べて資本財の費用を増大させるかもしれない。要するに，代替可能性の原理は作用しているかもしれないが，その作用の方向は，正統派＝新古典派理論によって示唆されたものとは反対の方向であるかもしれない。

　しかしながら，ロビンソンの観察は，当初は主として，資本生産理論における技術的な問題とみられた (1956年)。そしてなるほど，彼女でさえ，それを「珍

6 生産理論

奇な事例」と見なし，ほとんど奇妙にもそれに「ルース・コーヘンのケース」（彼女は，「私的なジョーク」のつもりでそう書いた）という名称をつけていた。また彼女自身注釈しているように，この珍奇な事例の自分の研究につながる手掛りは，ピエロ・スラッファ (Piero Sraffa) のリカードウ『経済学原理』への「序文」から引き出していた。その現象の重要性がもっと広く認識されるようになったのは，やっとスラッファの『商品による商品の生産』の公刊をみた1960年になってであった。というのは，スラッファの扱い方は，今では「再切換え」として知られている生産技術における変則的な変化が，本来考えられていた以上に，広範な理論的視野と重要性をもっていることを示したからである。このことが，1つの技術的な珍奇な事例と主として見なされていたことを，かなり大きな理論上の変則に転形したのである。後者は，新古典派の資本と生産の理論の有効性にとってばかりでなく，新古典派のヴィジョンそのものの有効性にとっても，深遠な含意をもっているのである。

こうした不安が，1960年代のアメリカのチャールズ河畔にあるケンブリッジとイギリスのケム河畔にあるケンブリッジとの間の今や有名な「資本論争」につながっていったものである。その重要性のゆえに，当然再切換え現象のスラッファによる一般化の検討が，次にくるだろう。

拡張された変則性――理論的な危機――

大雑把にいえば，再切換え（あるいは，ときに二重切換えと呼ばれることもある）とは，ある特定の生産技術ないしは資本・労働比率を，相対的要素価格の2つ以上の水準で選択し，その中間の水準では他の技術を選択するという経済的刺激と関連している。スラッファによって最初に言及されたこのことの1つの有益な事例は，ワイン醸造である。そこでは，資本集約度は，生産過程のそもそもの出発点（摘み取り，選別する過程）では相対的に低位であるが，ワインが熟成するまで貯蔵される（資本財を経由する）ので残余の過程では，非常に高い――ただ好みに合うだけのワインのための最短期間が，5年であるとみられている。（スラッファは，この例を「箱に仕上げられた古い樫の木」の状況と比較・対照してい

るが，このケースでは，労働・資本集約度がワインの場合と逆になる。そこでは，木材を伐採し製材することは，その後続の大工仕事をして仕上げる工程に比べてより資本集約的である。)

　ワイン醸造業では，利子率の上昇は，ことにその過程の高度な資本集約度を画する時期の局面を通して感得される生産費に強力な影響を及ぼすであろう。こうして，利子費用の増加は，ワインにとっての許容される品質基準が与えられると，おそらくその熟成段階をその極限近くまで短縮することで生産者に節約を図らす傾向があろう。そのような「切換え」は，もちろん，全体としてその過程の資本集約度を引き下げる（逆に，その労働集約度を引き上げる）傾向があるだろう。また，そのことは，利子費用の増大に照らして新古典派理論が予測している事柄と一致しているであろう。しかしながら，利子率の一層の増大は，ある点でワイン生産者がその生産過程を加速する，すなわちそれを短縮するより高い資本集約度の技術に切り換えるほうが有利と判断されるくらい，多くのワインを貯蔵するための費用を大きく引き上げるだろう。後者の切換えは，正統派理論とその代替の「法則」——これは，資本費用の上昇につれて，もちろんより高い労働集約度とより低い資本集約度を要請する——によれば，変則的なものとなろう。だが，主に根拠の弱い主張の寓話であるものを，有意義で一般的な経済的重要性のある寓話に，どうしたら転化しうるだろうか。

　上述の転化の鍵は，時間と，利子率変化の結果現れる資本と労働投入物の費用比較に及ぼす複利効果とにある。たとえば，利子率上昇の，ワイン生産のような長期過程に及ぼす複利効果は，ことに資本集約度がその生産過程の初期段階に非常に高くなるとき（熟成段階が開始するとき），きわめて重要となろう。こうして，利子費用が上昇するにつれて，まず初めにその熟成段階の期間を短縮することによって，資本集約度を切り下げることが採算に合うが，利子費用がさらに上昇すると，利子負担の複利的増大が，生産過程に必要な時間を短縮するために〔先の方法を〕切り換えてもっと資本を使用する方が——ことに複利的増大の効果が比較的わずかである生産過程の末期に適用されると——採算がとれる状況をもたらすであろう。こうして，より資本集約的方法への後ろ向

6 生産理論

きの技術の切換えも，生産に使用される資本の形態の変化にもまた影響を及ぼしうる。そして，このようにみると，変更されるのは，資本集約度だけでなく，「資本」が生産過程でとる形態，したがってその過程の期間やその過程そのものの性質でもある。前述の要因は，それらが複利的増大の生じる時間の長さ，したがって望ましい切換えや再切換えの時点に影響を及ぼすから，重要である。そして，これが，〔新古典派理論を切る〕鎌の刃である。つまり，前述の議論に照らしていえば，労働と資本の相対的費用の変化——実質賃金と利子率ないしは利潤率の変化——が作用して資本の労働に対する合理的な代替と労働の資本に対する合理的な代替を引き起こすと正当に期待されうるが，それは，新古典派の資本と生産の理論の仮定する整合性と秩序ある首尾一貫性を欠いている。もちろん，そのような状況は，また生産が市場システムの中でどのように整理され，あるいは整合されているのかという新古典派のヴィジョンの本質そのものに打撃を与えるだろう。

　この論争は，つまるところ，主として2つのケンブリッジの経済学の名声を中心としたその奥義が一部の人々にしか理解できないほどの難解な論争と怒号の嵐であった。1960年代中頃までは，変則性の存在とその適合性が，アメリカのケンブリッジの提唱者たちがその再切換えを認め，それゆえにイギリスのケンブリッジの新古典派批判が実際に有効であったと認めたときに，有利な地歩を占めたが，同時にまた再切換えは，新古典派生産関数の不決定性のための十分条件ではあっても必要条件でないというはるかに強力な論点が明るみに出された。ジョン・ヒックス (John Hicks, 1965年) およびその他の人々による研究は，それ〔技術の再切換え〕が，異質的な資本財と固定要素〔比率の〕技術の下では，生産領域と市場との間の正統派＝新古典派的関係が妥当しないように生産が組織されている広範な領域が存在するということは経済生活の単純な技術的事実である，と説明してきた。

　理論前線でのこうした譲歩の結果として，論戦は，今や技術的な検定の場面に転換している。チャールズ・ファーガソン (Charles Ferguson) が，新古典派理論についての彼のサーベイ (1969年) の中で，次のように結論している。「わ

れわれの当面する問題は，ケンブリッジの批判が理論的に有効であるか否かではない。その批判は有効なのだ。〔だが〕むしろ問題は，経験的ないしは計量経済学的なものである。すなわち，新古典派の帰結を確立するに十分な代替可能性が体系内に存在するか，という問題である」。この関連にたどりついたすべての者がよく知っているように，計量経済学的な仮説検定はこの問題についての明確な解答を，できたとしてもすばやくあるいは容易には提供してくれない。

　このような不確かで曖昧な状況は，経済学のような学問ではいろいろな理由から生じるが，なかでも最も重要なものは，データの〔処理されずに残る〕「どろどろとした部分」と検定結果の解釈の問題である。したがって，たとえば，仮説が確証されないときはいつでも，データは（追加的な）調整を加える必要があるとか，他のデータが使用されるべきだとか，そして（あるいは）他の事情が等しければという仮定が，追加の，あるいは異なる仮定が検定モデルのうえに「アド・ホックな形で」順次加えられる必要がある「外部的な」諸事象のためにくつがえされるとかいう形で，個別にあるいは一括して論じられる。したがって，経験的な結果こそが問題のすべてであるという論理実証主義に議論の逃げ道を見つけることは，ひょっとすると論点を巧みに避けているばかりでなく，それ自体科学的立場というより形而上学的立場にもなりがちである。このことの顕著な一例として，ファーガソンは，新古典派の生産理論へのケンブリッジの批判の有効性を確定するために計量経済学的検定を要求したあとで，次のように述べるまでに至った。すなわち，「計量経済学者がわれわれにその解答を提供するまで，新古典派経済理論に信頼を置くことは，信仰の問題である。私は，個人的にはその信仰をもっている。だが，現在，他人を確信させるために私にせいぜいできることは，サムエルソンの権威の重さに訴えることである」。

　われわれが述べたように，形而上学は，理論の定式化の分析以前の段階で，1つの重要であり，またシュムペーターの枠組みでは，必要な役割を演じている。しかしながら，科学的であると考えられている説明のもっと後の水準にあ

6 生産理論

る形而上学の〔理論〕構築上の効用は，全く別の事柄である。形而上学は，(理論上の) 危機を乗り切るための1つの工夫であるとは，けっして意図されていなかったのだ。

若干の政策的含意

こうして，再切換えの変則性は，その理論的展開と含意とに加えて，未決のままにおかれてきた。そして，事実そうでなければならない。なぜならば，この批判が理論の世界に劣らず現実の世界にも適用可能であると考えられたならば，すでに述べたように，正統派経済学は，生産とさまざまな投入物市場との関連に関して何か信頼にたる言明を行なうことができないということになるからだ。すなわち，市場によって調整される生産の体系という新古典派のヴィジョンは，それから派生する成長と分配の理論と並んで，すべて無効になる。その結果，伝統的な循環的流れという概念全体の性質が問題になる。

前述のことが政策に対してもつ重要性は，循環的流れという新古典派のヴィジョンが，いわゆる「新古典派総合」――すなわち，ミクロ経済の市場における反応を通じて，さまざまな基軸的なマクロ経済目的〔変数〕つまり，生産と雇用・価格水準および対外収支の均衡に適切な影響を及ぼすために，財政・金融政策という間接的な手段に主要な政策上の強調点をおく――に基礎をおいた「ケインズ主義」の現在新しく陣容を整えた説明のための理論的な土台の多くを提供していることである。

断っておくべき1つのことがある。それは，間接的な経済運営というこの考えは，ボトル・ネック，権力，初期性のインフレ，インフレ期待，不規則衝撃〔訳注1〕，歯止め効果〔訳注2〕およびスピル・オーバー効果〔訳注3〕などのような現実世界の問題が存在するために，その目標を首尾よく達成していないということである。そのような状況では，経済学的に首尾一貫した整合的な市場に基礎をおく生産と分配の体系は，経済的調整とその成果に影響を及ぼす政治的・制度的および心理学的要因におおわれてはいるものの，依然として存在すると仮定されている。この場合，基本的戦略は，一般的な新古典派総合の，財政・金融上の

管理への強調点を保持し（マネタリストの思い通りにいくとすれば，おそらく，金融的手段をやや大きく強調するだろうが），これらの手段を明確に狙いをつけた直接かつ特定の工夫——たとえば，より厳しい反トラスト法の実施，もっとはっきりと対象を絞った奨励的（抑制的）租税，広範な職業訓練および補助金支出計画——で補完し，中心的な財政・金融上の措置の効果的機能を発揮することを可能にし，促進することであろう。

　これから述べることは上の論述とは全く別の事柄である。すなわち，体系の基軸的な市場，とくに資源ないしは投入物部門の市場は，主流派理論によって仮定される秩序だった体系的機能の発揮に必要な基本的経済特性をもち合わせていない。この場合，新古典派経済学によって想像されるような全生産体系は，その統一的な整合性と首尾一貫性を失っている。したがって，さまざまな市場間の規則正しい循環的流れというヴィジョンを担った類推に要約された新古典派パラダイムは，生産がいかに行われるか，全体としての体系がいかにして機能するかを，もはや確実には説明しない。もちろん，このことが経済政策にとってもつ含意は，そのどれ1つとして政策アプローチあるいはその問題に関する教科書でさえ，すぐに変更されるであろうということを意味するものではないとしても，深遠である。すでに述べたように，ケンブリッジの理論的な批判は，新古典派の帰結をもたらすに十分な代替可能性が体系的に存在するか否か，という「実証的」経験的な問題に変えられてしまったのだ。

　だが，ケンブリッジの批判が理論的にも経験的にも有効であるとしたら，どうなるのか。あるいは，その問題をもっと普通の言い方でいえば，われわれが極端な（論理実証主義の）方法論的立場——1つの理論は，その基礎にある構造的諸関連（の説明）によって検証されるのではなく，ただその経験的帰結によってのみ検証されるという立場——を受け入れたり，新古典派の生産理論が経験的に否定されたり，あるいはもっと起こりそうなことだが，政策の結果指向的（リザルト・オリエンテッド）な世界で非操作的であるとわかったりすると，どうなるのか。それから，どうなるか。

　それゆえ，このことのとどのつまりは，現代の市場経済は実際ある種の方法

6 生産理論

で秩序づけられているのであるが——そうでなければ，その経済の機能はでたらめで，現実の状況以上に不安定であろう——，決定的に重要な関係，特に生産面での関係の本質は，意味のある形では説明されないということになる。このように「説明されない」経済は，明らかに予測不可能であり，したがって，間接的な指針と統制における現行の「手段→目的」の技術に従うことはできない。このことは，ある特定の政策的行動（手段）が，おそらくは変化の方向に関してもある信頼できる確信の度合をもった望ましい結果（目的）に導かれるであろうと期待する理由がない，といおうとしているのである。つまり，正統派理論によって仮定される決定的に重要な機能的市場関係の若干の中に（理論的にまたあるいは「経験的」な）首尾一貫性や整合性を欠いているがゆえに，政策立案への現在の手段→目的のアプローチが望ましい目的に対して現実不適合的であるか，あるいは反生産的であるか，のいずれかだということになった状況をもたらすであろう。それから，われわれは有意味な経済政策が試みられたとしても，それは正統派の経済へのヴィジョンとはちがったもので支持されねばならないだろうという状況に直面させられるであろう。というのも，今や正統派のヴィジョンに関するかぎり，(1) 論理的に厳格で完全な理論上の整合性が欠落している，(2)論理実証主義の方法論の基準と一致した経験的（統計的）検定は，ほとんど確実に無限の将来に向かって未決の（論点回避の・形而上学の）問題のままである，(3)現代の実世界の経験の因果関係の観察ですら示しているように，われわれの政策の策定および実施能力は，遺憾なことだが，不十分のままであるだろう。次節では，この不幸な状況がなぜ現れたかについて，一層の洞察を試みるつもりである。

ワルラスのヴィジョン

相互に依存する市場経済という新古典派の概念は，レオン・ワルラス (Léon Walras) の一般均衡モデル (1926年) の工夫によってエレガントに表現されている。実際，マーク・ブローグ (Mark Blaug) は，彼の『経済理論の歴史』(1962年) で，われわれは「ほとんどすべての［正統派の］経済学が今日では，ワル

ラス派経済学であると記憶しておく」べきであると力説した。これは，資源市場と生産物市場との間の2つ以上の相互関係（ことにワルラス自身によって検討されたようなもの）の観念のみならず，前述の新古典派総合の相互に関連した公共部門―民間部門の二重性というもっと現代的な概念をも含んでいる。

　現代の正統派経済学のもつこの一般的な「ワルラス流の」性質のために，ワルラス自身が自分の科学的努力を基礎づけた特定のヴィジョンを解明しようと試みることは，興味あると同時に有益でもある。そうした試みは，心理経済学 (psycho-economics) と呼べるものの，単なる演習となることを意図しているのではない。もしそうなら，それはおそらく経済学の真面目な学生たちにほとんど影響を及ぼさないであろうし，そうなるはずもない。しかし，実際にあらゆる経済学者が，ワルラスの説明しようとすることを若干なりとも知っていると確信しても言い過ぎでなかろう。そして，たいていの経済学者は，もし問われるならば，ワルラスが本当にやったことは，完全競争――すなわち諸資源の完全可動性と諸価格の完全伸縮性，そして仮想的な「値付け人」(auctioneer) によって提供される価格に関する完全情報を含む競争体制――という理想化された状況が与えられると，相互に関連した市場経済がどのように自動的に働くと期待されうるかについての観念――いわば，そのヴィジョン――を厳格に表現することであるという言明を受け入れる傾向があるだろう。ワルラスのヴィジョンとそれからでてくる学問的業績をこのように解釈することは，新古典派総合で例示されるようなワルラス派経済学の現代的考えとまったく整合的であろう。すなわち，競争的〔市場の〕仮定が与えられると，特定の経済的手段は，ある経済的目標へ向かう整合的で予測可能な諸力を発揮するであろう。このことは，直接あるいは間接の政策的行動が経済の価格指標に，絶対的にか相互に相対的にか影響を及ぼし，経済をある特定の期待できる経済的調整に向けて動かす傾向のある諸力を発揮するものと期待することができた，という意味である。もしそうでなかったとしたら，問題は，経済がなんらかの形でそのモデルの諸仮定に応じられなかったということになろう。――たとえば，「摩擦」が存在したり，特に不確実な将来についての期待に影響を与える不完全な情報が

6 生産理論

あったとか,不規則衝撃あるいは外生的諸力が所与の経済諸変数に反してシフトしたという点で,他のすべての事情が等しいなどとはいえないとか,など。

上述の議論の主要な論点は,特定の経済的手段が,他の事情が等しければ,特定の経済的目標に先行すると見なされることを意味する市場指向的な経済諸力の固有の整合性と予測可能性にかかっている。この場合の問題は,このヴィジョン,つまりこの概念体系の本質が,ワルラス自身のもの,および彼が自分の形式的(科学的)モデルをはっきりと表現するさいになしつつあると考えていたものと一致するか,ということである。

ワルラスに関する明敏な研究者であるウィリアム・ジャッフェ (William Jaffé) によれば,上の問いに対する答えは,「否」のようである。ジャッフェが最近 (1977年) 指摘したように,一般均衡解を市場システムの相互関連に求めたワルラスの目的は,そうした条件が論理的に可能であるかどうかをみることに,すなわちそうした条件が内部に矛盾のないものかどうか,そしてその存在が可能であるかどうか,を識別しようとすることにあった。ジャッフェによれば,ワルラスの目的は,厳格な諸仮定の下でさえ現実の世界のシステムを記述したり分析したりすることではなかった。それゆえ,彼の目標は実証的ではなかった。むしろ,本質からみて,規範的であった。ワルラスは,彼の考えでは交換と分配の両面で経済的公正を構成する諸条件に基礎をおいた経済体系が,ある任意の時点で存在することができるかどうかを見いだそうと企図していた。したがって,彼は,主に特定の目的,つまり「公正な」最終状態のヴィジョンに関心をもっていた。つまり,彼は,現代の正統派経済学の手段→目的という意味でこの状態に導くような関数的諸関係を探求していたわけではなかった。ジャッフェが述べるように,「彼の『純粋経済学』においてさえ,ワルラスの狙いは,実証的ないし記述的であるよりもむしろ指示的ないし規範的であった。彼の目的は,社会的公正の理想に一致した経済体系を定式化する[発明する?]ことであった。」

このように,たとえ現代経済学のほとんどすべてが,ブローグが述べたように,ワルラス的であるとしても,現代経済学のほとんどすべてはワルラス自身

のヴィジョンと科学的努力の性格と目的にはほとんど関係がないように思える。

政策—理論の転倒——1つの可能な枠組み——

かくして，ワルラスは，特定の目的となる最終状態の実在的性質に主として関心をもっていたように思われる。さらに最近では，アドルフ・ロウ (Adolph Lowe, 1977年) が，この線に沿って相互に関係する市場タイプのシステムという概念の内部に，彼の研究の中心をすえた。しかしながら，市場のフィード・バック効果の性質に問題があるために，彼は，彼が「政治経済学」と呼ぶもの，すなわち経済政策と経済分析への道具主義的な目的→手段のアプローチに賛成して，手段→目的の経済学という新古典派の概念を明示的に否定した。

ロウの考えでは，経済の望ましい最終状態あるいは目標とする状態を含む諸目的ないし諸目標の1つの組合せを決定することが，政治学の仕事になる。それから，その目的とする最終状態には内的に矛盾がないか，すなわち可能であるかどうかを決定し，そしてもしそうであれば，この状態を与件とみなして明示された諸目標への諸径路を含む特定の決定因の間の相互関係性の発見へ研究をもどすことが経済学の仕事となる。ロウ (1976年) が最近述べたように，「……おそらく政治経済学の最も驚くべき特徴といわれるものは，現実自体を先に秩序づけておくだけで理論的研究の扱いやすい対象をわれわれに提供することができるというその主張である。」(傍点は引用者のもの)

経済的現実を秩序づけるこの目的→手段の道具主義的(インスツルメンタル)アプローチは，全く明白に国民経済計画化を内包している。いやそれどころではない。それは，市場指向的な経済理論およびそのヴィジョンを含んだ系としての経済体系の特定の諸側面に連動され基礎づけられた計画化への特定のアプローチでもある。これらの諸側面のうち第1のものは，経済諸変数と経済諸関係の未知の，そしておそらく不可知の，あるいは存在すらしない秩序づけである。したがって，正統派＝新古典派総合のアプローチは，それが市場機能を改善し，さもなくばそれに影響を及ぼすように体系のあちこちに直接干渉を含むときでさえ，さまざまな公言された政策諸目標の達成への基本的に指示的なアプローチとして有益だ

6 生産理論

とはいえない。

　また，目的→手段の道具主義的議論は，国民経済計画化についての現行の論争の多くを，不適切あるいは余計なものにしている。というのは，現代の市場経済，あるいはそれを説明すると称する理論が，整合的な「合理的」調整に干渉する固有の特徴を含むならば，その場合，経済政策にとって適切な問題は，国民〔経済〕計画化が存在すべきか「どうか」ではなく，むしろ「いつ」「どのようにして」「だれのために」存在すべきか，ということになろうからだ。

　以上概説したような計画化の哲理が現在きわめて疑わしくなっている正統派の理論と実践の諸側面に，理論的かつ機能操作的な現実性を与えることができるとは，皮肉なことである。たとえば，「効率」や「厚生」のように伝統的な最適化および極大化の基準がヴィジョンとなった最終状態の特徴として組み込まれるかぎりでは，正統派の分析と技術は，意義と現実妥当性をますます増大させるであろう。そして，新古典派的〔分析〕装置は，現在のようにわれわれの(混合)「資本主義」という形態に対する(間接的)管理技術を指示するというよりむしろ，社会主義という形態の計画化の諸目標を達成するという予期しない役割を果たすこともできるであろう。そして，このような方向転換は，ワルラス自身の経済学の考え方に——実際，現在の正統説であるいわゆる「ワルラス派」経済学にはなおさら一層——整合的であるように思われる。

　〔訳注1〕　不規則衝撃（ランダム・ショック）とは，景気循環論などで循環を引き起こす内生的メカニズムの中の変数と異なって，体系（モデル）の外からショックを与えるような撹乱項のことである。
　〔訳注2〕　景気後退時に過去の所得水準が消費の減少に対して「歯止め」(ratchet)の役割を果たすことから，デューゼンベリーによってこの名称が付けられた。
　〔訳注3〕　公共サービスの便益を享受する場合にみられる現象で，当該地域の住民のみならず隣接地域の住民にもそのサービスが溢れ出す（スピル・オーバー）効果が発生していることをいう。

7 スラッファの貢献

アレッサンドロ・ロンカッリア

　スラッファの1960年の著作『商品による商品の生産』はポスト・ケインズ派理論の発展に決定的役割を果たしたものとして引き合いに出されてきた。非新古典派の線に沿った経済理論の再構築に対するスラッファの貢献がもつ厳密な性格は，必ずしも細部にわたって明らかにされているわけではないし，彼の分析範囲と概念的枠組みは依然として多少とも曖昧なので，本論文はスラッファの研究をポスト・ケインズ派理論との関連で正しく位置づけるよう努めるであろう。それ以外にも本論文はスラッファの分析の展開，すなわち，「剰余」という考え方に立脚した経済過程に対する彼の古典派的描写と新古典派ヴィジョンとの間の区別や，若干の彼独自の分析結果――とりわけ，基礎的商品と非基礎的商品との区別，そして標準体系――を含むであろう。

　スラッファの分析のこうしたさまざまな特徴は古典派の伝統の中に入るけれども，このことはこうした特徴が19世紀の経済状態と不可分に結びついているということを意味しているわけではない。事実，以下に指摘されるように，費用を上回るマーク・アップを重要視するポスト・ケインズ派の価格設定理論はスラッファの分析の枠組みの中にうまくおさめることができる。スラッファのアプローチとポスト・ケインズ派のアプローチが完全に統合されうる前に解決されなければならない他の多くの問題が依然として残されているけれども，広範囲な政治的意味合いをもつ新しい経済分析様式が世界中の多数の経済学者によって作り出されるのは正にこうした線に沿ったものである。

スラッファの分析の展開

　新古典派の価値論に対するスラッファの批判的分析は1920年代に始まった。1925年にイタリア語で発表された（マーシャル流の企業理論を論じた）論文の中でスラッファは新古典派理論の枢要な礎石の1つを批判した。その礎石とは，生産量が増大する時，産出物1単位当りの費用はまず減少し（収益逓増の原理）その後増加する（収益逓減の原理），というように費用は生産量に直接関連づけられる，という考え方である。しかしこれら2つの原理は，スラッファが注意しているように，全く異なった2つの目的のために古典派政治経済学の中に元来導入されていたものである。一方では，収益逓増原理は，市場が拡張する際に分業の拡大がもつ結果から派生すると考えられる生産性の向上に基礎づけられており，それゆえアダム・スミスの『国富論』に述べられている蓄積論に関連づけられていた。他方では，収益逓減原理は，ますます肥沃度が低下する土地へ耕作を拡張していくことから生じると考えられる差額地代と結びついており，それゆえデーヴィッド・リカードウの『原理』の中で展開された分配論に関連づけられていた。スラッファによる批判点は，価値と分配のミクロ経済分析をこれらの原理の上に基礎づけるマーシャルが（各々の概念は異なる源泉に由来する）2つの異類概念をごっちゃにした，というだけではない。もっと重要なことに，これらの概念自体がマーシャルの部分均衡分析の「他の事情が等しければ」(*ceteris paribus*)という仮定を侵すことになり，したがってそれらが結合されると，それらは論理的矛盾を含むことになる。

　1925年から『商品による商品の生産』が遂に世に出た1960年の間に，スラッファは諸価格と分配の分析を古典派の線に沿って完成しようと研究しているうちに，新古典派価値論に対する彼の批判の視野を拡大した。新古典派の枠組みを差し置いて，古典派の伝統に注意を向けながら，スラッファはリカードウが厳格には解決することができなかった問題，すなわちリカードウが自らの労働価値論（これは，異なる諸商品の価格がそれらを生産するのに必要な労働量に比例している，という議論を含んでいた）によって巧みにのがれようと試みた問題に取り組まねばならなかった。リカードウの問題とは，諸価格は1国の剰余生産物が社

7　スラッファの貢献

会諸階級の間に，すなわち主に賃金と利潤との間に，いかに分配されるかに依存しているが，一方剰余それ自体は剰余を構成している諸商品の価格を最初に知ることなくしては測定されえない，ということであった。『商品による商品の生産』の中で，スラッファは，「剰余の分配は生産諸価格が決定されるのと同じプロセスを通じて同時に決定されねばならない」，ということを示すことによってこの循環論を解決する。分析的にいうならば，解は各セクターに対しあるいはその体系によって生産される各商品に対して1本の方程式から成る1組の連立方程式によって与えられる。各方程式は，その部門の生産物（その商品の価格が乗ぜられた生産量）が諸費用プラス前払いされた資本価値に対する利潤に等しい，ということを必要とする。各方程式において，費用は異なる諸生産手段と含まれた労働の必要量（その各々にその価格が乗ぜられる）によって与えられている。利潤はその体系の中で一般に流布している支配的一様率で算定される。もしその体系が剰余を生み出すのみならず，時間を通じて自己再生産的であるならば，この連立方程式全体は，一般に支配しなければならない諸価格を示す，と見なされうる。剰分の分配は次の2通りの方法のうちの1つによって決定されうる，つまり (1) リカードウのような古典派の著述家が行なったように，労働者たちは生存賃金しか受け取らない（その場合に，すべての剰余は資本財を所有する資本家階級によって利潤という形態で受け取られる）と仮定するか，または (2) 剰余の一部は生存水準を上回る賃金という形態をとって労働者たちに分配される，と仮定する。後者の場合に，実質賃金の上昇という形態をとって労働者に分配される剰余部分のいかなる増大も資本家の利潤の犠牲によって支払われよう。賃金と利潤との間への剰余の分配が変化すれば，「労働と諸生産手段が異なる諸産業で用いられる割合が不均等である」ために，相対価格の変化が引き起こされる。このように，諸価格は技術工学的生産条件と，剰余が賃金と利潤との間に分配される仕方とによって決定される。

剰余の概念

上で概略されたように，スラッファの分析は古典派政治経済学にとって中心

をなしていた1つの概念，すなわちウィリアム・ペティの17世紀の諸著作にみられるその起源からリカードウとマルクスの19世紀の諸著作へと受け継がれた1つの概念に基礎を置く。これは剰余の概念，すなわち諸商品の生産にとって必要な同一諸商品の量をこえて生産された商品の超過量，である。これら知的にすぐれた先行者の述べたことを理解する時，われわれは，諸価格と分配についてのスラッファの分析がその中で出現した概念的枠組みの輪郭を述べることが可能になる。

生産的経済活動は古典派経済学者たちによって循環的過程あるいは反復的過程と見なされていた。各循環，すなわち各生産期間（たとえば，1年）は生産諸単位（諸企業）の自由な処分に委ねられる異なった必要諸商品の所与量から始まる。次に，これらの諸商品は，生産過程の中で，生産手段として，または労働者の生存手段として利用される。この期間の末に，全体としての体系中には超過分，すなわち剰余が存在し，（生存賃金を仮定すれば）この剰余は社会の2つの支配階級，すなわち資本家に利潤として，地主に地代として分配される。しかし，この期間の末に，各生産単位は自らが生産する特定の商品しか所有していない。新たな生産循環を開始する前に，自分自身の生産物の一部を他の諸生産単位の産出物と交換することによって，生産に必要な他の諸商品は市場で獲得されねばならない。生産される剰余商品も市場で販売される。その結果利潤や地代は貨幣タームで個別資本家や地主に分配されうる。同時に，これらの所得は非生産諸階級が必需品や奢侈品を購入するためとか，資本家たちが次期以降に産出高を拡大するための新たな諸生産手段（資本家は社会の剰余生産物の分け前にあずかる，という事実のために資本家は新たな生産手段を専有することができる）を購入するために市場で利用される。もし賃金が現物で支払われるのではないならば，労働者たちは異なる諸企業から同様に市場で自分たちの生存手段を獲得する。諸企業はそれによって彼らが労働者に賃金として前払いした貨幣を取り戻すことができる。

それゆえ，産出物の市場分配は生産と再生産が絶えず繰り返している循環運動の中のある特定場面にみえる。全く同時に，市場は，商品を生産する企業か

らそれらを生産手段として利用する企業への商品の再配分を保証するし，また利潤と地代（と，もし現物払いでなければ，賃金）の「実現」を保証する。すなわち資本家と地主（とたぶん，労働者）は自分たちの選好する商品構成を選択することが可能になる。

それによって市場で定められる1組の交換比率（すなわち相対価格）は2つの条件を満たさなければならない。それらはすべての企業の諸生産手段の復元を確保するようなものでなければならない（すなわち，それらは生産費用をカバーしなければならない）し，同時に，それらは地主と資本家という2つの階級の間への剰余生産物の分配を規制する諸原理と両立可能でなければならない。リカードウの理論と同様に，スラッファの分析では，これらの原理は土地の異なった肥沃度に基づいて地主たちの間に差額地代を発生させ，あらゆる部門において前払い資本に基づく利潤率の一様性（自由競争の仮定に一致する分析的仮説）を発生させる。

新古典派のアプローチ

古典派経済学者やスラッファに共通しているこの概念的背景は，過去1世紀の間そして現在でも支配的なアカデミック・パラダイムとなっている新古典派（すなわち限界主義）理論の出現によって完全に異なる背景に置き換えられた。循環過程としての生産という古典派の基本的ヴィジョンは，新古典派理論では希少資源の利用可能性から出発して消費者嗜好の充足で終わる一方通行の概念に置き換えられた。新古典派理論家によれば，経済学は物理学のような精密科学になることであり，代替的諸目的の間への希少資源の最適配分に関係していた。このような枠組みの内部では，古典派政治経済学において一般に支配していた（物的生産費に基づく）価値に対する客観的アプローチは，消費者の嗜好（効用図）に基づいた主観的アプローチにとって代わられた。生産に必要な投入量を上回る剰余の概念は消え失せた。分配理論はもはやこのような剰余を社会の有力な諸階級の間に分割することとは関係なくなり，むしろ価格理論の特殊な適用になった。すなわち異なった「諸生産要素」（はじめのうちは，土地と労働と資本で

あったが，新古典派理論のもっと厳密な「一般的」変形では，すべてのさまざまな物理的に異なる諸生産手段の「価格」に関連づけられた。相対価格は，生産過程の規則正しい反復が結びつけられる比率とは見なされず，異なる諸財貨の「相対的希少性の指標」と解釈されるようになった。

ワルラスからボエーム・バヴェルクやヴィクセルにいたる限界理論の主要な代表的人物はみな，現実の世界について何か有益なことをいわんと試みて，自分たちの理論の一般的枠組みの中で利潤率（それは彼らのモデルにおいて利子率と同じものであった）の決定を説明しようと努力した。このように，利潤率，すなわち利子率は特定の商品，すなわち「資本」の価格として提示された。需要と供給の一般的枠組みを適用するならば，資本の価格（すなわち，利潤率あるいは利子率）の増大は「資本」という商品の供給の増大と需要の減少をもたらす，と主張された。しかしこのような推論は，循環論を避けるために，所得が賃金と利潤との間にいかに分配されるかに依存しない「資本」の尺度を必要とする。『商品による商品の生産』の中で，スラッファは，このような尺度は存在しえない，ということを示す。同様の議論はガレニャーニの著作（1960年）の中にも見いだされる。

限界分析で用いられる資本の概念に対するこの批判は，応用経済学では当り前になっている新古典派理論の見解，すなわち，産出高の変動を用いられた資本「量」と労働量の変動に結びつけ，利潤率と賃金率は限界主義原理に基づいて決定される，という集計的生産関数が導出される見解にまで及ぶ。ジョーン・ロビンソンの1953年の論文「生産関数と資本理論」(The Production Function and the Theory of Capital) 以来，資本理論に関する論争はこの集計的見解に集中した。けれども，スラッファによる批判（と1960年におけるガレニャーニによる批判）の方がもっと一般的であり，もっと基本的なものである。というのは，それは長期限界主義（新古典派）理論の文脈内で均衡利潤率を（部分均衡分析と一般均衡分析双方の内で）決定せんとするいかなる試みにも当てはまるからである。

7 スラッファの貢献

古典派の諸問題

　すでに指摘されたように，スラッファの著書は新古典派理論に対する批判の基礎を提供するだけではない。それは古典派の線上に沿った価格分析をも含んでいる。とりわけ，スラッファが最終的な解決を与える2つの古典派問題がある。すなわち，(1) 必需品と奢侈品との区別と，(2)「不変」価値標準の定義，である。これらの論点のおのおのを検討しよう。

　(当時使用された用語法による)「必需品」と「奢侈品」との区別は，それらの生産条件が相対的価格体系全体に影響を及ぼし，また賃金率と利潤率との間の関係に影響を及ぼすような諸商品と，そのような全体的影響力をもたない諸商品とを区別するために，イギリスの古典派経済学者たちによって導入された。古典派経済学者たちによって共通して採用された枠組みにおいて，賃金は物的タームで固定され，かつ特定諸商品の所与の量として固定されている。これらの「賃金財」は，それらの生産手段として直接あるいは間接的に利用される諸財貨とともに，「必需品」である。

　スラッファは，物的タームで所与とされた賃金率の仮定を避け，自らの異なる用語法によって示されるわずかに異なる区別を導入する。彼は基礎的生産物と非基礎的生産物とを区別する。すなわち，生産手段としてすべての生産過程の中に直接あるいは間接的に入る諸生産物と，生産手段の役割を果たさない商品あるいは限られた数の生産過程の中にだけ直接あるいは間接的に入る諸商品とを区別する。この区別は技術にもっぱら基づいている。つまり，「技術的に」基礎的生産物でない賃金財については，それらの生産条件の変化による体系への全般的影響はないであろう。もしそれらの諸価格の変化が一般的に支配している賃金率の変化を生み出さなければ，この通りとなろう。

　基礎的生産物と非基礎的生産物との区別は（生産価格の厳密な分析においてしか厳密には有効でないのだが），たぶん，政策の道具であり，その道具の（慎重な）適用は価格規制，インフレ抑制計画，異なる種類の税が諸価格に及ぼす影響，といった幾つかの政策問題に役立つかも知れない。たとえば，貨幣賃金率を賃金財バスケットの貨幣価額に連結するエスカレーター条項はそれらの諸財貨を

「基礎的」として扱うものと解釈されうる。したがって，必需品と奢侈品との古典派の区別に分析を引き戻すことになる。

標 準 商 品

他方において，「標準商品」の工夫は全く理論的なものであり，この工夫によってスラッファは，リカードウを生涯悩まし続けた1つの問題の範囲を限定しそして解決した。リカードウは2つの全く別個の問題を処理するのにたった1つの価値標準，すなわち諸商品の中に体化された労働という価値標準を使用しようと試みた。第1の問題は，生産方法の変化——そしてこの生産方法の変化は，次に，相対価格の変化を導く——による特定商品の「価値」の変化を見分けることに関係する。第2の問題は，このような相対価格の変動を，所得分配の変動によって引き起こされる相対価格の変動から区別することである。第1の問題は，たとえば含まれた労働量のような，「絶対的」価値標準の定義を必要とする。第2の問題は標準商品というスラッファの工夫によって解決される。

標準商品は現実に存在する財貨というより理論的構築物である。それは，それを生産するのに必要とされる諸財貨と同じ比率でウェイトを付与された異なる諸財貨から成る合成商品である〔訳注1〕。それゆえ，標準商品はその生産手段の全体と同じ技術的係数をもつ。したがって，結果として，賃金の変化は，標準商品の場合，利潤の等しくかつ反対方向への変化によって相殺される。こうして，標準商品の価格に比して他の諸商品の価格の変動は，所得分配の変化がそれらの生産費に及ぼす効果にもっぱら拠るであろう。このようにして，標準商品は，賃金と利潤との間への所得分配の変化が相対的諸価格に及ぼす効果を基準線に照らして測定する，その基準線の役割を果たしている。

競 争 と 寡 占

このように，古典派政治経済学と，生産価格およびそれに関連した諸問題に対するスラッファの分析にはともに共通した概念的背景がある。生産価格（定義によって，経済のすべての部門を通じて一様な利潤率をもたらす相対諸価格のことであ

7 スラッファの貢献

る)は,新規企業がいかなる部門へも参入できる自由によって保証される自由競争という古典派の仮定に基づいている。それでは,大量生産とマーク・アップ価格設定という現代の条件の下で,この仮定が意味するものは何であろうか？

工業部門(すなわち,製造業)において一般に支配している寡占的諸条件の下では,貨幣価格が,それぞれの産業でプライス・リーダーとして行動する支配的な諸企業によって定められる。価格を決定するさいに,そしてとりわけ費用の変動に価格を絶えず適応させるさいに,これらのプライス・リーダーは単位直接費に,固定費をカバーし,かつある一定の利潤率を見込むよう意図されたマージン(マーク・アップ)を付加する。いま考察している部門への参入障壁が高ければ高いほど,マーク・アップ方式に従う結果として一般に生起する利潤率もそれだけ高くなる。それゆえ,自分たちの投資計画を遂行するのに必要な金融に基づいて行動する支配的諸企業は自分たちの利潤を決定するために自らの市場支配力を意のままに用いることができる,と思われるかも知れない。しかしながら,そう考えることは寡占下での競争過程を誤って表現することになろう。

実際は,寡占諸産業における支配的な諸企業がもつ価格設定の自由裁量権は,異常に高い利潤マージンに引き寄せられた新規競争者たちが彼らの市場に参入してきはしまいか,という恐れによって制限される。それでも,寡占市場に関するジョー・ベイン(Joe Bain, 1956, 1958年)とパオロ・シロス・ラビーニ(Paolo Sylos Labini, 1962年)の研究が示しているように,これらのマージンは競争的諸産業におけるよりも高くなりそうであることは真であるが,これはただ単に新規諸企業の参入を妨げている障壁によるものである。これらの障壁は技術工学的諸要因,たとえば,できるだけ最低の費用を達成するのに必要な最小規模の設備(プラント),を反映しているかも知れない。あるいはこれらの障壁は社会的・制度的諸要因に起因するかも知れない。たとえば,消費者に商標忠誠心(ブランド・ロイヤリティ)を植えつけることは市場でのシェアを獲得する費用を新規参入者に課することになる。しかしながら,これらの諸要因はその部門への参入を単に制限しているだけであり,けっして排除しているわけではない。それゆえ,支配的諸企業は潜

在的競争によって極大利潤の追求を制限されており、また、彼らは、完全に制限された範囲内でのみ競争的な市場で一般に支配している利潤率よりも高い利潤率を（既存の参入障壁の重要性に左右されながら）獲得することができる。このように、一般的（競争的）利潤率は寡占諸企業にとってさえ依然として有益な参照点なのである。任意企業あるいは部門の利潤率が平均利潤率から乖離するのは単に技術工学的諸要因あるいは制度的諸要因を反映しているにすぎない。これらの諸要因は相対価格の分析においては所与と見なされうるし、現実に対する第2近似にすぎない。すなわち、論理的には、生産価格の研究の後にくる。

　この事実を留意しておけば、スラッファの分析は、一様な利潤率という競争的仮定の下での古典派の線に沿って行われたものであるけれども、現代の寡占的諸情況と両立不可能なものではない。実際、寡占的行動の非新古典派理論と容易に統合されうる。さらに、限界理論に対するスラッファの拒否は、集計的経済活動の水準に対する完全で、十分な説明が与えられるようになる以前の必要な予備的一歩なのである。事実、スラッファの分析のさまざまな含意を考察した後では、集計的需要の問題は2つの別々の問題として非常にうまく処理されるように思われる。1つの問題は産出水準（産出水準の決定は価格問題よりも論理的に先行しているので、スラッファの分析では所与と見なされている）の決定問題であり、もう1つの問題は「実現」問題、すなわち生産量の販売はいかにして保証されるのか、である。これは、いま述べた2つの問題のうちの最初の問題に対応し、またそれに1つの可能な解決を与えるケインズ流の有効需要概念の導入に道を開くものである。このように、スラッファの分析は、古典派、マルクス主義者、ポスト・ケインジアンの伝統を理論的に統合するための基礎を提供するものと思われる。

政策上の含意

　これはわれわれをスラッファの分析がもつ政策的・政治的含意へと導く。主要な衝撃はイデオロギー・レベルにある。すでに指摘されたように、競争的諸価格は、限界理論によって、永遠不滅の問題、すなわち、諸目的に比して希少

7 スラッファの貢献

な諸手段の問題に最適解を与えるものと見なされている。この分析方法はまた「生産諸要素」(資本と労働)の価格と見なされた諸変数(利潤率と賃金率)を用いる分配問題にまで及ぶ。最適水準からの実質賃金率の乖離(たとえば,労働組合の存在が原因となる労働市場における完全競争からの乖離によって実質賃金が上昇する)は失業を引き起こさざるをえない。このような諸条件(ある一定の技術工学,ある一定の消費者嗜好,ある一定の資源ストックによって示された)の下で,分配諸変数の「自然的」かつ最適な水準があり,所得分配をめぐる労働組合の闘争は全く意味を失う。事実,階級闘争一般も同様に意味を失う。この含意は,物質的生活諸条件が悪影響をこうむることなしに,政治活動によって,所得分配が変更されることはありえない,ということである。

限界分析のこのイデオロギー上の含意は,それが依拠している価値と分配の理論とともに,スラッファによる批判に直面して,疑わしいと考えられねばならない。こうして,賃金と利潤の対立に注意を集中する別の分配分析に道が開かれる。これは経済政策に対して広く行きわたる諸帰結をもつ。1例として,スラッファの賃金-利潤関係や,基礎的商品と非基礎的商品との間の区別は所得政策に関するある種の問題を解明するのに用いられうる。これはエスカレーター条項〔訳注2〕のための基準として選ばれた賃金財バスケットの重要性である。

同時に,生産価格はいかにして決定されるのかとか,賃金と利潤との間への所得分配に対する生産価格の関係といった古典派やマルクス主義者の諸問題に対するスラッファの解決は,古典派の伝統の中にある主要な諸問題のうちの1つを片付ける。これは,古典派経済学者とマルクスによって示された方向に沿って,またその限界内で新しい政治経済学を発展させる可能性を暗示している。すなわち,資本主義的生産様式の歴史的相対性とそれに固有の階級闘争を考慮に入れることによって。

〔訳注1〕 リカードウは,未完の草稿「絶対価値と交換価値」(P.スラッファ編『リカードウ全集 IV』玉野井芳郎監訳)の中で,不変価値尺度あるいは絶対価値を次のように定義した。

「価値尺度というものを完全なものにする唯一の必要条件は,尺度自身が価値をも

つべきだということと、その価値がまたそれ自身不変であるべきだということである」。

しかしリカードウは(1)生産技術の変化と、(2)分配の変化、という２つの原因に対して不変であるような価値尺度を求めたのである。それは彼の体系に過大な要求を課したのである。スラッファは、これらのうち第２の問題、すなわち、分配の変化に対してその価値が不変であるような測定単位＝標準純生産物を構成した。それは次のように構成される。

いま、A商品産業とB商品産業という２つの産業が存在し、次のような投入と産出の構造をもっているとする。

```
       A    B    労働
A     40   506   20→1000
B    400    60   10→1000
```

すなわち、A産業では、40単位のA商品、506単位のB商品、20単位の労働を投入して1000単位のA商品を産出する。B産業についても同様に解釈されうる。

このような現実の経済体系に対して、それに対応する標準体系が次のようにして構成される。

まず、標準商品とは、各産業の「生産集約度」を適当に選んだとき、各商品の純産出量と社会全体で用いられた総投入量の比率が均等であるような商品量の集合＝合成商品のことである。すなわち、A産業の「生産集約度」を x、B産業のそれを y、純産出量と総投入量の比率を R とすれば、

$$(40x+400y)(1+R)=1000x\cdots\cdots(1)$$
$$(506x+60y)(1+R)=1000y\cdots\cdots(2)$$

をうる。さらに、スラッファは「生産集約度」は現実の総労働量（上例では、30単位）をちょうど吸収するような規模をもつ、と仮定する。したがって、

$$20x+10y=30\cdots\cdots(3)$$

をうる。上式(1), (2), (3)からなる連立方程式を解くと次の値をうる。

$$R=1,\quad x=\frac{20}{21},\quad y=\frac{23}{21}$$

したがって、A商品とB商品から成る標準純生産物をベクトルで示せば、

$$\left(476\frac{4}{21},\ 547\frac{13}{21}\right)\quad\left(a\frac{c}{b}\text{は}a+\frac{c}{b}\text{の意}\right)$$

となる。スラッファはこの合成商品の任意の倍数あるいは分数から成る合成商品をすべて標準商品と呼んでいる。

〔訳注２〕エスカレーター条項とは、会社と労働組合との間の労働協約の１条項であり、生計費指数や消費者物価指数の変動に応じて賃金の変動を認めるものである。

8 労働市場

アイリーン・アッペルバウム

　ポスト・ケインズ派理論の労働に関する側面は、なおまだ体系的に展開される必要がある。しかしそれでも、本論文が明らかにするように、ポスト・ケインズ派の思想の教義に関して広く同意されているもの、たとえば、寡占部門の重要性、工業諸国での技術工学の性質、そして企業による価格形成過程を、アメリカの制度学派経済学者によって行われた研究、特に、分割された労働市場に関する研究に結合させることは可能である。この総合の結果は、労働需要へのアプローチという点で、主としてケインズに従い、労働供給へのアプローチという点で、分割された労働市場〔の見解をもつ〕理論家に従うというかなり包括的な労働市場の分析である。この種のポスト・ケインズ派の分析が、正統派＝新古典派理論と根底に異なった結論に到達する。これは、労働需要も労働供給も実質賃金に依存しないということである。このことから、労働市場は真の市場ではないということになる。というのも、それと関連した価格、つまり賃金率が市場を一掃する機能を遂行しえないからであり、したがって賃金率の変化が失業を除去しえないからである。

賃金決定と失業の正統派理論

　企業による労働需要の古くからの分析は、3つの基本的仮定を基礎として行われている。第1は、企業が短期においてさえ常に利潤を極大化するように行動するということである。第2は、企業が労働と資本をどんな割合ででも結合することができ、資本と労働の相対価格が変化するときはいつでも、資本－労働の組合せを変えることができるということである。最後に、労働および他の

生産要素市場で、諸企業は価格受容者(プライス・テイカー)であり、それゆえ賃金率を所与と見なすと仮定されている。これらの諸事情の下では、企業の労働需要は、周知の原則、すなわち「雇用された最終労働者によって生産された生産物の価値が、彼あるいは彼女に支払われねばならない貨幣賃金にちょうど等しくなる点まで、労働者を雇用せよ」という原則によって与えられるということになる。こうして企業の労働需要は、最後の雇用労働者の生産への貢献（労働の限界生産物を反映する）、企業がその生産物に対して受ける価格および企業が支払わねばならない貨幣賃金に、依存する。個別企業から経済全体への一般化にまつわる集計問題を無視すると、正統派理論は経済全体の労働需要を引き出すために、同じ分析方法を利用している。この労働需要は、貨幣賃金率の価格水準に対する比率——すなわち、実質賃金——に逆比例して変動すると考えられている。

労働供給の古くからの分析は、以下のような諸仮定に基礎をおいている。すなわち、労働は労働者が補償されねばならない犠牲を意味する。個人の（あるいは、若干の定式では、家計の）厚生（well-being）は、余暇時間と所得の購買力とに関連する。各々の労働者（あるいは家計）は、彼の、彼女の（あるいは家計の）厚生を極大化しようと行動する。彼らの富の初期賦存量と彼らの支配する貨幣賃金率および価格水準が与えられると、労働者は余暇時間と購買力のある組合せの達成は可能であるが、他の組合せは達成不可能であることに気づくと論じられる。各々の労働者は、その場合、彼あるいは彼女の豊かさを極大にする労働時間数を供給するように選択するだろう。個人の労働供給の決意は、こうして貨幣賃金と価格水準に依存する。もし労働者が価格水準の変化が購買力に及ぼす効果をすべてただちに計算するならば、個人によって供給される労働時間は、貨幣賃金率の価格水準に対する比率（すなわち実質賃金）の増加関数であろう。それゆえ、供給される労働の集計量は、個人の〔労働〕供給曲線を加え合わせることによって得ることができ、それは実質賃金率と正の相関関係にある。

こうして、集計的労働需要と集計的労働供給をともに実質賃金率の関数として導出したのだから、標準的なマクロ経済的雇用分析は、貨幣賃金が硬直的でな

8 労働市場

いならば、労働市場での需要と供給が同時に実質賃金と雇用水準とを決定するとすすんで例証することができる。その論点を取り上げるさいに、均衡した商品市場、貨幣市場そして労働市場から始め、次に自生的支出の減少の効果を検討するのが簡便である。支出の減少の直後では、諸市場で販売される産出高は、企業が生産してきた完全雇用での産出高水準以下であろう。しかし、はじめのうちは企業は支出の減少に気づかずに、完全雇用産出高水準を生産しつづける。生産物の供給がその需要より大きければ、諸価格は、いままでの伝統的議論がそうであるように、低下するであろう。貨幣賃金が不変であれば、実質賃金は上昇するであろう。その結果、労働供給は増加するのに、労働需要は減少する。貨幣賃金が下方に伸縮的であれば、この需要を上回る供給が貨幣賃金の低下を引き起こし、価格および貨幣賃金の低下は、こんどは貨幣需要を削減するであろう。日々の取引には少額の貨幣しか必要としなくなるので、家計と企業は債券を購入しようとするだろう。こうして、債券価格はつり上げられ、利子率は押し下げられることになる。利子率の低下は、投資支出の増大を刺激し、産出高と雇用量の両者が上昇する。究極的には、完全雇用での産出高水準の近傍で均衡が回復されるが、そこでは諸価格、貨幣賃金および利子率が以前に比べて低下し、実質賃金は実質的にはなんら影響をこうむっていない。問題は、通常示されるように、貨幣賃金が下方に伸縮的でなく、その結果、非自発的失業が出現するにちがいないということである。

ある水準の非自発的失業には耐えなければならないという結論は、ケインジアンとケインズ以前の議論の「新古典派総合」からただちにでてくる。貨幣賃金率が伸縮的であれば、この分析が示唆するように、実質賃金率が調整され、労働需要と供給を等しくするのに役立つであろう。すなわち、伸縮的賃金は、労働市場での超過供給や超過需要を除去する能力のある市場一掃機構(マーケット・クリアーリング・メカニズム)として作用するだろう。市場諸力だけで完全雇用を再び達成する傾向がある。非自発的失業を減少させようとする政府の諸政策は、不必要となろう。しかしながら、貨幣賃金が硬直的であれば、正統派の経済学者でさえ、自生的支出の任意の減少を打ち消し完全雇用を回復するためには経済への政府介入が必要であ

るというケインズ流の見解を受け入れている。集計的需要を直接に増加させる財政政策と，利子率を引き下げそれによって投資を増加させる金融政策とは，正統派の分析に従っても，失業を削減するであろう。不幸なことには，正統派の経済学者によれば，ケインジアン経済学は「不況の経済学」である——ケインズ的な解決法は，激しい景気後退や不況の期間にのみ難なく利用されるにすぎない。他の時期には，集計的需要を増加して失業を減少させる政策は，労働需要を引き上げ，それによって（正統派の見解によれば，労働市場での需要と供給によって決定される）貨幣賃金率を押し上げ，インフレを発生させる。その結果が，失業とインフレとの間のトレード・オフを示すフィリップス曲線である。こうして，正統派の経済学は，インフレをほとんど適当な限界内にとどめおくためには，ある程度の失業は甘受しなければならないと示唆する。

ポスト・ケインズ派の批判

シドニー・ワイントロープ（Sidney Weintraub, 1978年）が観察したように，「ケインズの完全に知的な取り上げ方は，ある病いを他の病いと『取引する(トレード・オフ)』ためにというよりむしろ経済的病根を根絶するために理性を用いるということであった」。この遺産に基づいて，ポスト・ケインズ派の経済学者たちは，価格の安定と完全雇用の目標は両立しえないという見解を拒否する。今までみてきたように，正統派の経済学者たちは，硬直的貨幣賃金を失業の主要原因と見なしている。彼らは，集計的需要が減少するといつでも貨幣賃金が低下するとすれば，実質賃金も低下し雇用量は増加するであろう，と論じている。さらにそのうえ，正統派の経済学者は，実質賃金は一層多くの人々を仕事に就かせるためには上昇しなければならない，と主張する。彼らは，貨幣賃金をめぐる交渉が実質賃金を決定すると信じているので，もっと多くの労働者を雇用したいと思う企業は，より高い貨幣賃金を支払わねばならないと主張する。労働需要のいかなる増加も，彼らの考えでは，その結果として貨幣賃金の上昇をもたらす。この主張こそが，正統派の経済学者に物価の安定と低い失業とは同時に達成されえないという結論をいだかせるのである。だが，ポスト・ケインズ派の

8 労働市場

経済学者は、この賃金決定の理論を拒否する。

現代の正統派の議論は、ずっと以前に、ケインズ（1936年）によって解答が与えられていた。ケインズは、次のような一対の考え方に反論していた。

すなわち、(1) 実質賃金が労働者と企業との間で到達される貨幣賃金交渉に依存する、(2) 労働者は、より低下した貨幣賃金を受け入れることによって、その実質賃金を減少させ、雇用量を増大させることができる。たとえ正統派理論の一般的な大意が受け入れられたとしても、これら2つの命題はでてこないだろうと、ケインズは指摘した。貨幣賃金の一般的水準の低下は、結局、限界費用を引き下げるだろう。したがって、生産物の現行市場価格では、各企業はより多くの生産を望むだろう。あらゆる種類の生産物の供給が増加するにつれて、一般的な物価水準は低下するであろうと、正統派の見解は教えている。貨幣賃金と諸価格の両者が低下するので、実質賃金に及ぼすそれらの効果は小さいようにみえる。したがって、正統派の経済モデルの文脈の中でさえ、貨幣賃金の変化が実質賃金を変更するのに効果的であるとは思えない。

ケインズ自身は、短期では貨幣賃金と実質賃金は別個の諸要因に従属していて、反対の方向に動くことすらあるかもしれない、と論じた。ポスト・ケインジアンたちは、貨幣賃金は、主として経営側と労働側のそれぞれの交渉力と、アルフレッド・アイクナー（1976年）が「賃上げ基準額」(incremental wage pattern)と名づけたものに反映された規範的な諸要因、すなわち基軸賃金交渉とに依存すると主張している。他方、商品価格は、企業の市場支配力と、投資のための資金を内部で調達しようとする企業の必要性とに依存する。アイクナーとジャン・クリーゲル（1975年）は、もし投資が増加して、そのため内部資金への需要が一層高まり、一方で同時に企業が費用を上回るマージンを〔他企業〕より高く維持する能力に関して楽観的であるならば、諸価格は貨幣賃金に比べて上昇し、したがって実質賃金は押し下げられるだろうと論じた。こうして、実質賃金は、投資率と経済成長の速度に依存する。貨幣賃金の低下は、一般に、雇用を増加させるうえで効果的でないだろう。なぜなら、貨幣賃金と実質賃金が同じ方向に動く必然性はないからである。実質賃金は、諸価格の低下する程

度に依存して，上昇するか下落するか，あるいはまた不変にとどまるかもしれない。さらにまた，諸価格に比べた貨幣賃金の低下は，消費需要を減少させ，それゆえ雇用を減少させる傾向があるだろう。ところが，貨幣賃金と諸価格の両者の低下は，事業の確信を掘りくずし，投資需要と雇用を減少させる傾向があるだろう。ポスト・ケインジアンたちは，硬直的貨幣賃金が非自発的失業の原因ではない，と結論する。実際，伸縮的な貨幣賃金だとしても，雇用と実質賃金にはほとんど影響を及ぼさずに，諸企業にますます不確実性をこうむらせ，計画化をますます困難にするだろう。

ケインズ（1939年）は，労働需要の増大が貨幣賃金率と実質賃金率の増大を通してはじめて満たされるという議論に応答して，一般にはある所与の貨幣賃金で現れる労働量は職場への就業可能性に依存する，と述べた。さらにそのうえ，彼が考察したように，現実の世界では，労働の供給は必ずしも実質賃金の変化とともに変化するものではない，というのは，結局，労働者は，たとえその実質賃金が切り下げられたとしても，物価水準の上昇ごとにその用役を引き揚げることができないからである。ケインズは，また実質賃金と労働の生産性に明白な変化がなくても，雇用水準には大幅な変化があった，と述べた。これらの現実世界の出来事は，労働の需要と供給が実質賃金の関数であるという議論と相容れないし，正統派の経済理論と矛盾するように思われる。したがって，ポスト・ケインジアンたちは，労働需要と労働供給の代替的な理論を展開してきたのである。

生産と労働需要

労働需要を生産と関連づけるポスト・ケインズ派の議論は，3つの構成要因をもっている。第1のものは，企業部門の制度的特質を概念化しており，第2のものは，支配的な技術工学を特徴づけており，第3のものは，市場支配力をもった企業の価格設定決意を説明している。その場合，労働需要は，限界生産力説に言及しないで，企業が生産しようと計画する産出高水準に関連づけることができる。

8　労働市場

　アメリカの産業構造のかなり現実に近いもっとも単純な想定は，二重〔構造〕の経済が存在するというロバート・アヴェリット（Robert Averitt）の見解（1968年）である。すなわち，アメリカ経済は，(1)寡占的な市場構造，すなわち高い資本・労働比率，高度な技術工学の利用，熟練労働者，監督労働者，技術労働者のための莫大な訓練費用，高賃金，読み書きができ〔雇用面での〕安定した労働者への需要，強力な労働組合組織の存在，によって特徴づけられる一組の中核的産業，そして(2)その市場支配力の欠如，旧式の経営技術，低い資本必要額，熟練をそれほど必要としないこと，低い賃金，季節雇用と（ないしは）不安定な労働者，労働〔組合〕組織がほとんど存在しないかあるいは全く存在しないこと，によって特徴づけられる周辺諸産業，との2つからなると考えられるかもしれない。中核にある諸企業は，集中度の高い産業に属しているようであり，その結果，周辺部にある諸企業に比べて生産物価格に関してある程度の支配力を有しているようである。中核にある諸企業によって設定される諸価格は，消耗した資本の更新のみならず，任意の計画された拡張の大部分を実行するための内部資金の調達と，そして社会的余剰の分配を含んだ労働者への賃金支払とその経済での一般的な平均利潤率より高い利潤率の実現をも可能にするほど，十分に高い水準にある。周辺部で生産される諸商品の価格は，その「正常」水準以下に押し下げられる傾向がある。だが，諸企業は，消耗した資本を更新することもなく，労働者により低い賃金を支払って，および（あるいは）より低い利潤率を受け入れることによってのみ，価格を低く維持することが可能となる。こうして，われわれは，労働者がフル・タイムで働くという事実にもかかわらず，生計を立てていくために生活保護的給付（welfare payment）を受けとる必要のある多数の労働者が非寡占的産業に存在するのに気づくのである。同時に，使用された資本の利潤率は，典型的な場合，平均以下であって，この類型にはいる企業の存在は，しばしばきわめて不安定である。

　周辺部の諸企業は，中核にある寡占諸企業と同じ基礎上で所与の質〔熟練度〕の労働者を獲得するためには競争しない。〔周辺部の諸企業〕より高い賃金率に加えて，寡占部門の企業は，給与外所得〔訳注1〕（フリンジ・ベネフィット）のより良い水準，仕事上

のより大きな安全性，より大きな昇進の機会，労働組合組織が与える保護〔的措置〕を，労働者に提供することができる。その結果，寡占企業は，比較的永く労働者を自社に引き留めておくのである。そうした企業によって一時解雇された労働者は，暫定的な雇用〔機会〕を他所でもみつけるだろうが，労働者が所属していた工場設備で，生産がその本来の水準に復帰するのであれば，彼らはもとの仕事にもどるであろう。同様の理由から，急成長の時期には，寡占部門は，労働者をその必要に応じて，非寡占部門から引き抜くことができる。

　要素投入物がいかなる割合でも結合されうるという仮定に基づいて，伝統的な企業理論は，産出高は，可変的投入物（労働と原材料）の逓増する量をある固定的投入物（通常は資本ストックであるが，時には経営技術の場合もある）と結び合わせることによってはじめて拡張されうると主張する。生産が増加するにつれて，企業はまず投入物1単位当りの産出高の逓増を，それから次にその逓減を経験し，したがって可変費用曲線および限界費用曲線が究極的には産出高の増大とともに上昇する。逓増的な限界費用は，各企業の産出高の拡張を制限する（というのは，どの企業も限界費用が限界収入を上回る範囲では生産物を生産しないからである）とともに，生産の拡張につれて，必ず価格の上昇を引き起こすのである。このモデルによれば，価格の変化は，主として需要の変化から生じるのである。

　このモデルが広範に利用されているにもかかわらず，それは，原材料および食糧の生産に従事する企業に，主に適用可能である。他〔の業種〕の企業では，短期でさえ，産出高は，労働者の〔交代制の〕第2の組を加えることで，しばしば増大されうる。〔生産〕能力の完全利用は，原則というよりもむしろ例外である方が多い。そして，産出高は，資本設備と「可変的」投入物の結合比率のたいした変化がなくとも，投入物——「固定」的投入物と「可変」的投入物——が使用される度合を変えることで増大したり，減少したりする。実際，大部分の生産は，固定的な要素係数，すなわち短期の変化をうけない係数あるいは固定的な技術係数によって特徴づけられる企業内で行われる。こうして，産出高水準の広範な領域では，平均可変費用と限界費用とは一定であって，ただ

8 労働市場

完全能力利用〔度〕に接近する場合にはじめて逓増的になる。

だから,短期では,ほとんどの企業は,ただ現行の費用水準で産出高を増加することによって,彼らの生産物への需要の増大に応ずることができる。生産物の供給は,現存の生産能力の予備のために弾力的であり,それゆえ「供給曲線」は水平である。価格は,通常のやり方では決定されないし,企業は,獲得すべき限界収入が限界費用に等しくなるような産出高水準を生産することで短期の利潤極大をはかることもできない。価格と産出高に関する決意は,他のやり方で実行されねばならない。

ワイントロープ(1956, 1959年),アイクナー(1979年)その他の人々によって用いられたマーク・アップによる価格設定モデルの現代版は,ポーランドの経済学者ミハウ・カレツキの研究(1954年)にその多くを負っている。これらのモデルでは,平均可変費用は一定であるが,平均固定費用は,生産が増加し産出高が大きくなるにつれて間接費用が広くふり分けられるので,減少するのである。したがって,価格の設定にさいして,企業は,前もって次期に販売される産出高の推計値か,ある標準的な設備利用度を基礎にして,産出高1単位当り平均固定費用と総費用を計算しなければならない。価格は,通常の場合,企業がその予想産出高を現実に販売した場合に目標純利潤を獲得するように計算された粗マージンを平均可変費用に加えることによって,形成されるのである。

産出高の変動は,もしそれが穏やかなものであれば,価格を不変にしておくが,純利潤には影響を及ぼす。現実の販売高が推定された産出高以下であれば,単位固定費用はその予想された水準より高くなり,事後の純利潤は目標額以下であろう。〔逆に〕販売高が予想販売高以上であり,工場設備が期待された水準以上に激しく稼動されているのであれば,逆のことが起こるであろう。需要の穏やかな変化は,価格に影響を及ぼさないが,貨幣賃金率の変化や原材料価格の変化は,一般に価格の変化を引き起こすであろう。多くの企業が同一の市場に向けて生産を行っているところでは,企業の側での利己心が,普通,その生産物の市場価格を事実上設定する価格先導者(プライス・リーダー)の出現につながる。その価格は,

― 117 ―

その先導者が予想された水準で操業している場合の目標利潤の達成を可能にするが，他の企業（先導的企業より小規模かより効率の劣る企業）は，高い費用を負担し，したがってより低い純利潤を受けとるかもしれない。

　価格がひとたび形成されると，企業が短期に生産する産出高水準は，その企業の生産物への需要曲線によって決定される。企業は，その価格を公表し，市場が買ってくれるであろうと信ずる産出高を生産する。短期の利潤極大化という目標によってではなく，成長する経済での市場シェアの維持あるいは増大の欲求によって動機づけられた企業は，需要の増加がゆるやかであり，過剰能力が利用可能である場合，価格よりむしろ産出高を増大するようである。もちろん，特定の一産業の生産物の予想販売高の大幅な増大は，企業による生産能力拡大への要求をもたらすかもしれない。そうした産業内の企業は，投資資金を調達するための内部発生資金をより多く必要とし，〔そのためには〕費用を上回るマージンを引き上げ，より高い価格を設定することによって，そのような資金を獲得するかもしれない。こうして，ある産業の産出高に対する需要の持続的な増加が企業の投資増加を動機づけるに足るほど大きければ，たとえより高い価格でないとしても，結局より高いマージンとなって現れるであろう。しかしながら，通常の限界費用にまつわる諸事情は，ここでは全然考慮にはいっていないし，価格は直接的に，需要によっては変化しないのである。

　議論のさまざまな糸が織りなされ，労働需要を説明する。計画化過程の一部として，諸企業は期待された粗国民生産（GNP）を推定し，それに彼らの生産する生産物の予想された産業規模での（先のGNPに）対応する販売高水準を予想する。企業がそこで支配すると期待する市場シェアが与えられると，各企業は，それから，作成されつつある計画の実施期間中に販売を期待する産出高水準を推定する。価格は平均可変費用を上回るマーク・アップを用いて設定され，そのマーク・アップは計画された産出高での固定費用をカバーし，その産出高が販売された場合の目標利準を生み出すようなものである。生産における固定技術係数は，経済の周辺部にある諸企業と中核にある諸企業による生産労働者への需要が，利用可能な過剰能力が存在して，それゆえ企業はその費用曲線の水

8 労働市場

平部分にあると仮定すると，企業の計画する産出高水準と比例していることを意味している。中核にある諸企業によって雇用された経営管理者と高度の熟練した技術系労働者および専門労働者は，通常，生産の準固定的要素と見なされている。これらの労働者の雇用は，企業の計画する産出高と直接いっしょには変化しない。そのかわりに，企業はその工場設備あるいは工場内諸部門の各設備を稼動するためにある一定人数の間接被雇用者を必要としている。ある所与の工場設備あるいは工場内諸部門の設備を多少とも集約的に利用しても，それは企業の必要とするこのような労働者数を変えることはない。しかしながら，生産が拡張されるにつれて，それゆえ追加的諸工場が稼動するようになるにつれて，間接労働者に対する需要は不連続的に増大する。企業部門による集計的労働需要は，個々の企業のすべての需要を合計することで得られるし，それは産出高に対する期待された集計的需要に組織的に依存している。

労働供給と過小雇用

この社会で行われる労働の多くは，疎外されているか，あるいは真実の報酬には不足していると特徴づけることができるが，労働供給決意の伝統的な分析は，労働供給過程という重大な次元を無視し，観察された現実とは矛盾する結論を生んでいる。個人あるいは家計は，追加的な労働からの負効用を，それによって獲得した追加的所得から得られる効用と比較考量し，もし実質賃金が低下するならば，労働時間を減らすか，完全に労働者集団の隊列から離れると考えるのは，ややゆがめられた見方である。

イライ・ギンズバーグ (Eli Ginzberg, 1976年) は，労働は個人に3種類の本質的な満足感を与えると述べた。第1に，実質賃金の水準がどうであれ，少なくとも1家族成員の雇用は，たいていの家計にとって家族のニーズを満たすのに十分な所得を得る唯一の可能な手段である。家族のニーズを満たす必要があると同時に労働供給以外に所得を得る手段がないということは，家計が時間当り収入の実質的低下に直面しても労働を供給しつづけざるをえない。生活保護的給付，有給の人的能力開発計画への登録，ならびに法律すれすれの商売行為や

犯罪行為を通じた所得の獲得の可能性は，報酬の代替的な源泉を提供しはするが，ベネット・ハリソン（Bennett Harrison, 1977年）が論じたように，これらは，最低賃金労働者にとってのみ，意味のある賃金労働の代替手段である。その場合でさえ，生活保護手当(ウエルフェア・ロールズ)と低賃金雇用との間にはかなりの移動性がある。第2に，雇用は個人に合目的的活動を与え，自己の尊厳という個人の感情に大きなインパクトを与える。最後に，すべての仕事が自己開発と訓練の機会を個人に与えるわけではないが，それでも雇用は，学校を卒業した多くの個人に，現存の技能を利用し新しい技能を開発する機会を提供する。したがって，雇用はその個人が受けとる所得という点で，また個人の自尊心〔の高揚〕に役立つ貢献度という点で，さらに技能習得過程への影響力という点でも，重要である。ほとんどどの家庭も，実質賃金が低下するにつれて労働の供給を減ずるという余裕はもちあわせていない。労働の超過供給がこのようにして排除されるということはありえない。

　ポスト・ケインズ派の失業分析は，デーヴィド・ゴードン（David Gordon, 1972年），マイケル・ライク（Michael Reich）とリチャード・エドワーズ（Richard Edwards, 1973年）のようなラディカル・エコノミストによって提示された部分労働市場（segmented labor market）の分析や，ピーター・ドーリンジャー（Peter Doeringer）とマイケル・ピオーレ（Michael Piore, 1971年）による内部労働市場の分析や，レスター・サロー（Lester Thurow, 1975年）によって提示された職業獲得競争モデル（Job competition model）に，大きく依存している。

　労働者が就業可能な職場を求めて競争する労働市場は，賃金格差，労働条件の格差そして昇進の機会の格差によって特徴づけられる部分市場(サブ・マーケット)に分割される。労働市場分割は，かなりの規模で，経済の中核にある諸産業内の技術的に高度な寡占企業とその周辺部の技術的な精巧さを欠いた小企業とを生み出してきた歴史的過程の一部として発生した。中核にある企業の生産過程は，ますます複雑で階層分化のすすんだ組織で，相互依存的になってきた。こうした点からみると，労働者が必要とする多くの特殊な技能は，特定の職場や特定の企業での持続的就業期間を通じてはじめて習得されうる。こうして，現代の技術工学を

8 労働市場

利用する企業は，生産性が労働条件や貨幣的報酬の調整とより高い地位の職務への昇進制度の双方を通して在職期間と関連しているような職種についている労働者に〔1か所に腰をおろした〕安定的な職歴を奨励する動因をもっている。立身出世のはしごは，労働者の階層づけを行い，彼らを長期間同一企業に引きつけておくのに役立つのである。こうして，それらの職種が技術工学的変化によって必要とされようとされまいと，差別された職種を形成することが，中核にある企業にとってはますます重要になってきている。

労働者の側で〔就業上の〕安定性を奨励することは，企業には高価につく。したがって，中核にある企業ですら，そうした余計な費用をできるだけ狭い職務の範囲に限定しようとする誘因をもっている。こうして，技術工学的にすすんだ企業でさえ，さまざまの異なる就業資格をもち，高度に階層化された内部の職場集団をつくり出してきたが，そこでは，就業の安定性を助長するように組織された戦略的にみて重要な労働部門もあれば，きわめて不安定な労働を許容すべく組織された労働部門もあって，このことは別段驚くべきことではない。こうして，労働市場は，安定した労働習慣が報われる主要部門と，〔労働者の〕移動が激しく安定性は要求されず勤続が阻害されてしまう副次的部門とに，分割されている。失業は，副次的部門労働者に集中しており，賃金率よりもむしろその仕事の特性に関係している。

職場への潜在的な安定性を決定するために，新規被雇用者を試験するのは困難であるから，雇用主は，金のかからない選別方式として上べだけの特徴づけを用いてきた。雇用主たちは，安定性が重要であるようなより良い仕事を充足する場合には，歴史的に不安定な勤務パターンを示したグループ——黒人，女性，10代の青少年——を差別する傾向にあった。差別はこれらの集団に属する者が高い失業を経験しつづけざるをえない悪循環となって作動してきた。「正当な」仕事の一群に就くことは，一労働者が受ける訓練と昇進の機会に決定的な影響を及ぼしている。技能が特定の職務の関連のなかで習得される必要がある限り，女性に対する差別，黒人や他の少数者に対する差別は，彼らの多くを労働市場の底辺層にとじ込め，転職と訓練の機会を奪い，彼らを技能と労働所

得の分配の両面で最底辺層にくぎづけにしてしまうのである。副次的部門の仕事の性質と狭い視野をもってしか労働者を雇おうとしない雇用主の態度との相互作用は，黒人や他の少数者たちに対するのと同様に，女性に対しても高い失業の負担を生みだしてきた。

　性別と人種別だけが，労働市場のさまざまな部門への加入を規制するために用いられる唯一の選別方式ではない。門地の相違や教育機関への不平等な入学もまた，主要部門内部でのより高い地位の仕事への参入を制限するように機能している。雇用される人々に対して信認状を要求するのは，職場内部の立身出世のはしご段に沿ったその後の昇進とあいまって，主要部門の労働者を他の労働者成員の競争から庇護するのとその企業の賃金構造を市場諸力から切り離しておくのに役立つのである。労働者が，彼らの立身出世のはしご段に沿っていかにすばやく昇進できるか，また適当な学位と出身を備えた新規学卒者がどれほど容易に主要部門に吸収されるかは，経済の拡張速度に依存する。もし高度の技術訓練を受けた労働者および（あるいは）高度の学校教育を受けた労働者の供給がそうした労働者への需要を上回るならば，主要部門の上層にある仕事を競い合う労働者の供給を現存の仕事の機会と調和させるのは，賃金の収縮（デフレ）でなく，信認状の濫発（インフレ）であろう。経済の低成長の期間にこうした仕事に就くために要求される学歴の上昇は，最近の単科大学や総合大学の卒業者の出世の野心を打ち砕く効果をもっている。彼らは，主要部門の低い地位の仕事にやむなく押しやられ，昇進の機会がほとんどないことに気づくのである。失業よりも失望が，これらの労働者の支払う犠牲なのである。

　労働市場の主要部門の外では，事情は全く異なる。より良い教育を受けた若い人々の超過供給があれば，全階層の仕事に就くための雇用資格は，もっと高くなる。しばしば，資格要件のレベルはその仕事の実際の就業要件とはほとんど関係がない。だが，その要件は，金のかからない選別方式として企業に広く利用されている。貧困家庭の子弟たちは，高校卒の証書を手にして，彼ら自身の所得要求と限られた数しかない主要部門の職場によって制約されている労働者の行列に加わり，労働市場の副次的部門に低賃金で不安定な雇用を求めざる

8 労働市場

を得ない。彼らは，主要部門の仕事に就くことを拒否されて，低所得と高い失業の可能性によって特徴づけられた職業の経験を予想することができる。他方，周辺部の企業も中核にある企業もともに，現行の低賃金率で必要とする相対的に不熟練のマンパワーを全部入手することができる。賃金をさらに引き下げても，副次的部門の労働者の失業率を引き下げるようにも思われない。

要　約

　労働市場は，その用語が通常理解されているような意味での「市場」ではない。なぜなら，労働市場は市場一掃機構をもっていないからだ。貨幣賃金率か実質賃金率のいずれの変化にしろ，労働のゼロの超過供給を保証することができず，したがって失業を除去することもできない。(1) ほとんど寡占的である産業構造，(2) 生産における固定技術係数，そして (3) マーク・アップによる価格設定，の文脈からいえば，労働需要は，全体の経済活動の水準に依存している。それは，どちらかといえば，労働の限界生産物とほとんど関係ない。一方，労働供給は，雇用機会の変化に少しは感応的ではあるが，主として人口統計的および他の社会的・文化的諸要因に依存している。集計的需要が経済の潜在的可能産出高以下にあり，失業が増加すると労働市場の所与の階層の職種への参入あるいは地位の向上に必要な人物資格要件が高くなり，女性，黒人およびその他の人々の受けた教育がそれに伴って生ずる信認状の濫発の中で低く評価される。その結果は，より良い仕事あるいはともかくなんらかの仕事を求めて並ぶ人々の行列であるが，それは，実質賃金の低下によって排除することはできない。

　反対に，労働の供給に比較しての労働需要は，労働者の交渉上の地歩を高めたり低めたりしながら，貨幣賃金水準を確定するときに重要な役割を果たすが，産出高の増大と労働組合運動の連帯性は，もっと大きな影響力を与える。しかし，実質賃金の水準は，貨幣賃金の水準よりもはるかに重要である。さらにそのうえ，これは，貨幣賃金のみならず諸価格にも依存している。貨幣賃金が生産性より急速に増加している場合，その企業の平均可変費用を上回るマージンが固定費用をカバーして目標純利潤をもたらしつづけるために，諸価格は上昇

する必要がある。経済成長の時期には，企業の投資のための資金を内部資金の増大で賄っていこうとするので，平均可変費用を上回るマージンが上昇するとすれば，貨幣賃金に比べて諸価格は上昇するであろう。したがって，実質賃金の増加〔幅〕は，貨幣賃金のかなりの増加にもかかわらず，平均労働生産性の上昇以下に押し下げられるかもしれない。こうして，労働市場の緩和や逼迫の諸条件が1つの役割を演じるのであるが，貨幣賃金と実質賃金はともに，労働の需要と供給だけで一義的に決定されるとはいえないのである。

政策上の含意

　ポスト・ケインズ派の議論の主旨は，賃金決定と失業が2つの異なる過程であり，それとして理解されねばならない。またほとんどの文脈においても，賃金率は労働供給を労働需要に均等化するのに役立っていない，ということである。こうして，労働市場は，何らの市場一掃機構をもたない——このことから，賃金率の調整は失業を除去しえない，といえる。雇用量は，賃金率にではなく集計的需要の要因に依存している。政府の金融・財政政策を通して集計的需要を規制する技術は，少なくとも1936年のケインズ『一般理論』出版以来，周知のこととなった。そうした拡張政策を用いて失業を減らすことに躊躇するのは，フィリップス曲線に示されるインフレと失業とのトレード・オフが存在するという誤った考えからでている。集計的需要の増加は，雇用量の増加ばかりでなく，貨幣賃金の引上げ，価格の上昇をもたらすであろうと恐れられている。インフレの脅威は，政府の高官に，その効果が経済活動水準の削減をもたらすことになる政策を追求させてきた。貨幣賃金と価格が概して集計的需要の削減の影響を受けずにすんだことをある懐疑的な観察者に確信させるのに十分な経験が，そうした政策と結びついてこの10年間に積み重ねられてきたようだ。引締め的な金融・財政政策は，失業を高水準に維持するかもしれないが，インフレを退治するのには無力である。その結果現れているスタグフレーション（高水準の失業と高率のインフレ）はあまりにも周知の帰結である。

　ポスト・ケインズ派の視角からみると，インフレの主要な原因は，財や労働

8 労働市場

に対する超過需要ではなく，むしろ利用可能な所得や産出高がどのように分配されたらよいかという点での見解の対立にある。引締め的な金融・財政政策は，所得と産出量を縮小することによって，巨大企業，中小企業，労働者および政府の間での所得分配および産出高の配分をめぐる闘争を単に激化させているにすぎない。そこには，明らかに，経済の成長の継続を保証し，国民所得が納得のゆく仕方で分配されることを保証するような公共政策の必要性がある。この中には，持続的な成長率を決定し，貧困を除去し，労働者およびその他の人々の生活水準を改善し，さらに投資が社会的に決められた適切な率で実行されるようにする社会・経済計画の必要性が，暗黙のうちに含まれている。このアプローチによって提起された困難な政治上の問題は，過少評価されるべきではない。目標の追求と計画の実行が民主主義的規制の下にあって社会的ニーズに敏感に反応するものであることを保証するために，保護措置(セーフ・ガード)が必要とされるのである。さらにそのうえ，そうした計画化は，巨大企業の費用を上回るマージン決定の能力と投資決定の能力に社会的制限を課すことになろう。だが，そうした諸政策は，もし経済成長，完全雇用，そして生活水準の向上が，伝統的な諸手段を用いてインフレを終息させようとする試みの中で，犠牲をこうむるべきではないとすれば，必要である。

最後に，失業率がどうであれ，その負担は人口統計上の集団すべてに等しく共有されているものではないということが認識されねばならない。一時解雇や強制解雇は，主として副次的労働市場に特有の行き先のない低賃金の仕事と結びついている。その結果，黒人，女性その他副次的労働市場に溢れ出ている人々は，異常に高い失業をも経験している。ギンズバーグ（1977年）が測定したところによると，1950年と1976年との間の「〔割の〕悪い」仕事の数が「〔割の〕良い」仕事の数よりはるかに急速に増大し，その期間に民間部門で創造されたあらゆる新職種10のうち3以下しか「良い」仕事はなかった。最低貧困層の仕事を除去し，女性や黒人の上方〔階層への〕移動をその良い仕事にすでに就いている労働者を追い出すことなく可能にするのに十分な量の良い仕事を創出するための公共政策が，明らかに必要とされている。ここにもまた困難な政

— 125 —

治的・社会的問題が横たわっている。というのは，低賃金雇用のかなりの削減は，社会全体の消費パターンと生産パターンの根本的な調整を必要とするであろうからだ。

〔訳注1〕 フリンジ・ベネフィット (fringe benefit) とは，雇用主が被雇用者に正規の給与以外に与える給与や便益であって，この中には，有給休暇，超過報酬（特別賞与，割安な娯楽施設の利用，出張旅費の支持，無料の燃料や住宅の補給などが含まれる。

9 貨幣的要因

バズル・J.ムーア

　この問題〔貨幣理論〕についての正統派ケインジアンやマネタリストの見解に相当するようなポスト・ケインズ派の系統だった貨幣理論は今までのところ存在していない。意見の一致があるとしても，それは積極的なものというよりも主として消極的なものである。とはいえ，ポスト・ケインズ派経済学者のまだ比較的小さなグループによってはっきりと拒否されている支配的な正統説の基軸的特徴に着目することで，貨幣理論に対する1つの代替的アプローチの顕著な特徴を概説することは可能である。これらの特徴に含められるものには，歴史的時間とそれが一般均衡分析の拒否にとって有している含意の重大性の認識，投資のための資金調達行動の中心的重要性，価格決定過程における労働市場の独自的役割，ならびに中央銀行が貨幣賃金の増加率を裏付ける必要性に帰因する貨幣ストックの内生的性質 (endogeneity) がある。この最後のものは，貨幣ストックが経済諸過程から派生するとともに，それらの諸過程に影響を及ぼすことをも意味している。

歴史的時間

　ポスト・ケインズ派の貨幣に関する命題の基底にある最も基本的な論点は，おそらく，歴史的時間が真剣に考慮されねばならない，ということであろう。歴史的時間と論理的時間とは明確に峻別される必要がある。その理由は，論理的時間が前方にも後方にも動きうるのに対して，歴史的時間は前方にしか進めないからである。歴史的時間の中で動いている経済の本質は，その過去が与えられており，それを変えることができず，またその将来は不確実で知ることが

できないということである。マーシャルが『原理』の初版 (1890年) の序文で警告したように,「時間の要素はほとんどすべての経済問題のうちでも主要な困難の中心である。」

『一般理論』(1936年) におけるケインズの主要な努力の1つは,歴史的時間に発生する不確実性が,現実経済で生じる事柄の多くに対してもっている含意を解明することであった。貨幣経済とは,単により複雑化された物々交換システムではないと彼は主張した。そうではなく,現代的な資本主義的金融制度をもつ経済は,いわゆる「実物交換」経済——すなわち物々交換経済——とは本質的に異なる動き方をする。ケインズの『貨幣論』(1930年) はなお新古典派の伝統に属し,1つの均衡状態から別の均衡状態への移行の仕方に焦点を合わせていたが,『一般理論』はパラダイムの転換を表していた。『一般理論』でケインズは,われわれの生活はまさに変転のうちに送られ,しかもすべての変転の状態にあっては,客観的・主観的変化が生じ,その変化が今度はフィード・バックしてわれわれの将来の行動を変えてしまうといった事実に基礎づけられた分析を展開しようとしたのである。今になって考えれば,ケインズはわれわれが絶えず巻き込まれる不均衡過程の動学を説明しようとする困難で分析的に扱いにくい問題に取り組んでいたものと見なすことができるだろう。

こうして,現実を分析するためには役立たないものとしてポスト・ケインジアンがやむなく放棄した枢要な理論的構築物の1つが「一般均衡」なのである。体系がそれに向かう傾向をもち,そこからはもはや変化するような傾向のない均衡状態という概念それ自体が歴史的時間には不適当なのだ。ジョーン・ロビンソン (1962年) が強調しているように,この概念を説明するために通常使われる比喩は,前後への動きが可能な空間の次元からすべて引き出されている。しかし実際の歴史的時間は不可逆的に前方へと進行する。さらにそれは純粋に演繹的方法を使っては簡単に分析されない仕方で,その後に続く径路を変えてしまうような体系への外的衝撃を反映している。それが向かう傾向のある長期的均衡状態をもたない歴史過程の脈絡において,ワルラス流の「一般均衡」の意味とは,あるいは意義とは何であろうか。

9 貨幣的要因

　こうして，ポスト・ケインジアンたちは，多くの主流派経済学者と同様に，一般均衡分析を捨てて，不均衡調整過程の事象を強調するマーシャルの部分均衡の枠組みを採用した。貨幣に関しては，ポスト・ケインジアンたちは新古典派の比較静学的命題を拒否する。その命題とは，ひとたびすべての調整が最終状態に行き着いたならば，貨幣量の外生的変化は実物現象を不変にしたまま，すべての価格を同一比率で変化させるという意味で，貨幣は中立的であるというものである。むしろ，ポスト・ケインジアンは，世界が絶えず困難に陥り，貨幣供給の変化が産出高や雇用量に対して強力な実質的効果をもっているような移行期の事象に焦点を合わせるのである。

不確実な世界における貨幣，物価，そして賃金

　貨幣理論の１つの中心問題は，なぜ人々が利子を生む金融資産やサービスを提供する有形の物的財を保有せずに，利子を生まない貨幣を保有するのか，ということである。貨幣は明らかに，有形資産と同様に暗黙の現物サービスを生む。このサービスの性質は，歴史的時間の過程に伴う不確実性にあるはずだ。そのサービスの大きさの指標は，インフレの年率（インフレ税）の三桁が数値に達するほどの諸国でも貨幣がなお保有され利用されるという事実に見出されるかもしれない。

　ケインズは，暦年時間（カレンダー・タイム）の中を動いている不確実性の世界で貨幣は意思決定を延期し，拘束を避けるための機構として役立つことを認識した。貨幣が支払手段として役立つためには，供給と需要の契約が貨幣単位で表示され，そのような契約が法的強制力をもたねばならない。貨幣はこれらの市場で財を購入し，財は貨幣を購入するが，財はほとんど例外なく財をけっして購入しない。それゆえ，有効需要には欲望に加えて支払能力が含まれ，そこに現実世界にとっての金融諸条件の重要性がある。今日の貨幣が交換手段として機能しうるのは，法貨すなわち国家によって定められた，ある一国の通貨によって明記されたすべての契約の履行を国家が強制することを公衆が知っているからに他ならない。

　生産が時間を通じて行われる歴史的な不確実性の世界では，貨幣と賃金契約

の存在は不確実性の負担をある程度分担することを可能にする。貨幣の存在の必要十分条件は，出費の発生と支払の受取りが同時に行われないということではなく，むしろ歴史的時間に固有の不確実性なのである。完全に確実な世界では，あらゆるものの価格は既知であり，すべての財は完全に流動的となり，特定の貨幣資産の必要性はないだろう。

　生産には時間がかかるが，このことは，今日の財は物的に全く同一の明日の財とは経済的に異なる量であることを意味する。諸資源が将来の引渡し期日のために，一定量の財を生産する目的で拘束されるときにはいつでも，その拘束は将来の予想生産費に基づく供給価格にかならず結びつけられる。この生産された財の供給価格の基礎にあるものは，単位当り労働費用を支配する貨幣賃金率と平均労働生産性との基本的な関係である。ケインズ(1936年)が主張したように，購買力の一時的ありかとして公衆に貨幣を保有する気にさせるのは，安定した，つまり粘着的な貨幣賃金率についての予想である。なぜなら，もし貨幣賃金率，ならびにそれとともに物価水準が急速に上昇することが予想されるならば，公衆は減価しがちな貨幣ストックの形態で自分の富を保有する気にはならないだろうから。このようにして，集計的需要の変化に短期的に調整しない粘着的な貨幣賃金率が，価値貯蔵としてのもう1つの重要な機能を貨幣が果たすための必要条件となるのである。

　貨幣理論の見地からすれば，正統派の分析様式を無効にする決定的な仮定は，限界生産力によって決まる需要と，労働者が得ることのできる実質賃金に規定される供給とによって，労働市場が他の諸市場と同様に一掃されるという要件である。このことは事実上，仮定によって完全雇用を押しつけることである。この場合，貨幣は長期的には一般物価水準と賃金水準に影響しうるにすぎない。労働の価格，つまり貨幣賃金の独自的重要性が認識されず，貨幣賃金は体系の一般均衡を決定する多くの諸価格の1つにすぎないものとして扱われている。

　ポスト・ケインジアンたちは，貨幣賃金を他の諸商品価格と同じように，主として供給と需要の市場諸力によって短期的に決定されるものとは考えず，雇用主と被雇用者との間での管理された価格決定過程の結果として決定されるも

のと考える。その過程では，明示的・暗黙的な労働契約がまず設定され，次にそれがある将来期間にわたって実際に支配する。その契約の暗黙の部分は重要である。なぜなら，資本や土地とちがって，労働者はそのアウト・プットが感情や態度や士気によって影響される人間だからである。そのため，1生産要素としての労働は独自的なものであり，その生産力は支払われる賃金と無関係ではない。仮に暗黙の契約が取り消され，〔労働の〕超過供給の場合に賃金が切り下げられるとすれば，労働者は憤慨し，彼らの生産力は低下し，雇用主は悪評を買うことになるであろうから，貨幣賃金は下方に非伸縮的である。このような暗黙の契約こそ，「公正賃金」(just wage) という概念が労働交渉で依然として意味をもっている理由なのである。

　貨幣賃金がこのように，短期的には外生的に前もって決められていると見なしうるならば，諸価格は貨幣賃金に適応しなければならず，その逆ではないということになる。それゆえ，市場諸力によって内生的に決定されるのは実質賃金なのである。この見方に立てば，物価水準（あるいはインフレ率）は，貨幣賃金（あるいは貨幣賃金の増加率）が決定された後にはじめて決定されることになる。これとは対照的に，もっと正統的な理論家は，相対価格——貨幣賃金もそのような価格の1つにすぎない——は体系の行動を記述する1組の連立方程式の解として達成されると主張する。別に驚くことではないが，そのようなモデルでは，長期における貨幣的変化は絶対価格水準だけに影響しうる。これと対照的にポスト・ケインズ派の世界では，貨幣は短期および長期の双方において実物変数ならびに名目変数に影響を及ぼすことができる。

内生的貨幣ストック

　貨幣それ自体に関するかぎり，ポスト・ケインジアンと主流派経済学者との間の，おそらく最も基本的な相違点は，貨幣ストックがいかにして生じるかについての彼らの見解に関するものである。ポスト・ケインジアンは，マネタリストとは著しく対照的に，貨幣ストックを本質的に内生的なものであり，貨幣賃金水準の変化に反応し，かつ順応するものと見なす。ケインズは『貨幣論』

(1930年)で貨幣が「負債とともに現れる」と主張した。換言すれば,貨幣の供給は生産契約,そしてそれが必要とする任意の負債に結びつけられている。貨幣はマナ〔訳注1〕のように天から,あるいはフリードマンのヘリコプター〔訳注2〕によって空から体系に入るのではない。あるいは,貨幣は中央銀行諸政策の単なる創造物でもない。中央銀行は法貨,あるいは,いわゆるハイ・パワード・マネー・ベース〔訳注3〕を決定する。公衆は銀行システムや他の銀行に類似した金融仲介諸機関に預金したいと望む法貨の量を決定し,銀行は現金準備として維持したいと望む額と収益を生む資産として保有したいと望む額を決定する。従来の分析はこれらの比率が安定しているので,貨幣ストックは外生的であると仮定する。この観点は,中央銀行の目的が取引上の必要の変化に貨幣ストックを適応させることであったという歴史的事実を全く無視している。ポスト・ケインジアンは中央銀行のこのような支持責任をその統制任務よりも上位に位置づける。

　すでに述べたように生産には時間がかかる。現代の経済では通常,生産費は販売収入を受領する以前に発生し支払われる。その場合でも,仮に現行の生産費が前期の生産費を繰り返すにすぎないものであれば,過去の生産と販売から得られる現在の収入を現行費用を賄う資金として使用できる。しかし,定常状態という幻想を別にすれば,一般にはこのような形で世界が動いているのではない。賃金の増大は企業の生産費を引き上げる。たとえ生産と販売が不変の歩調で続いても,企業は今や高価値になった仕掛品在庫の資金繰りのため,より多くの運転資本を必要とするであろう。彼らが自分の流動諸資産を取り崩すことができないかぎり,銀行からの借入れを増やさねばならないだろう。こうして営利企業は将来の販売収入を期待して,増大した現行の生産費を賄うために借入れを行う。貨幣ストックの変化率の変化と貨幣所得水準の変化の間に観察される統計上の密接な相関関係を説明するのは,貨幣供給過程のこの内生的性質なのである。

　ポスト・ケインズ派経済学者は名目的な貨幣ストックを貨幣賃金によって内生的に支配されるものと見る傾向があるが,他方で彼らは貨幣創造の過程,つ

9 貨幣的要因

まり銀行の貸借対照表の資産の部を重要なものとして取り扱う点で,またもやマネタリストとは異なっている。どのような経済システムでも,その心臓部は信用構造にあるとしばしばいわれている。銀行が新たに創造された金融資産を購入(赤字支出を賄うための貸付)するのか,単に既存の金融資産を購入(富のポートフォリオ〔訳注4〕の流動性構成の変更)するのかでは大きく異なる。

決定的に重要な変数は貨幣ストックのある変種だと主張するマネタリストと対照的に,以上のことは,ポスト・ケインジアンに銀行仲介の信用側面に焦点を合わさせることになる。銀行が既存の金融資産(譲渡可能証券)を購入する時,その効果は民間部門の富のポートフォリオ構成を変えるが,その資産総額を不変のままにしておく。銀行が貸付をする(新たに創造された譲渡不能証券を購入する)時,その効果は民間部門の資産総額と負債総額を変えることである。第1のケースでは,新規発行債務の貨幣化は起こらず,第2のケースでは貨幣化が起こっている。

資金調達と投資行動

ポスト・ケインジアンは景気循環,経済成長そして要素所得の分配を同一の基軸的決定要因——すなわち投資率——によってともに支配されるものとみる。正統的な新古典派モデルにおけるように投資を貯蓄によって支配されると考えるのではなく,ポスト・ケインジアンはミハウ・カレツキ(1966年)にならって,投資は部分的にそれ自身のための資金を調達するのに必要な利潤を生み出すと主張する。現代資本主義経済では,投資のための資金はおおむね内部のキャッシュ・フロー——つまり減価償却費と留保収益——から得られる。その場合でも,投資資金のすべてが内部で得られるわけではない。したがって,ポスト・ケインズ派の分析は,発展した資本主義経済に特徴的な,投資過程における高度の信用諸手段および信用諸機関が演ずる本質的役割をさらに強調するのである。

従来の分析は企図される投資額の決定における予想収益の重要性を強調するのであるが,将来を本来的に知りえない現実世界では,この予想収益は容易に

確かめることはできない。このことは、投資過程におけるケインズ (1936年) のいわゆる「アニマル・スピリッツ」の重要性と投資決意の貯蓄決意からの独立へと導く。もし経営者が投資をしたいと考え、銀行家がその信用需要に応ずる時には、貯蓄を決定するのは投資であって、その逆ではない。他方、貨幣ストックの内生的性質は、投資支出が現行の貯蓄フローと無関係に行われることを可能にする。

現代資本主義経済では、経営者や財務担当経営者のポートフォリオ選好と無関係な投資理論を構築することは不可能である。投資決意は必然的に有形資産を取得し、同時に、金融資産を発行する決意を含意する。将来は本質的に知りえないが、それでもなお長期的な意味をもつ意思決定を企てねばならないので、現実世界の経営者は慣習に頼らざるをえない。過去の経験が不確実性と危険に対する態度と反応を決定するための、したがってまた金融〔資産〕価値や投資決意に伴う不確実な見込みの評価のための、通例の基礎であると広く信じられている。このことは株式市価の変化だけでなく、企業および家計の貸借対照表の資産・負債構造の変化にも反映されている。純利潤に対する未払費用〔負債の利子と元金の一部から成る〕の比率、梃（純資産に対する負債の）比率ならびに民間〔部門の〕負債の期間構造はすべて許容可能基準についての経営者と銀行家の見解を反映し、これら許容基準は過去の経験に応じて体系的に変化する。

1つの結果として、資本主義経済は本来的に循環的な成長過程を生じさせる。繁栄の間、企業は新規資本支出を賄うために借入れを行い、その負債比率を高める誘因をもっている。拡張が続くかぎり、この過程の先導者たちはより大きな利潤の報酬を受ける。徐々に、容認された（主観的な）信用基準が調整されるが、持越費用と負債比率が高まるにつれて、財務構造は（客観的にみて）不安定で脆弱なものとなる。そして、ついには企業活動の下降が確信を損うほどひどくなり、信用基準は引き上げられ、政府の赤字と中央銀行の融資によって相殺されないかぎり、流動性パニックが資産価値の全般的低下へと及ぶであろう。このようにして、拡張〔期〕の安定と繁栄は恐慌の不安定性と崩壊を生み出す。

9　貨幣的要因

　先に述べたように，ポスト・ケインジアンは，経済をある均衡のとれた長期的成長径路に沿って動き，その径路をめぐって外生的衝撃が循環的変動を引き起こし，それが次に自己是正的な市場諸力によって停止されるとみることが有効だとは考えない。均衡のとれた成長は，歴史的時間を通して容赦なく変動する不確実な世界における金融資産の存在そのものと両立しない。彼らは，むしろ，景気循環は現実世界の資本主義制度に固有な1つの局面であり，外部から経済活動を調整しえない結果であると見るマルクス主義者の見解を共有している。生産と消費の不均衡あるいは不釣合をもたらすのはこの計画の欠如である。恐慌は，資本主義の景気循環の拡張局面中に尖鋭化する蓄積諸問題の解決を助けるという1つの機能的役割を果たすものと見なしうる。

　いくつかの異なったマルクス主義の恐慌理論がある。けれども，マルクス主義の用語できわめて大ざっぱに述べるなら，ポスト・ケインズ派の議論は次のようになる。好況(ブーム)の間には，完全雇用に近づくにつれて労働者階級は力を強め，労働者たちはより高い貨幣賃金とよりよい労働諸条件を獲得するためにこの高まった力を利用する。彼らはまた，もっと頻繁に職を変え，雇用主による能率(スピードアップ)促進を阻止し，生活を少し楽にすることもできる。そうすることで労働者は，資本財を所有し支配して生産過程を組織する階級の生活の楽しみを減少させる。経済恐慌は，失業を生み出すことによって資本蓄積過程の続行に必要な利潤条件の回復に役立つ。各恐慌はそれ自身の特定問題を解決するが，その解決はつねに新しい諸問題を生み出し，それがなお一層の解決を必要とする。ポスト・ケインズ派経済学が重要なポスト・マルクス派の構成要素を有していると正当に見なされうるのはこの意味においてである。この点に関してはマルクス主義者とポスト・ケインジアンの主張が同一方向を向いているが，それにもかかわらず，そこには重要な違いも存在しており，両者を混同してはならない。ポスト・ケインズ派経済学は，概して，マルクス主義理論の形而上学的側面もイデオロギー的側面も避ける。ポスト・ケインジアンは，一般に，弁証法的過程に執着せず，他の「俗流」経済学者と同様，階級闘争，疎外あるいは搾取などのような概念についてほとんど何もいっていない。

経済恐慌はつねに失業を生み出すのであるが，近年ではインフレーションをも伴っている。最近の世界インフレは赤字財政によるベトナムへの軍事支出から増大した超過需要への対応としてアメリカから始まったものと広く考えられている。このインフレは，資本主義諸国全体にわたる同時的好況——それは世界の諸資源に対する集計的需要を著しく増大させた——によって加速され拡散された。1960年代の長期にわたる好況と，それが生み出したデマンド・プル・インフレは次に，1970年代の世界的不況にまで発展したコスト・プッシュ圧力をもたらし，現在のスタグフレーション状態の主要な原因となっている。今やインフレが失業と共存しているのは，主として，労働者階級が国民所得の分け前をめぐって資本とより一層対等に闘うに足る政治的・経済的力を獲得し保持するにいたったからである。

インフレーションの諸原因

ミクロ経済学とマクロ経済学という，現代の正統派経済学の2つの部分への分割は，この学問の価値理論と貨幣理論とへのかつてのマーシャル的な分割から生まれた。ミクロ経済学では，供給と需要が相互に作用し，マーシャル流の部分均衡分析か，ワルラス流の一般均衡分析かのいずれかの適用を通じて相対価格を決定する。現代マクロ経済学は「新古典派総合」と称せられるようになった説明の中で，絶対価格水準を決定する旧来の貨幣数量説と，経済が実際に完全雇用均衡に到達するのを価格の硬直性がいかにして妨げるのかということを中心とする似非ケインズの議論とをひとまとめにする。

これと対照的に，現代のポスト・ケインジアンにとって，インフレ率は主として労働の生産性と比べた名目貨幣賃金の増加率によって決められる。諸価格は，経済の広範な諸部門にわたって，単位労働費用を上回るマーク・マップを基礎にしておおむね費用によって決定される。（その主な例外は，諸価格が依然として供給と需要の両方によって決定される農業部門と原料部門である）。この単位労働費用を上回る諸価格のマーク・アップは，国民所得の資本と労働への分け前が不変であるかぎり，価格設定行動を支配する諸仮定にもかかわらず，経済全体とし

9 貨幣的要因

ては時間を通じて一定となるであろう。要素間への分け前が不変であるかぎり，たとえすべての市場が完全に競争的と仮定され，すべての要素がその限界生産物の価値通りに支払われるという新古典派の仮定が設けられるとしても，不変のマーク・アップがもたらされるであろう。原料価格の上昇，国民所得のうち政府に向かう分け前の上昇，そして投資支出率の増加は，すべて，単位賃金費用と諸価格との間に一層大きなくさびを打ち込むことによって実質賃金を低下させるマーク・アップの上昇を導く傾向があるだろう。

先に述べたように，ひとたび賃金契約が取り決められると，物価水準あるいはインフレ率は概して先決変数となる。労働者がその賃金取決めに予想されるインフレ率を織込むことができる範囲で，その後に生ずるインフレ率は，貨幣賃金率が平均労働生産性よりもどの程度急速に上昇したかによって決まるであろう。

この主張は，歴史に現れたインフレ率の大きな増減が貨幣ストックの増加率の増減に伴われていることを示す豊富な経験的証拠といかにして調和されるのだろうか。ポスト・ケインジアンは，中央銀行によって決められるハイ・パワード・マネタリー・ベースは管理という意味では明らかに外生的であるが，現実の世界では，したがって統計的な意味では内生的なものであると主張する。

この適応過程は次のように容易に説明されよう。かなり長期にわたって〔貨幣の流通〕速度が変わるという事情を安全に無視しうると仮定すれば，貨幣需要の増加は次のように同義反復的な形で表すことができる。

(1) $\quad \dot{M} = \dot{p} + \dot{y}$

ここでMは名目貨幣ストックに対する需要，pは物価水準，yは実質産出高，そして上に付けた傍点（˙）はそれぞれの変数の増加率を示す。そしてマネタリストは実質所得の成長があたかも着実な趨勢線をたどり，貨幣市場は絶えず一掃されるかのように取り扱うことができると仮定する。もしこれらの仮定が受け入れられるなら，インフレ率の最も近似的な決定因は実質産出高の増加〔率〕を超える名目貨幣ストックの増加率であるというマネタリストの結論が現れる。〔すなわち〕，

(2) $\quad \dot{p} = \dot{M} - \dot{y}$

このことから，フリードマンの有名なルール (1969年)，すなわち，物価の安定を保証するためには，実質的な経済活動水準の年3～5％の増加率（$\dot{y}$）を考慮して，名目貨幣ストックは年3～5％の一定率で増加されるべきだとするルールが出てくる。

ポスト・ケインズ派の見解は，インフレ率は名目賃金の増加〔率〕が平均労働生産性の増加率を超過する度合によって規定されるというものである。これも同様に，恒等式で次のように書けるであろう。

(3) $\quad \dot{w} \equiv \dot{W} - \dot{p}$

ここでWは名目貨幣賃金の平均水準，wは平均実質賃金，そして上に付けた傍点（・）は，ここでもそれぞれの変数の増加率を示す。長期にわたり，実質賃金の増加率――これは労働生産性の増加に依存する――，国内物価に対する輸入物価の比率，間接税および利潤マーク・アップの水準もまたかなり着実な趨勢線を示すであろう。マーク・アップが一定に維持されると仮定すれば，実質賃金は労働生産性の増加率で上昇するであろう。インフレの近似的な決定因は，したがって，平均労働生産性の増加率を超える名目貨幣賃金の増加率である。貨幣賃金が労働生産性の増加以上に急速に増加する度合に応じて，単位労働費用，それゆえ物価水準は次のように上昇するであろう。

(4) $\quad \dot{p} = \dot{W} - \dot{z}$

ここで$\dot{z}$は平均労働生産性の増加率である。

もし，賃金と物価の水準ならびにそれらの変化率の両方が先に決定され，下方に非伸縮的であるとすれば，方程式(1)と(4)とは一緒になって次のことを意味するであろう。すなわち，名目貨幣ストックが貨幣賃金の増加率に適応することを通貨当局が許容しないとすれば，集計的需要は実質産出高の長期的成長を維持するのには十分ではない。その結果，実質所得の成長（$\dot{y}$）への下方圧力，利子率の上昇，そしてそれに伴って失業率の上昇が出現するであろう。

ポスト・ケインズ派の枢要な仮定は，マーク・アップ，したがって労働の分け前が短期的にはほぼ所与であるというものである。この仮定に基づいて，戦

9 貨幣的要因

後期における貨幣ストックの内生的性質は容易に説明される。通貨当局が協調的な金融政策に従い，失業と利子率の望ましくない上昇を避けるように信用が「合理的な」需要に応じることを許容するかぎり，名目貨幣ストックの増加率は貨幣賃金の過去の増加率によって決定されるであろう。

この主張は経験的に実証されている。貨幣ストックとハイ・パワード・マネー・ベースの両者は，少なくとも，アメリカ，カナダおよびイギリスについては，戦後期にわたって貨幣賃金率の過去の変化率と高度の相関関係を示している。投資あるいは政府支出の刺激によってもたらされたケインズ的な需要インフレと，賃金あるいは利潤の要求の増大によってもたらされたコスト・インフレの両者は，通貨当局によって〔貨幣的に〕裏付けられねばならないし，その結果として裏付けられる。このことは論理的な必然ではなく実際的な必然である。

こうして通貨当局はひどいディレンマに陥る。通貨当局はその政府の完全雇用への責務を放棄し，失業率の上昇を許すことによって，通貨単位の減価を阻止し，固定所得資産所有者を保護するという自らの義務を果たすことができる。しかし，通貨当局の主な短期の最優先責務——実際，通貨当局の存在理由そのもの——は，安定した健全な金融システムにある。この責務こそ，信用に対する合理的な需要をすべて支えるための準備を通貨当局に行わせるものである。というのは，そうしなければ，金融上の混乱，利子率のらせん的上昇，そして企業倒産の波が生ずるからである。

政策上の若干の含意

ケインズが主張したように，経済学は本質的に精神科学（モラル・サイエンス）であって自然科学ではない。それは内省と価値判断を用いる。ひとたび1国内あるいは各国間に所得分配の大きな差異が発生すると，市場機構は金持ちの支配する購買力に有利なように大きくウエイトがかけられているので，公平に機能することをやめる。たとえば，経済成長は社会の極貧層までには自動的にゆきわたらないということが〔経済〕発展に関する文献の中で，今日では以前にもまして強く認識されている。

市場システムが貧しい人々を体系的に差別する方法の1つは，それが貨幣ストックの増大に伴う新規の信用を割り当てる方法である。信用を受けられることは有益なことであるが，資本主義国の内部ではどこでも，貧しい人々は比較的少ない信用しか受けられない。貧しい人々は貸付を保証する担保をもたないので，市場によって新規信用の恩恵から締め出されるのである。同様に，貧しい人々の締出しは，国際的レベルでも起こる。世界人口の70％をかかえる第三世界は，1970年から75年の間に創造された国際準備の5％以下しか受け取っていない。仮に，もっと平等な信用供与制度が確立されることになれば，国際通貨を創造する権限をもった国際的な中央銀行が設立されねばならず，その便益の享受は過去の豊かさではなく，むしろ将来の成長への必要とその潜在的可能性に基づくものでなければならない。同様に，国内制度では，貧しい人々は新規の信用創造において少なくとも比例的分け前を受け取る権利を与えられ，これらの権利を市場で売買できなければならない。

　ポスト・ケインズ派のパラダイムのもう1つの政策上の含意は，現代資本主義経済におけるスタグフレーション問題を解決するためには，なんらかの形式の社会計画化を必要とすることである。もし物価の上昇が平均労働生産性よりも急速に増加する貨幣賃金率の結果である単位費用の上昇によって生じるとすれば，インフレーションは従来の財政あるいは金融による需要管理政策によっては効果的に対処できない。たとえば，より制限的な財政・金融政策によって操作された集計的需要増加の引締めの結果，インフレの低下ではなく，むしろ実質産出高の低下，利子率の上昇ならびに失業が生じるであろう。

　従来の政策的療法は，フリードマンの有名なルールも含めて，原理的には効き目があるが，実質産出高と雇用量の喪失という形の莫大な代価を払い，しかも罪のない弱者たちへの痛ましいほどの仕打ちを伴うので，政治的に容認できないであろう。過去に経験したインフレ率や将来に予期されるインフレ率にかかわらず，労働者をおじけづかせて，労働生産性の増加率を超えない貨幣賃金の増加——この場合，単位労働費用は安定したままである——を受け入れさせてしまうような，ある程度の失業水準が存在することを容認しなければならな

9 貨幣的要因

い。しかし，政府（そして中央銀行）が大量失業を防ぐ能力と責任をもつことが現在のように広く認識されている場合には，そのような失業率では民主的に選ばれた政府が次の選挙に勝ち残ることはできないであろう。

その結果，ほとんどすべてのポスト・ケインズ派経済学者は，スタグフレーション問題に対する唯一の達成可能な解決策として何らかの種類の所得政策に傾いている。今や周知のように，所得政策にまつわる主要問題は，どの資本主義政府も長期にわたって効果をもつような所得政策を工夫することにいまだ成功していないということである。政府の課す賃金と価格の統制は必然的に市場の分配過程を妨げ，その結果として生じる〔資源配分の〕ゆがみは，統制が長く維持されるほど指数的に増大する。

おそらく中心的な政策上の困難は，あらゆる安定化政策が強度の分配的意味合いをもっていることである。所得政策の場合には，この分配的側面が一層明白になる。相対所得を改善する努力が貨幣賃金の上昇という形をとるかぎり，分権化された団体交渉は，政府が完全雇用に対して何らかの責任を受け入れているすべての経済でインフレへと導く強い傾向をもっている。（最近の例外はスイスとドイツだけであるが，この両国では失業の負担を外国人労働者に転嫁し，そのことが通貨当局に過大な賃上げを正当なものと認めさせようとする政治的圧力を軽減することができる。ドイツの場合には，その間にすべての貨幣価値を完全に侵食してしまった2度にわたる超（ハイパー）インフレについての集団意識の存在が，まさしく，貨幣賃金要求を緩和するとともに，政府の失業とインフレの政策的トレード・オフをインフレ率のより低い目標へと移行させることに役立った。スイスの場合には，国際銀行業者としての同国の役割が同様な機能を果たしている）。

そのような団体交渉に代わるべき方策は，相対所得——賃金稼得者間だけでなく，賃金および非賃金所得受領者間についても——に関する容認できる政策の開発である。もし政府が賃上げを規制する立場につくことを余儀なくされるならば，政府は近いうちに適切な生涯所得構造 (life-cycle income profiles) に対してだけでなく，職業間の適切な相対賃金構造に対してもある立場を取らざるをえなくなるであろう。そこから金利生活者や企業家にとっての適切な所得を

規定するまでは，ほんのわずかな1歩である。こうしてこの体制の基礎そのものが根底から挑戦を受けるであろう。団体交渉を伴う現代資本主義制度がスタグフレーションを回避するためには，公平な相対所得についての合意を得ることが必要となる。そして，まさにこのことこそ，現在のわれわれの政策的能力を超えるように思われるものなのである。

　しかし，1つの可能な打開策がある。広く容認されていることであるが，私的な諸決意が他人に対して外部費用を課するときには，意思決定者にこれらの費用を内部化するように強制するため，政府が税金という代価を課することが正当化される。たとえば，公害を防止するために統制よりも市場システムを利用することが長い間，経済学者に支持されてきた。同様の議論が最近，幾人かのポスト・ケインジアンによって，スタグフレーションに対しても適用されている。生産性の増加を超える貨幣賃金の増大は，単位労働費用を，それゆえ諸価格を上昇させる原因となるのだから，それらは公害に類似したものであると考えられるかもしれない。もし法人企業が，賃金をたとえば10％引き上げる労働契約を取り決めたいと望むなら——価格統制あるいは賃金統制を行わずに——やらせてあげよう。ここは自由な国家なのだから。だが，法人企業は，われわれその他のものにインフレ・コストを課しているのだから，賃金支払額のうち，労働生産性の増大による費用の削減分を超過する部分については，税金を支払うよう要請されても当然である。このようにして法人企業は非インフレ的な労働生産性の増加率を上回る賃上げをやめるよう説得されるかもしれない。そのような「税に基づく所得政策」(Tax-Based Incomes Policy) はアメとしても適用できるだろう。規定額よりも低い賃上げと価格引上げを受け入れる企業は，特別助成金を得ることもできよう。

　このような政策はもし効果的であるとすれば，労働者間，ならびに労働と資本の間の現在の所得分配を現状のままに凍結させることになろう。そのため，景気循環のどの局面でそれを実施すべきか選ぶのはことのほか困難である。賃金は統制になじみにくい変数であり，賃金ドリフト〔訳注5〕の問題のために，政府の官僚的権限の市場への一層の拡張が必要となることは目に見えている。〔一

9 貨幣的要因

般的〕賃金水準そのものは政府の措置によっては直接に管理できず，個々の産業および職業の賃金に働きかけることによって間接的にしか操作できない。労働市場および生産物市場での真の競争に代わるべき格好のものは全くないのだ。

それにもかかわらず，そのような〔税に基づく所得〕政策は，まさにポスト・ケインズ派分析の論理に従うものである。この政策は，同派の分析から引き出しうる唯一の政策というわけではないし，多くのポスト・ケインジアンは，効果的な所得政策はもっと包括的な指示的計画化体系からのみ現れうると主張しているが，今のところそれは政策的に実現可能なものに最も近い路線であるように思われる。最も重要なことであるが，この政策は正統派の政策提案と比べて，公共政策を一層建設的な方向に進めるよりよい可能性をもっている。

ひきつづく，そしておそらく，ますます強まる賃金インフレ——これが現状である。貨幣賃金の増加を低く抑えるための不況と失業の大幅な増大か，あるいは，なんらかの形態の所得政策か。〔政策の選択〕集合はこの3つの選択肢しか存在しない。さしあたり，他に打つべき手は見あたらない。

〔訳注1，2〕「マナ」(manna)とは，昔，イスラエル人がアラビアの荒野で神から奇蹟的に与えられたという食物のこと。「マナ」も「ヘリコプター」も，外生的な貨幣供給の仮定を表すための比喩。「マナ」については，たとえば，D. パティンキン『貨幣・利子および価格』（貞木展生訳，勁草書房，1971年）の4ページを，「ヘリコプター」については，M. Friedman, *The Optimum Quantity of Money and Other Essays* (Aldine Publishing Company, 1969) の4ページをみよ。

〔訳注3〕 ハイ・パワード・マネー・ベース (high powered money base) とは，商業銀行と銀行以外のセクターの保有する中央銀行貨幣の合計のことをいう。

〔訳注4〕 一般に，経済内には各経済主体が保有することのできるさまざまな資産あるいは富——たとえば，土地，建物，貨幣，預貯金，株式，債券など——が存在する。これら多様な諸資産の混合をポートフォリオと呼ぶ。各資産は資産として互いに異なる特性（収益性，安全性あるいは危険性，流動性など）を有しており，資産保有者は自らの保有する資産総額をどのような資産の組合せでもつのが最も有利であるかを考慮して，各資産の保有量を選択するものと考えられる。このような資産保有者の選択行動に関する理論がポートフォリオ（資産選択）理論である。

〔訳注5〕 一般に，個別企業や工場レベルで決定される賃金率は各企業や工場の特

殊性に応じて各種の諸手当等が付加されるため，中央交渉によって全国的に決定される標準賃金率を上回ることが多い。このような個別的な形態で賃金率が標準賃金率以上に引き上げられる現象を賃金ドリフトと呼ぶ。

10 国際的次元

ジョン・B. バービッジ

　正統的新古典派貿易理論に相当する正式なポスト・ケインズ派国際貿易理論はまだ現れていない。ケインズの『一般理論』とピエロ・スラッファによって強調された古典派理論の諸要素に基づいて構築しているジョーン・ロビンソン，ミハウ・カレツキ，ニコラス・カルドアや他のポスト・ケインズ派の論者たちの研究の中に，現在支配している国際貿易論に代わる理論の主要な輪郭を識別することができる。この輪郭の細部は依然として埋められる必要があるけれども，この輪郭自体は，ポスト・ケインズ派の国際貿易論（それはさらに発展している）がとりそうな形態を示すのには十分である。代替的なポスト・ケインズ派のアプローチの顕著な特徴のうちの幾つかをまず示した後で，本論文はポスト・ケインズ派のアプローチを正統的新古典派貿易モデルと比較し，ポスト・ケインズ派のアプローチがいかにして一群の異なった政策的結論を導きうるかを示そう。

ポスト・ケインズ派理論における2つの主題

　ポスト・ケインズ派の文献に浸透している2つの主題とは，社会的生産関係（マルクスが「生産様式」と呼んだものの一部）と歴史的時間が重要視されねばならない，ということである。これらの主題は，国際貿易の研究に直接もち込まれる。仮定された諸生産様式の差異は，ポスト・ケインズ派の文献から断片的に拾い集められうる2つの貿易モデルの間の差異を部分的に説明する。これらのモデルのうちの1つは先進資本主義諸経済間の貿易を分析し，もう1つのモデルは資本主義経済と，食糧のようなある第1次産品を生産している（職人的

生産様式をもつ）経済との間の貿易を分析する。これらのモデルの各々を以下でさらに詳しく論じよう。

もう1つの主題，すなわち，歴史的時間が重要視されねばならないという主題は，どちらのモデルを適切と見なすにせよ，そのモデルの性格に大きな影響を及ぼす。『一般理論』（1936年）においてケインズは，現実の経済に起こる出来事の多くは不確実性の存在を仮定することによってのみ理解されうる，ということを示した。歴史的時間の中で運行している現実の経済の本質は，その過去を変えることはできないということと，その将来を知ることはできない，ということである。このような経済には長期均衡に向かってゆくいかなる傾向もありえない。事実，さらに1歩踏み込んで，いかなる長期的位置（歴史的過程は長期的位置へ向かっていく）をももたない歴史的過程の文脈において「均衡」とは何を意味するのかを考えることは困難である，といってもよい。これら2つの主題はまた，国際貿易に対するポスト・ケインズ派のアプローチと新古典派のアプローチとの間の差異を際立たせている。

先進諸国間の貿易

ポスト・ケインズ派の標題の下に取り上げられる最初の貿易モデルは，カレツキの研究（1976年）に基づくモデルである。このモデルは先進資本主義諸経済間の貿易を分析するものである。このモデルは資本主義的生産様式というマルクスの概念にかなり頼っている。生産領域では資本家的企業家が企業を管理している——彼らは労働者を雇用したり解雇し，賃金率を設定し，生産と価格設定についての意思決定を行い，投資水準を決定する。このモデルでは，企業が中心的機関である。金利生活者的資本家は企業に資金を提供し，労働者は生産手段を操作する。分配（あるいは，流通）領域には2種類の家計，すなわち資本家家計と労働者家計がある。資本家たちは裕福であり，したがって彼らの消費は自分たちの現行所得によって制限されない。それとは対照的に，労働者たちは比較的貧しく，カレツキは労働者たちが自分たちの現行所得のすべてを消費する，と仮定する。

10 国際的次元

　任意特定の短期において，諸企業が企てる現実の投資水準は，このモデルでは，それ以前の諸期間になされた諸決意によって決定される。一連の短期にわたり，投資決意の水準は複合的な一組の諸要因——ケインズ (1936年)（と彼の後につづくジョーン・ロビンソン）が企業家たちの「アニマル・スピリッツ」として要約した経済的諸要因と同様に歴史的，政治的，心理学的諸要因——に依存する。このモデルは，将来を知ることはできず，それゆえ，現在と将来を連結するのに貨幣が必要である，という点で貨幣モデルである。企業家たちは現在の経験によって左右されがちである。利潤が〔現在〕高い時，企業家たちは，これらの高い利潤が〔将来も〕続くであろうと期待して，追加投資を企てる。逆は逆。投資水準が高まることは利潤が高まることを含意し，供給の増加が需要の成長を上回る点まで資本ストックが拡大される。そこまで投資水準は上昇し続ける。その点で，販売高，利潤，投資はすべて減少に転じ，その結果，累積的下向期に入る。この過程は資本ストックを置換する必要性によって逆転するかも知れない。とにかく，好況と不況の景気循環が通常の事態なのである。

　われわれがこのような製造業諸国の世界に国際貿易を導入すると，一体何が起こるか？　1国の観点からみれば，輸出は雇用，産出高，利潤を増やす傾向があり，輸入はそれらを減らす傾向がある。ある一組の為替レートが与えられると，生起する貿易パターンは，諸国間の平均労働生産性に対する平均時間当り〔賃金〕収入の比率（産出高1単位当りの直接費）——たとえば，産出高1単位当りのU.S.ドル（費用）で測定される——に依存する。最も低い単位費用をもつ諸国は国際収支の経常勘定に黒字を発生させる傾向をもつ。なぜなら，これらの諸国は海外市場で他の諸国より安く売ることができるからである。このことはこれら諸国の利潤と産出高を増大する。この利潤の増大は，今度は，生産能力を拡大しかつ一層効率的な設備を据え付けるための資金を準備するが，このことはかれらの競争的優位性をますます強固なものにする傾向がある。これとは対照的に，相対的に効率性の劣る諸国は高い失業と低い利潤をこうむる可能性があり，それゆえ市場獲得競争にますます遅れをとる傾向がある。政府の対策を導くために当時出現した「新重商主義」(new mercantilism)〔訳注1〕のこと

を述べるさいにロビンソン（1973年）がいっているように，「どの工業国も所得勘定に黒字を望む。『輸出主導型成長』は現代資本主義を運営する最も便利なやり方である。任意の時点で誰が成功するかは偶然であり，歴史的情況や政治的・心理的な影響力に大部分依存している。成功は成功を導きそして失敗は失敗を生み出す。」

似たようなモデルを用いて，ジョン・コーンウォール（1978年）は似たような結論に達した。「夢のような，上首尾の輸出推進力(ドライブ)を導き出す要因は経済全体の成長率を鼓舞する要因と同じである。……諸国間の技術の差異や，規模の経済の重要性，借用された技術と研究・開発の重要性，企業家精神の質と投資支出の重要性を強調する国際貿易の新技術理論は輸出パターンと輸出成功を説明する最も適切な理論である。」

上述の過程が伸縮的為替レートの下でさえ存在するかも知れない，ということは注目に値する。ある国が市場争奪競争で遅れをとり，それゆえ，国際収支の経常勘定の赤字を埋め合わせるために海外から借り入れている情況を考察しよう。この赤字は，多分伸縮的為替レートの下では，当該国の通貨の平価切下げを引き起こすだろう。しかし，とりわけもし輸入財貨の価格が西ドイツあるいは日本のような効率の高い国際収支黒字諸国のうちの1国の通貨で換算して固定されているならば，これは国内で生産された財貨の価格に比して輸入財の価格を引き上げる傾向があるであろう。もし輸入財が労働者たちの消費の中で目立つ程の大きさであるならば，その時この結果はジョン・ヒックス（1965年）が「実質賃金抵抗」と呼ぶもの（労働者の貨幣賃金の購買力が切り下げられることに対して労働者が抵抗すること）に対する舞台を設定することになろう。労働者はストライキを行い，外国との契約は失われ，U.S.ドルで測定された賃金と単位費用は上昇し，その国〔の経済状態〕は以前より良くはならない——実際，この国〔の経済状態〕は平価切下げ以前よりも悪化してしまうことも十分ありうる。イギリスにおける最近の経済史はこのケースにうまく合うように思われる。

経常勘定に黒字をもつ諸国の企業は，おしなべて，海外投資を行うのに十分

な利潤をもつであろう。アメリカがカナダの産業を買収した過程と，日本が現在オーストラリアの産業を買収しつつある過程はよく知られている。これが赤字諸国にとって有利な取引なのか否かは，その資金で何がなされるかに依存している。国際的諸企業の海外支社工場によって支配される経済が直面する問題は2つある。すなわち (a) 国際的企業の1つの工場は他の諸国にある同一会社の他の工場と競争しないので，その国の輸出は，国際的企業の海外支店工場に支配されていない場合よりも低くなる傾向がある。(b) 単位費用はもっと高くなる傾向があり，こうして消費者はもっと高い価格を支払う。なぜならば，工場は完全能力産出高よりもずっと操業度を下げて運営される可能性があるからである。これら2つの問題は明らかに関係をもつ。

　海外投資過程が数十年間も続くと，2，3の国際的企業はやがて途方もない巨大法人企業に成長し，彼らの権力は1国政府の権力と張り合い，かつ凌駕することさえあるかも知れない，ということが明らかになる。ポスト・ケインズ派の貿易モデルで，企業の役割と行動を強調することは最近の経済史に照らしてみて十分正当化されるようにみえる。

先進諸国と低開発諸国との間の貿易

　もう1種類のポスト・ケインズ派貿易モデルは，2つの異なった生産様式をもつ諸国が相互に貿易する，というモデルである。もちろん，この種の情況は一国内で〔過去に〕生じえたし，また事実，〔現在〕しばしば生じているが，このようなモデルを異なった諸国に適用することによって，国際貿易の経済史について多くのことを学ぶことができる。

　このモデルもカレツキの研究に基づいている。1943年に，カレツキは「費用によって決定される価格」（たとえば，製造業製品の価格）と「需要によって決定される価格」（たとえば，原料や農産物の価格）とを区別した。ここでは農業生産物に焦点を合わせよう。製造業製品の価格動向と農産物の価格動向との間に差異が生じる主な理由は，製造業製品の供給が弾力的である傾向をもち――企業は，価格が不変でも，すすんでもっと多くの産出物を供給する――のに対して，

農産物の供給は，少なくとも短期において，非弾力的である傾向をもつためである。製造業の生産様式は資本主義的であると仮定され，また農業部門の生産様式は職人的経済の生産様式に似たものである，と仮定される。各家族は土地と一定の生産用具を所有し，競争的市場で販売される産出物を生産する。国際貿易にとってこのモデルの含意は何であるか？

このモデルは重農主義者とイギリス古典派経済学者の発展モデルにその根源をもつけれども，カルドア（1976年）は最近の国際的経験から観察しうる広範な長期現象を論ずるためにこのモデルを用いた。もし農業の労働生産性の方が製造業の労働生産性より速く成長する，と仮定されるならば，このモデルは，農産物の価格が製造業製品の価格に比べて下落する傾向があるであろう，と予測する。食糧に対する需要は非弾力的である傾向をもつから，農業所得は下落するであろうし，また農村地域から都市への労働移動が起こるであろう。諸々の経済史は実はこの物語と一致している。

カルドアは最近，短期の文脈の中でこのモデルを用い，農業不振がどのようにして製造業中心地帯にきびしいインフレーションと景気後退を引き起こすかを示した。農業不振は農産物価格を相対的に押し上げ，このことは，食糧に対する需要が非弾力的であるという仮定の下では，農業所得を増加させる。もし農民たちが増加した所得の一部を貯蓄するならば，製造業製品に対する需要は減少するであろう。なぜなら，今や製造業労働者たちは食糧にこれまで以上の出費をせざるをえないので，製造業製品に出費するために残された分は少なくなるからである。製造業の雇用，産出高，利潤はみな下落する。もし製造業労働者たちが実質賃金の下落に抵抗し，貨幣賃金率の増大を求めて，それを獲得するならば，製造業製品の価格は上昇するであろうし，また農業と製造業との間の相対価格の変化は相殺される傾向をもつであろう。2つの交易地帯間の不均衡を是正するはずの交易条件の変動は単にインフレーションと失業を引き起こすだけかも知れない。カルドアがいうように，「交易条件の改善によって第1次産品の入手可能性を加速的に高めるはずの供給不足の出現が，そうはならず〔第1次産品の入手可能性を高めずに〕，交易条件の改善を相殺する傾向を

もつ製造業製品の価格のインフレーションを引き起こすかも知れないし，また工業活動に与える冷水効果 (dampening effect) によって第1次部門と工業部門双方の新投資に対する環境を悪化させる。」1946年から1954年まで国連のために行ったカレツキの研究——その研究で彼は低開発国の諸問題を分析するために2部門モデルを用いた——に関するシドニー・デル (Sidney Dell) の最近の論文(1977年)は，カレツキが似たような結論に達したことを示している。

正統派理論

これらのポスト・ケインズ派のモデルは国際貿易に対する新古典派のアプローチとどのような関係をもつのであろう？

現代の新古典派国際貿易論は閉鎖経済の新古典派理論に類似している。この理論を理解するためには，その起源を検討しなければならない。ケインズの『一般理論』が公刊される以前には，経済学の研究は2つの部分に分かれていた。すなわち価値の理論（あるいは，相対価格の理論）と貨幣の理論である。アルフレッド・マーシャルの『経済学原理』は，すべての諸資源が完全利用されているという仮定の下で，需要と供給が相対価値，すなわち，相対価格を決定する，と主張した。そのあとで絶対価格水準を説明するために，貨幣ストックが基軸決定因である貨幣数量説が導入された。『一般理論』の中で，ケインズはこれをその主題の誤った分割であると主張したが，価値と分配の理論は，将来を知ることは不可能でありまた過去を変えることは不可能であるような貨幣経済に適応されねばならない，という彼の主張は真面目に取り上げられなかった。第2次世界大戦後における経済学の再建において，その主題はまたも2つの部分に分けられた。すなわち，ミクロ経済学とマクロ経済学である。ミクロ経済学はマーシャルの部分均衡分析をワルラスの一般均衡分析に結合する。他方，マクロ経済学はヒックスのケインズ解釈 (1937年) と旧貨幣数量説とをひとまとめにする。ミクロ経済学とマクロ経済学という2つの部分をいっしょにしたものが「新古典派総合」を構成する。これら2つの部分の間の非両立性は体裁よくうわべを飾られている。ミクロ経済理論は，完全雇用均衡が確保され

るように賃金と価格の伸縮性を仮定している。それに対して，マクロ経済理論は，なぜ経済は硬直性のためにしばらくの間過小雇用均衡になるのか，を説明する——すなわち，マクロ経済学は完全雇用径路からの経済の短期的乖離と，長期均衡のある状態から他の状態への調整過程を論じる。これら2つの部分〔ミクロ経済学とマクロ経済学〕の間の整合性は，ケインズと彼の先行者たちとの間の主要な差異，すなわち，現実の経済において果たされる不確実性と貨幣の役割を省くことによってのみ維持される。

　上述した輪郭は新古典派国際貿易論をも述べている。この理論も2つの主要な分野に分けられている。すなわちミクロ経済学である「国際貿易の純粋理論」と，マクロ経済学である国際貿易の「貨幣」理論——時には「国際金融」と呼ばれている——である。

　前者において，賃金と価格の伸縮性が諸資源の完全利用を保証する，と仮定される。ここで最も頻繁に用いられたモデルはヘクシャー＝ウリーン・モデルであり，それは，ハリー・ジョンソン (1958, 1962年)，ジェームズ・ミード (1952, 1955年)や他の人々によって国際貿易に適用されたような，2部門（すなわち，2生産物）一般均衡モデルにすぎない。このモデルは，他の一般均衡ミクロ経済モデルと同様に，ケインズが興味あるものと考えたすべての諸問題を単に仮定によって排除してしまう。この領域における主要な発展としてマーシャル型の部分均衡分析から一般均衡型の分析への漸次的移行があった。

　国際貿易の貨幣的側面に関するかぎり，ちょうどこの30年間に，力点の重要な移動が行われた。ケインズより以前には，ヒューム (Hume) の貨幣数量調整モデル——「物価・正貨移動メカニズム」——が，いかにして貿易収支の赤字が資本流出を誘発し，今度はこれが海外の諸物価に比して国内の物価水準を下落させ，こうして国際収支の均衡を回復するかを示すために用いられるのが常であった。ケインズの所得調整分析を国際収支メカニズムの分析に統合しようとする試みは困難であることがわかった。すると今度は，このことが国際収支における「均衡」への調整過程に関する長い論争を引き起こした。リチャード・クーパー (Richard Cooper) が『国際金融』(*International Finance*) (1974年)

という彼の書物の序論で書いているように,「……国際貨幣経済学は,これまでに,貨幣理論を主要な経済理論体系に有意義で,実際に適した方法で統合することに失敗したことから生じる諸困難を共有している。」

さて,要約するなら,ポスト・ケインズ派の2つの貿易モデルのどちらも,国際貿易理論へのもっと正統的なアプローチとはかなり違う,ということがわかる。ポスト・ケインズ派の諸モデルは通常は,長期均衡状態にないのに対し,新古典派モデルは長期均衡状態にある。前者は,特定の歴史的過程がどのように展開するのか,についての因果連鎖の話をしようと試みるが,後者はそのようなことをしない。制度および生産様式という概念はポスト・ケインズ派理論の諸帰結に大きな影響を与えるが,一方,新古典派モデルは制度とは全く無縁であるので,それはあらゆる種類の人間社会にあてはまると仮定される。正統派理論の貨幣分野はポスト・ケインズ派のアプローチにもっと近い,というのはそれが『一般理論』の諸要素を取り入れているからである。しかしそれでも大きな差異がある。これらの差異は,主として,新古典派マクロ経済学とポスト・ケインズ派マクロ経済学との間の差異である。

政策上の含意

本章の冒頭で注意したように,ポスト・ケインズ派の国際貿易論は十分には発展しておらず,それゆえ,その政策上の含意もそうである。しかしながら,幾分危険ではあるが,ポスト・ケインズ派のアプローチから政策上の含意を引き出すことができよう。ここで提起されている主題は,国際貿易の諸問題は正統派理論が人に信じ込ませているよりも解決することがもっと困難である,ということである。

先進資本主義経済間の貿易についての上述の議論から得られる1つの含意は,固定為替レートも伸縮的為替レートも,市場争奪競争に遅れをとっている諸国の国際収支問題を解決することはできないかも知れない,ということである。もし,ヒックスが示唆するような「実質賃金抵抗」があるならば,そのとき平価切下げは,物価が国際収支黒字諸国の通貨で換算して固定されている時,国内

物価の上昇を引き起こし，今度はこのことが貨幣賃金率の引上げ圧力を導くであろう。その結果生じるインフレーションは自国の国際競争力を弱め，国際収支の赤字を拡大するであろう。

　この情況において，あるポスト・ケインズ派の論者たちは，生産費を管理下に置くためにある形態の所得政策を支持した。賃金が管理され，また国内通貨の平価切下げが行われると，国内通貨で表された物価は上昇し，実質賃金は下落するであろう。最近の経済史は，労働者たちがこのような政策に強く反撥するであろう，ということを示している。それに続いて起こるストライキやサボタージュは対外契約の喪失と国際収支赤字の一層の悪化を招くことになるかも知れない。国際収支の赤字，失業，インフレーションという諸問題を同時に解決するために，多分，諸政策手段の組合せを用いることができる，と示唆した人も中にはいる。しかしながら，カレツキの分析はこのような政策手段の組合せを発見する見込みについて人々を悲観的にさせる。

　国際貿易政策にしみ込んでいる「新重商主義」のもう1つの含意は，自由貿易——多くの人々は，自由貿易が非効率的生産を排除し，世界の産出高を増やす，と信じている——に対する見通しは良くない，ということである。自由貿易を行うことは，全体としては，諸国の利益になるかも知れないけれど，諸国家間の市場争奪競争——そこでは各国は自国だけの利益のために行動する——は，自由貿易をいつまでも完全に実現するのを不可能にする。

　自己の利益のために行動する諸個人が必ずしもすべての人の厚生を高めるものではない，ということがジョーン・ロビンソンとカレツキの著作に繰返し現れる主題なのである。しかし，新古典派の自由市場ケースの欠点はティボー・シトフスキー（Tibor Scitovsky, 1942年）によってずっと以前に注目されていた。彼は，競争市場において，交易条件を買手に有利なように変えるために連合を形成することは買手の利益になるようにみえる（同じことは売手にもあてはまる）が，競争市場を双方独占に変える過程は何びとの経済状態をも悪化させることにたやすくつながる，ということを示した。ジュネーブでの最近の交渉〔訳注2〕が証明しているように，この過程を逆転することは困難である。

10 国際的次元

　製造業製品生産者が第1次産品生産者と貿易するようなモデルから演繹されうる含意は，貿易の自由化が，第1次産品を生産する傾向をもつ低開発諸国の相対的立場を改善しそうもない，ということである。カルドアが王立経済学会への会長講演 (1976年) において示唆したように，製造業製品に比して第1次産品の価格を無理やり引き上げるやり方は一時的にのみ成功するにすぎない。結局は，第1次産品生産者によって購入される製造業製品の価格は上昇するであろう，そしてこれは所得分配を先進諸国に有利なように変えるであろう。有利な立場に立つためには，低開発諸国は，自分たちを先進諸国から隔てている技術工学上のギャップを何とか飛び越え，自国の製造業部門を設立しなければならないように思われる。

　〔訳注1〕　1966年に書かれた論文「新重商主義」("The New Mercantilism", Collected Economic Papers Vol. IV, Basil Blackwell) において，ジョーン・ロビンソンは次のように述べている。「……今日，各国の政府は雇用を維持するだけではなく，国民所得を成長させることにも関心をいだいている。それにもかかわらず，生産能力が有利な価格で販売できる量を上回っているという意味で，資本主義世界は，たえず，買手市場ぎみである。……市場全体はすべての国に機会を与えるほど急速に成長しないので，各国の政府は，自国民のために世界的活動に占める自国のシェアを増すことが価値ある立派な目標である，と感じている。これは新重商主義である。」
　〔訳注2〕　石油価格の引上げに関して，ジュネーブで開催されたOPEC（石油輸出国機構）の会議を指しているように思われる。

11 自然資源

ポール・デヴィッドソン

　ポスト・ケインズ派の理論家たちは，原料（すなわち自然資源）にまつわる経済諸問題を正統的な新古典派理論家とは全く異なる光のもとで考察する。このことは，現在のいわゆる「エネルギー危機」との関連でおそらく最もうまく例証されるであろう。

　1973年におけるエネルギー危機の出現は，1世紀の間，既存の市場価格のもとで化石燃料の潜在的な供給過剰に悩まされていた世界において，事情に通じた多くの観察者の意表を衝くものであった。このエネルギー不足は，この窮地——それはアメリカ，西ヨーロッパ，日本のようなエネルギー諸資源への依存度のきわめて高い高度発展資本主義経済が直面したものであるが——のスケープ・ゴート(いけにえのヤギ)，あるいは合理的な説明の探求をただちに引き起こした。

　正統的な経済理論が教えてきたところによれば，競争と外部性の欠如によって適度に調整された企業家のひたすらな利潤機会の追求の結果，諸資源の最適配分と社会の厚生の極大化がもたらされるであろう。したがって，仮に正統派理論が信頼されるものであるとすれば，多国籍エネルギー会社の経営者たちは，ある利己的な1国民の必要を満たしそこなったということで汚名を着せられるべきではない。なぜならば，彼らは自らの利潤追求において無意識のうちに人類の経済的厚生を極大化しているからである。垂直的に統合された石油産業のさまざまな段階で競争が欠如していることを示す証拠に関しては，J.E.ハートショーン(J.E. Hartshorn, 1962年)のような石油産業の研究者たちが，原油の国際的供給は，「自由な，競争的国際市場における比較生産費の法則の作用によ

って生じると期待されるものと同じ」であると主張している。要するに，〔石油の〕消費者は十分な量を，しかも安価で供給されているように思われていた。

新古典派経済学者によれば，石油のような枯渇性自然資源の問題は，ロバート・ソローの言葉(1974年)を使うなら「再生不可能だが，必要不可欠な資源ストックの最適な社会的管理」を決定する問題の1つである。問題のこのような概念化の仕方からただちに得られるものは，資源市場の現存の構造――それが果たして価格による「適切な」配分上のガイドラインを与えるかどうかを調べるための――分析である。もし，市場が「失敗する」ということが証明されうるならば，その場合，経済学者の役割は（このアプローチを採用する人々にとって），その市場の成果を向上させ，競争的な理想状態にもっと近づけるための諸政策を考え出すということになろう。言い換えれば，この分野での新古典派経済学者の最初の直観は，市場の失敗が論証されず，かつ，改善策が開発されえないならば，枯渇性資源の時間当り採掘率に関する決定はこれを見えざる手にまかせる，ということである。政府の価格統制は避けるべきものである。

2つの基本的な問題

しかし，ポスト・ケインズ派の経済理論は，もっと早い段階に始まり，2つの基本的な問題を提起する。第1に，市場価格は，たとえ競争的環境下にあったとしても，暦年時間(カレンダー・タイム)の一定期間を通じて枯渇性諸資源の利用を効率的かつ最適な率に近づけるための適切なガイドラインを与えることができるであろうか。第2に，コングロマリット・エネルギー会社の世界では，企業家的政策の合理性は，消費者から生産者および資源含有資産の所有者へと所得を再分配する反競争的で反社会的な行動を意味するのか。私的市場という脈絡では，いかなる枯渇性自然資源の「最適」利用も，当該資源の時間当り生産率に関する企業家の決意に依存している。市場価格機構が「枯渇性資源の最適な社会的管理」を決定するうえでの指針を提供するためには，次の諸条件のすべてが満たされねばならない。すなわち，

1. 将来の各時期について，よく組織された先物市場が存在すること。

11 自然資源

2. 消費者が，エネルギー諸資源に対する各時期の自分のニーズのすべてを保険統計上の正確さをもって知っていること。

3. 消費者が，各時期の先物契約にその都度参加することによって，これらすべての将来需要を行使する能力と意思をもっていること。

4. 企業家が，各時期の生産の流れと結びついた生産費を保険統計上の正確さをもって知っていること。

5. 売手が，今日の市場価格での直物契約と，任意の将来の引渡し期日（次の2世紀にはそのような引渡し期日が73,000日以上もある）と結びついた市場価格での先物契約との間で選択ができること。

6. 企業家が，将来利子率の動向を保険統計上の正確さをもって知っていること。

7. 社会的な割引率（社会が将来財よりも高く現在財を評価する率）が，企業家が将来収益と費用を割り引く率に等しいこと。

8. 誤った取引[訳注1]は一切生じない。すなわち，非均衡価格では生産も交換もけっして行われないこと。

仮にこれらの諸条件がすべて満たされるならば，競争的環境下では，市場価格は割り引かれた消費者利益と生産者利益の合計を極大化させるという意味で，時間を通してエネルギー資源を配分する効率的な，あるいは社会的に最適な方法であることが示されうる。もし，これら諸条件のうちの1つあるいはそれ以上が——現実の世界ではそれが常であるように——冒されるならば，足かせのない市場機構は自然資源の最適な異時点間配分についての指針を提供することができない。そして——官僚制によってなされるであろうヘマと対照的に——「適切な」決意を誘導する「自由な市場」の能力についての正統派経済学者たちのむだ話はすべて，論理や事実に何の基礎ももっていない〔ということになる〕。

これに対して，ポスト・ケインズ派の理論は，将来が不確実な世界では，自然資源についての将来のどのような異時点間配分径路が，社会的に最適あるいは効率的であるかを実際に識別することは不可能であると示唆する。なぜなら，

効率的あるいは最適な径路は既知の将来諸条件についてのみ確定されうるにすぎないからである。ポスト・ケインズ派の経済学者たちは，経済学者なり，現実世界の市場価格なりが，デルファイ神殿の託宣[訳注2]の役割を演じることができるとか演じているという考えを拒否する。それに代わって，経済学者の任務は，資源の生産と消費の決意について，代替的な市場と規制を通じた統制を分析し，次に生産の流れ，物価，所得，および富と経済力の分配に対するこれら代替的装置の含意を説明することであると彼らは主張する。その論ずるところによれば，経済学者は「ハード」な諸決定に関わる政策立案者に助言を与える「ソフト」な科学者としての自己の役割を認識すべきである。さらに，ソフトな科学者としてですら，経済学者は政策の目ざすべきものが，(1) 必要不可欠な財とサービスに対して，消費者がその正常供給価格以上を支払わないように保護し，(2)「事業」(enterprise) を奨励し，「投機」が経済活動を支配しないようにすることである，ということをためらわずに提案すべきである。

使用者費用の役割

自然資源の使用を分析するためのポスト・ケインズ派の基本的な概念的用具の1つは「使用者費用」という概念である。というのは，J. M. ケインズが『一般理論』(1936年) の中で強調したように，「原材料の場合には，使用者費用を斟酌する必要性が明白」だからである。(ケインズは「使用者費用」という用語をマーシャルから借用したけれども，その概念を展開して，任意の枯渇性資産からの異時点間生産の問題にそれを適用した最初の人であった)。使用者費用は現在の状況と将来の状況とを結ぶ主要な経済的連結環（リンク）の1つを成している。なぜならば，使用者費用は現行利潤に対して期待将来利潤を秤量することを含んでいるからである。使用者費用の概念は以下のように説明できる。

どのような特定の資産にとっても，地中の化石燃料は固定量の在庫品（あるいは枯渇性資源）である。これらの燃料のうち，今日使用される量が多ければ多いほど，他の事情が等しければ，将来の引渡しに利用できる量はそれだけ少なくなるであろう。そのため，合理的な企業家なら，ありうべき各将来期日での

11　自　然　資　源

先物契約販売からの期待利潤の現在価値を，今日同量だけ販売することの収益性と比較するであろう。もし，利潤極大化を追求する企業家が現在の販売のために生産を行うとすれば，現在の限界収入は同バーレルの石油に伴う現在の限界生産費だけでなく，すべての枯渇性資源に固有な使用者費用——すなわち，同バーレルの石油を将来にではなく現在生産することによって放棄される限界将来利潤の現在値のうち最高のもの——をもカバーすることが期待されねばならない。仮によく組織された先物市場が現実の世界に存在するとすれば，自然資源の生産者たちは使用者費用を見積るために先物価格を容易に利用できるはずだ。だが，石油やその他の自然資源については，将来の数日後，数か月後，数年後の先物市場は存在しない。そのような先物市場がすでに存在し，しかもそれらが，将来の消費者がもつであろう需要量を真に表している場合にかぎって（そして，それらは将来需要に関する今日の投機家たちの見解ではない），企業家は自由な市場価格の導きに従うことによって効率的な異時点間の生産計画を得るため，使用者費用の概念を使用することができるであろう。〔だが〕それらに代わって生産者の手に入る情報といえば，当該産業の歴史，現在の状況，そして諸資源の将来価格に関する個人の希望，不安，そして期待ぐらいのものである。こうして，宣伝や楽観あるいは悲観のうねりが「合理的な」企業家を圧倒し，石油含有資産を投機の対象にすることのできるところでは，現在の生産計画は将来に関する根拠のない諸期待に大きく依存することになる。石油や他の自然資源の最終的な消費者の大部分は，自然資源生産物に対する，将来の数週間後，数か月後，あるいは数年後における自らの需要量を知らないし，正確に予測することもできない。

　それゆえ，将来が不確実で，生産者自身が最も収益性の高いと考えるいかなる生産決意をも行うことが「自由な」世界では，われわれの手元に残されるのは，化石燃料含有資産の時間当り採掘率に関する靴ひも理論（bootstrap theory）〔訳注3〕である。〔そこでは〕費用と比較した将来価格についての生産者の現在の期待が決定的役割を演じる。したがって，市場は，生産者たちがおしなべて安定を期待するかぎり，おそらく生産者間のある程度の見解の相違を調節する

ことができるとはいえ，エネルギー資源の価格と生産が時間を通して相対的に安定するためには，大部分の生産者が，明日は近い過去とそれほど変わらないであろうと信じていることを必要とする。

　そのような市場において，競争が価格と生産の流れの異時点間の安定性をもたらすのは，競争者たちの諸見解が，将来は近い過去とそれほど変わらないであろうという考えで1つになるか，使用者費用が正であるか負であるかについての競争者たちの諸見解が異なっていても，その「平均的な」見解は使用者費用がゼロになるようなものであるか，そのいずれかの場合だけである。たとえ競争下であっても，もし大部分の生産者が将来において費用と比較した諸価格の著しい変化を予想するならば，現在の採掘率は加速される（使用者費用が平均して負の場合）か，減速される（平均使用者費用が正の場合）であろう。

　こうして，1930年代における巨大な東部テキサス油田の発見は，当時，──少なくともテキサス州の井戸元（wellhead）の段階では──どちらかといえば競争的であった1産業で大きな負の使用者費用の期待（換言すると，井戸元価格の低落期待）を生み出した。その結果が，費用と比較した井戸元価格の急速な低落期待を現実化させる国内油田の悲惨なほど急速な採掘率であった（この歴史的エピソードの教訓は，この産業における費用と比較した価格の急速な変化の期待が，もしその期待が広範に抱かれ，かつ容易に変えられないならば，その予言を自己実現させるような行動を助長しうるということである）。1935年の連邦コナリー・ホット・オイル法（Connally Hot Oil Act）〔訳注4〕によって支持された州政府の強制的市場割当て（井戸元生産の比例的削減）が，競争的生産者たちのこれら負の使用者費用の期待を変更させ，国内〔石油〕産業を安定化させるために必要とされた。その後，外国石油が世界供給で重要となるにつれて，輸入割当ての実施に加うる州の市場割当ては，国内生産者によるどんなに強い負の使用者費用の期待をも効果的に排除した。同時に，国際市場での使用者費用の投機は，秩序のとれた市場を維持する「セブン・シスターズ」〔訳注5〕（7大国際石油資本）の能力によって制止されたのであった。

　しかしながら，エネルギー資源の販売者の大部分は，70年代初期のいくつか

11 自 然 資 源

の出来事によって急速な価格上昇を期待するようになってきている。これらの出来事のうちで最も重要なものには，テキサス州や他の石油産出州における割当て協定の緩和，輸入割当ての廃止と同時に〔生じた〕石油輸出国機構（OPEC）の力の増大，そして中東の不安定な政治情勢が含まれる。これらの出来事は，投機的諸傾向を刺激し，その結果，化石燃料やウランのような他のエネルギー諸資源の現在の生産を妨げることになった。

現在の出来事は，（コングロマリットが各部門から等しい収益を「必要とする」ように），大部分の国内エネルギーの生産者とその資産所有者が天燃ガス，統制原油（オールド・クルード）〔訳注6〕そして石炭の井戸元価格の急速な上昇を期待するような環境をつくり出した。OPECは，カルテルに対する圧力を少し強化し，同カルテルがつい最近解き放った世界的なインフレ的諸力にある程度「追いつこう」と努力しており，政治家たちは井戸元価格からあらゆる統制を除去し，そのアメリカ〔国内〕価格が世界的水準にまで上昇するに任せることを語っているので，非統制原油（ニュー・クルード）〔訳注7〕の価格でさえも上昇することが予想されている。現在規制されているアメリカ国内の井戸元価格は，市場が支払わざるをえない価格以下である（つまり，需要は価格非弾力的な範囲にある）が，競争関係にある燃料は，OPECや同一「エネルギー会社」の分離されてはいるが独立してはいない諸部門のような力を増している諸独占によって管理されている。一方，議会は井戸元価格を引き上げるべきか，あるいは統制を撤廃すべきかどうかを決定するために，ひきつづき公聴会を開催している。これら諸要因のすべては，生産者たちに，最悪の場合でも不変の現行価格を，そして最善の場合にはかなりの引上げの期待を強く抱かせている。言い換えると，独占的な供給コントロールが諸事件や政府の諸政策によって効力を発揮するにつれて，生産者の期待は価格上昇の一方向に偏倚することになる。こうして，投機的な諸期待は，現在の供給量の減少に重大な影響を与えうることになる。〔かくして〕使用者費用についての考慮こそ，エネルギー諸資源のあるべき採掘率に関する議論を目下のところ支配しているのである。

かつてケインズ（1936年）は経済進歩が企業家精神に左右されると指摘した

が、それはこの脈絡では、不活動よりも活動に対する欲望によって動機づけられ、不確実な世界において経済に間断のない産出物の流れをもたらすために、適度に安定的な諸条件下で事業を営む生産者の活動のことを指している。不確実な世界では、一部の人々の性向が常に企業家を感化して供給操作により投機的利潤をあげようとさせるであろう、ということをケインズは認識し、次のように述べた。「投機家たちは企業心(エンタープライズ)の絶えざる流れに浮ぶ泡沫(うたかた)のごとく、何らの害も及ぼさないかもしれない。しかし企業心が投機の渦に浮ぶ泡沫になるときには事態は深刻である。」アメリカにおける天然ガスならびに石油についての現在の危機的供給状況、ならびに世界のあらゆる化石燃料のカルテル化された供給は、部分的には、投機的慣行に巻き込まれつつある企業心が原因になっている。このような状況の基礎にあるものこそ、全世界的なエネルギー・カルテルの増長する力によって生み出された正の使用者費用の期待なのである。

独占的制限の証拠

現在のエネルギー不足は、増大する生産費によるものというよりは、独占的供給制限が将来の一層の独占利潤（使用者費用）期待に導いているという事実によるものだ、という証拠にはどんなものがあるだろうか。1962年から1972年までの間に——同時期の末期までは諸価格は上昇していなかった——世界の石油消費量は107.4%増加し、原油の確認埋蔵量は108.5%増大した（デヴィッドソン他、1974年）。換言すると、1972年には1962年と比べて、世界は原油を使い尽してしまうという脅威の増大にはなんら直面していなかったのだ。そのうえ、歴史的には、石油の実質価格は、石油産業の初めの100年間、埋蔵量と生産が増大するにつれて低下していたのである。それにもかかわらず、自然からの石油供給が急速に減少し、70年代初期に支配していた価格よりも数百%も高い価格のみが実質的に供給を増加させうるということ、しかもその増加も（エネルギー省長官のジェームズ・シュレジンジャーを信用するとすれば）今世紀の変わり目までには大方なくなってしまうということを、われわれは突然告げられたのである。このように、正統派経済学者シュレジンジャーによって表明され

11 自然資源

たような伝統的な見解は，（人為的なカルテルによる制限ではなくて）生産費逓増の法則がとうとう浪費的な消費者を捉えたのだというものであった。こうして，価格引上げ（〔増〕税による。したがって所得は大部分が生産者にではなく政府に帰属する）による石油保存のためのカーター＝シュレジンジャーの政策提案が登場する。

　フォード財団ならびにブルッキングス研究所の委託で行われた，あるポスト・ケインズ派的な見地からの研究（デヴィッドソン他，1974，1975年）は，需要に対する石油生産者の供給価格反応と彼らの生産費の間の主要なクサビとなりうる「使用者費用」を除外した，石油ならびにガスの生産費の弾力性の推定を試みた。これらの研究が示すところによれば，仮に使用者費用が公共政策によって除去しうるとすれば，アメリカがＯＰＥＣのカルテルから実質的独立を勝ちうるためには，実際の生産諸費用が控えめにみても，1978年のドル価格で1バーレル当り7～9ドルに上昇しなければならなかったであろう。けれども，使用者費用を除去するためには，エネルギー・カルテルの現在の搾取的な市場の地位とその自発的な産業嘆願者たちは，弱められるか排除されねばならない。

　搾取的な独占的地位の存在は，価格の適当な範囲内での現在と将来の需要の価格弾力性に左右される。それゆえ，ＯＰＥＣカルテルに関するかぎり，それはかなりの程度，消費国の現行価格そして究極的には代替エネルギー源がＯＰＥＣ石油の重大な代替物となるような供給価格に依存する。けれども代替エネルギー源の供給者も，ＯＰＥＣの石油採掘権をもったコングロマリット・エネルギー会社であるか，あるいは別の大量な石油埋蔵量をかかえているために，ＯＰＥＣの石油埋蔵量に経済的利害を有しているとしたらどうなるだろう。その場合には，代替エネルギーの供給者はどのような代替燃料を供給する場合でも，正の使用者費用を考慮するにちがいない。この正の使用者費用は（資源のコスト以上に）供給価格を引き上げるであろう。

　このような状況下では，代替資源の正の使用者費用は，競争経済であったなら企業にとって外部的であるような費用を内部化する。国産の石油，シェール，タール・サンド，石炭，ウラン等々の独立系(インディペンデント)の生産者は，

（メジャー系エネルギー会社の独占的収益の分配にあずかっていないと仮定して），より安価なエネルギー源を供給することによって外国の地中にある石油埋蔵量の価値に資本損失を負わせることも気に留めないであろう。しかしながら，合理的で，複数資源を有するエネルギー生産コングロマリットは，代替燃料の生産を制限し，エネルギー市場の独占的コントロールをより容易にし，そして消費者の福祉を減少させる。代替エネルギー源を高価格に維持するコングロマリットの能力は，彼らのOPEC石油販売上の独占力を強化する傾向をもつ。

それゆえ，もし現行価格でOPEC石油に対する消費者需要がなお搾取可能な範囲にあるとすれば，産油国の強力なカルテルは，多国籍エネルギー・コングロマリットが実際の資源コストと比較した価格の持続的な引上げを可能にする。1970年以降の〔多国籍エネルギー・コングロマリットの〕受入国の持続的な収入増加は，OPEC石油に対する需要がきわめて弾力的になり，そのため，独占的地代を十分に搾り出すことができるような点を探し出す試みであるように思われる。（しかし，より高い価格は生産制限を必要とするので，カルテルの1メンバーが他のメンバーの犠牲でその利益を増やすことを阻止する目的でつくられる市場分割協定を必要とする）。多国籍エネルギー会社はOPECの埋蔵原油の価格にも既得権益を有しているので，彼らはあらゆる化石燃料の「秩序だった」生産市場を維持することによって，進んでOPECカルテルを支持している。こうして独占的・投機的な〔供給〕制限は互いに補強し合って1つに融合してゆく。

政策上の含意

以上の分析がもつ政策上の含意は容易に引き出される。公共政策のなすべきことは次のものでなければならない。
(1) OPECや多国籍エネルギー・コングロマリットの独占的地代にあずかることのできない多くの独立系の国内エネルギー生産者の生存を奨励することによって，輸入石油への弾力的需要をつくり出すこと。
(2) あらゆるエネルギー源への生産者による投機的活動を抑制すること。
(3) OPECの価格決定強制機構としての国際エネルギー会社を排除するこ

11　自　然　資　源

とによって，個々のOPECメンバーがカルテルに対して不正を働く誘因を与えてやること。

　投機は次の2つの方法のいずれかによって抑制することができる。つまり，生産費と比べたいかなる将来価格の上昇も，在庫の年利子負担を下回るほど小さい年率になるだろうという確実性の雰囲気を醸成するために，井戸元価格規制政策を採用することができる。ひとたびこのような政策が採られれば，在庫に投機することは（たとえば，最高限度の価格が短期資金の借入れ費用以上に増加することがないならば）けっして割に合わないであろう。もう1つの方法は将来価格の低落期待がその上昇期待と同様に起こりそうな諸条件をつくり出すことである。そうすれば，諸個人の投機的期待は相殺される傾向をもつだろう。率直にいえば，現在の脈絡ではこの方法は，利潤を得る目的で生産制限をした者が「自由」市場で十分にむくわれうることを意味するので，多くの人々にとって消費者はもはや搾取されるべき富も所得ももっていないと思われるであろう。

　残念ながら，フォード大統領のエネルギー政策（それは〔もし実施されていたなら〕エネルギーの消費者からエネルギーの生産者ならびに利権所有者へと所得と富をさらに移転せしめていたことであろう），カーター大統領のエネルギー計画（これは上記のフォード・プランの所得再分配的側面をほんのわずか緩和しうるにすぎない），そして消費国の物価水準の高騰（インフレーション）によって失った，いわば強奪された実質所得をいくらかでも取り戻そうとするOPECの戦略，これらはいずれも投機を抑制するという〔上述の〕第2の手段をねらっている。このアプローチにまつわる問題は，それがアメリカ経済のインフレ的でしかも景気後退的な諸問題を不可避的に悪化させてしまうだろうということだ。

結　　論

　現在の世界的なエネルギー危機は，自然資源の生産の流れと市場価格を——とりわけ，これらの流れと価格が，世界の産出高がゆっくりと拡大しているにもかかわらず急速かつ予想外に変化している時に——理解しようとする場合，ポスト・ケインズ派のアプローチのように，独占力や使用者費用のような諸要

因を分析することの重要性を例証している。新古典派均衡理論家たちのパブロフ〔の犬のような〕反応と異なり，ポスト・ケインズ派の分析は，自然資源価格の上昇を収益逓減法則が完全競争市場で作用している証拠そのものである。言い方を換えると，われわれが安いエネルギーや他の原料を使い尽しつつある証拠そのものだと，ただちに考えるようなことはしない。そうではなく，ポスト・ケインズ派の見地は，そのような価格の変化は，企業家主体と資源含有資産の所有者の行動を，看取された市場支配力と将来に対する期待の両者，あるいはそのいずれか一方の観点から分析することによって最も適切に理解できる（そして，適切な政策措置も形成できる）ということを示唆するであろう。

　この点でケインズの「使用者費用」概念は決定的に重要なものである。ケインズは「使用者費用」概念が化石燃料のような原料だけでなく，すべての資本設備にもあてはまることを認識していた。「というのは，企業家は自分の生産の規模を決定する場合に，自己の設備を現在使い尽してしまうか，後に利用するために保持しておくかの選択をしなければならないからである。」ケインズにとって，使用者費用概念は自分の生産分析の要石(かなめ)なのである。『一般理論』でケインズは次のように主張した。「供給価格は，私が考えるに，使用者費用を定義する問題が無視される場合には不完全に定義された用語になる。……供給価格から使用者費用を排除することは……個別企業の産出高1単位当りの供給価格の問題には不適当である。」

　それゆえ，経済分析にポスト・ケインズ派のアプローチを採用する人々にとって，自然資源の使用の決定は，資本設備への負の投資決定と同様なものであると見なされる。他方で，自然資源の新源泉の探索は単に資本投資の一形態にすぎないと見なされる。これらの正・負の投資活動は希望・夢・死滅への恐怖——あるいはケインズがいうところの「アニマル・スピリッツ」——に依存する。それゆえ，「社会的に有利な投資政策が最も高利益をもたらす〔と思われる〕投資政策と一致するという明白な証拠は経験からは得られていない」というケインズの警告を真剣に受けとめる必要がある。あらゆる投資活動と同様に，自然資源の使用は，成長，雇用，そして所得分配の特定のパターンをもたらすで

11 自然資源

あろう。もしポスト・ケインズ派のアプローチに従うなら，経済学者は自然資源の異なる使用パターンの帰結が——粗(グロス)ならびに純(ネット)の投資活動の任意の変化についてと同様——どのようになるかを指摘できるはずである。しかし同時に経済学者は，社会的に望ましいと認められるパターンが，所与の市場諸条件下で企業家にとって最高の利潤をもたらすようにみえるパターンであるとは必ずしもかぎらない，ということを慎重に指摘すべきである。

〔訳注1〕 「誤った取引」(false trading)，すなわち需要と供給の一致しない不均衡価格での取引については，かなり前に J.R. ヒックスがその『価値と資本』(邦訳Ⅰ，183頁）で言及していたが，そこで問題にされたのは誤った取引が引き起こす取引者間の所得再分配的側面にすぎなかった。「誤った取引」が今日，再び注目されるようになったのは，R.W. クラウアーがそのような取引のもつ所得制約効果，すなわち社会の有効需要を（均衡取引が実現された場合と比べて）減少させるという効果に着目し，それを彼のケインズ解釈の中心に据えてからである。この着想は A. レイヨンフーヴッドによって継承・発展させられ，以来，「不均衡」論として多くの議論を引き起こしている。詳しくは A. レイヨンフーヴッド『ケインジアンの経済学とケインズの経済学』(根岸隆監訳，東洋経済新報社），60〜62, 76, 82, 86頁等を参照せよ。

〔訳注2〕 古代ギリシャのパルナッソス山麓の町，デルファイにあったアポロンの神殿の託宣（神のおつげ）で，しばしば意味のあいまいなことを告げたといわれる。転じて，「デルファイ神殿の託宣」とは，意味のあいまいな答えのことを意味する。

〔訳注3〕 利子率の水準が将来利子率の予想によって決定される，というケインズの流動性選好理論を特徴づけるため，ロバートソン(*Essays in Monetary Theory*) やヒックス(*Value and Capital*) が批判的に用いた言葉であり，もともとは，「本質的決定因を欠いた循環論」といった意味。たとえばヒックスは前掲書の中で，「……完全に安全な証券に対する利子率がただ将来利子率の不確実性のみによって決定されると主張することは，利子が自力で利子を決定するにまかせておく (leave interest hanging by its own bootstraps) ことのように思われる。」(邦訳書Ⅰ，235頁，傍点は引用者のもの）と述べている（駄足かもしれないが，傍点の部分を直訳すれば，「利子をそれ自身の靴ひもにぶらさげておく」となる）。しかし，ここでデヴィッドソンは，この「靴ひも理論」を必ずしも否定的な意味では使っていないことに注意されたい。ここでの意味は，利子率水準の決定と同様に，エネルギー資源の採掘率に関する決定は，同資源の将来価格に関する生産者の期待が決定的な役割を果たす，ということであろう。要するに，「靴ひも理論」に対する評価は，不確実性の問題をどのよ

うに考えるかにかかっていると思われる。

〔訳注4〕 ホット・オイルの州際取引の禁止を定めた連邦政府による法的措置。ホット・オイルとは州の生産許可のワクを超えて生産・販売される石油のことであり，ホット・マネーのように行先を転々と変えるのでこの名がつけられた。

〔訳注5〕 アメリカ系のエクソン (Exxon Corp.)，モービル (Mobil Oil Corp.)，テキサコ (Texaco Inc.)，ガルフ (Gulf Oil Corp.)，ソーカル (Standard Oil Co. of California) の5社と，イギリスとオランダ系のロイヤル・ダッチ・シェル (Royal Dutch Shell) ならびにイギリスのブリティッシュ・ペトロリアム (British Petroleum Co., Ltd.) の計7社。全能の神ゼウスによって星に変えられ，不死身の生命を獲得したギリシャ神話の7人姉妹(セブン・シスターズ)にちなんでこう呼ばれるようになったといわれている。なお，現在ではフランス石油(Compagnie Francaise des Pétroles)を加えて8大メジャーズと呼ばれることもある。

〔訳注6, 7〕 同一生産施設から生産される原油の量が1972年の当該月の生産水準以下の場合には，その全量がオールド・クルードであり，その生産水準を上回った場合にはその上回った部分がニュー・クルードと呼ばれる。オールド・クルードは価格統制の対象とされるが，ニュー・クルードはその統制から除外されている。(日本エネルギー経済研究所編『日本エネルギー読本』，東洋経済新報社，1979年，237〜8頁より)

12 展　望

アルフレッド・S.アイクナー

　市場経済の下にあるアメリカと世界の他の先進諸国は、彼らが理解できず、それゆえ自由に操ることもできない経済諸力に支配されているように思われる。政府の全力を尽くした努力にもかかわらず、ドルおよび他の国々の通貨は国内においてはもちろんのこと、いくつかのケースにおいては国際的にも、価値が下がり続けている。経済学の伝統的諸理論に基づく政策手段は、これらの政策が公共支出の削減、信用拡張の削減、あるいはそれら2つの政策手段のある種の組合せを包含していると否とにかかわらず、——失業の増大と経済成長の低下という犠牲を払わずには——インフレ的趨勢を緩和することができないことがこれまでにわかってきた。実際、1970年代初期から始まる、もっとも最近の期間中、景気後退とインフレがしばしば同伴し、「スタグフレーション」という外傷をもたらした。

　これまでの論文に提示された分析に照らして、公共経済政策——これまで政治経済学 (political economy) と呼ばれてきたもの——は、惨めな状態にあるのに気付くはずだ、ということはほとんど驚くにあたらない。というのはアメリカのみならず、北大西洋圏と太平洋にある市場指向的経済社会における政策は、経済学の新古典派的パラダイム、つまりケインズ以前の (pre-Keynesian) そして科学以前のパラダイムに基礎をおいている。換言すると、それはケインズが彼の時代に克服しなければならなかったのと同一の、市場機構の自己是正的性格を論証するために定式化された概念的枠組みを含んでいる。さらに、その理論は、もともと、自然科学において1つのパラダイムを確立するために必要とされる種類の検証を受けることもなく人々の考えを支配したのであり、その支配

を今日でも保持し続けている。

　第2次世界大戦の終結以来，各国政府が実施してきた政策を「ケインズ的」(Keynesian)と見なすことに慣れている人々は，この説明に驚かされるであろう。だがそれはそのような人々がケインズ流の理論と「新古典派総合」とを混同しているからなのである——後者はマサチューセッツ州のケンブリッジのポール・サムエルソンと彼の同僚たちによって展開されたもので，それは今日のアカデミックな経済学を支配するようになった。そうした総合のもとで，経済が完全雇用を下回る水準に落ち着くかもしれないというケインズの議論 (1936年) は，少なくとも一時的な結果として受け入れられている。事実，経済が産出高の完全雇用水準に独力で戻るのに必要とされる時間が政治的に耐えられるよりも長期となるかもしれないので，——それは一部，労働組合とか他の形態の独占によって引き起こされる市場の摩擦のためであるが——，完全雇用に最終的に戻るのを急ぐため政府は財政・金融政策を通じて介入すべきだと忠告される十分な理由があるかもしれない。だがこれらの譲歩を別にすれば，競争的諸条件下の価格と生産量の関係を決定する供給と需要を強調するケインズ以前の理論は，市場諸制度に基づく現代の技術工学的に進んだ経済の機能についての本質的に正しい分析であると依然として見なされている。

　本書におけるこれまでの諸論文は，経済内部の主要な論題の各々——マクロ動学，価格設定，所得分配，貨幣，生産，国際貿易，課税，労働および自然資源——を扱う際に新古典派理論では，説得力のある説明を与えるのがいかに不十分であるかを示してきた。いくつかのケースでは，それはその理論の基礎にある諸仮定が，現実世界の経済諸制度として知られているものと全く異なっているからであり，また別のケースでは，それはその理論が歴史的に観察された現象のある種の形態を説明するのに失敗しているからである。そして2，3のケースでは，それはその理論それ自体の論理が疑わしいからである。概観された論題の各々のケース1つずつにおいては，正統的アプローチの欠陥ははっきりしていないかもしれないが，現代の技術工学的に進んだ経済がいかに機能しているかの一貫した説明としての新古典派理論の全面的批判は疑う余地のない

ものである。不思議なことは，経済学者たちが依然として新古典派理論を提示し続けていることであり，政治家たちが依然としてそれに基づく助言を受入れ続けているということである。ケインズが「2，3年前のある種の学究的悪筆家」が実務家であると自称する人々の心に及ぼすことができた支配力を嘆いたときに (1936年)，彼は自分が語ったことを熟知していた。しかしながら，この結論的な論文の目的は，新古典派理論に反対するケースを総括することではなく，また学界内部にそれが依然として君臨し続けるのはなぜかということを説明することですらない。後者を説明するとすれば，知識社会学に導く余談を必要とするであろう。ここでの目的は，むしろ，ポスト・ケインズ派経済学者たちが，新古典派のパラダイムに対する包括的代替理論を展開するさいにすでに行ってきた進歩を超えるところに存在するかもしれないものを示唆することである。

　これまでの論文のいくつかが指摘してきたように，ポスト・ケインズ派理論は未だ形成段階にある。新しいパラダイムの大まかな概略はすでに認識することができたが，細かい議論の多くはなお究明されねばならない。それが提供するものは果てしのない探究の見通しであって，長年の論争問題に対する即席の簡単な解決を約束するというものではない。事実，ポスト・ケインズ派理論の最初の重要な貢献は，学問としての経済学を新古典派正統説(neoclassical orthodoxy) の知的な重荷から解放することであるだろう。このことは，天文学にとって地球中心説の打倒がそうであり，物理学にとってエーテル説の打倒がそうであったように，経済的知識の累積的増大にとって活気づけるものとなるはずである。

　ポスト・ケインズ派の視点の漸次的採用は経済学を生き返らせ，一層幅広い解釈を許す理論的枠組みを提供し，それゆえに生産的探究に一層資するものであるが，即座の成果やぴったり合った解答をもたらすというものではない。これは，ポスト・ケインズ派の諸原理は，もし誠実に堅持されるならば，学問としての，そして公共政策に対する指針としての経済学を目下悩ませている諸問題が思ったよりも扱いやすいものではない，ということを明らかにするからで

ある。ポスト・ケインズ派のアプローチの利点は，単純化の諸仮定の下でそれらを隠蔽するのではなく，むしろそうした諸問題に直接にそしてはっきりと立ち向かうことを可能にしていることである。こうした論点をもっと詳しく述べるためには，経済学が新古典派正統説の結果として今や苦境に追い込まれている次の2つの分野――理論と政策――を一層十分に探究する必要がある。一度，これら2つの領域の各々におけるポスト・ケインズ派の視点への移行の予期される劇的な影響が――何が達成されうるかについて予想される限定とともに――詳述されたならば，さらに第3の領域における諸問題の取り扱いが困難であることを指摘するための基礎が敷かれるであろう。これは政治そのものの領域である。

　ここで示される見解は必然的に個人的なものである。ポスト・ケインズ派経済学者たちは，彼らの見解に異なったものをもっているので，彼らがすべてここでの〔私の〕見解を共有するであろうと期待するのは困難である。しかしなお，この論文はそのグループの少なくとも1メンバーがポスト・ケインズ派の代替的パラダイムによる現代の新古典派正統説の理論と政策面での最終的転換の最も重要な含意と見なすものを示すのに役立つであろう。

代替効果および所得効果

　新古典派正統説が次第にポスト・ケインズ派アプローチに道を譲るにつれて，知的学問としての経済学の性格は3つの重要な仕方で変化していくように思われる。その強調点は，最も明らかなレベルで――それは必ずしも最も基本的なレベルではないけれど――，代替効果の分析から所得効果の分析へとシフトしているようである。新古典派理論の中核を形成するワルラス流のモデルは，代替効果以上のものをほとんど包摂していない。そのモデルの論理の内部では，1つの財に対する需要は他の財に対する需要を犠牲にしてのみ，それゆえ前者の相対価格が下落した場合にのみ増加しうる。同様に，資本財のような投入物の1形態が労働のような投入物の他の形態の犠牲においてのみ，それゆえ再び前者の相対価格が下落した場合にのみ，生産過程において一層集約的に使用さ

12 展　　望

れうる。このアプローチは，通常，すべての財に対する需要と投入物のあらゆる形態の使用とが経済成長がもたらすより高い所得およびより高い需要水準の結果として，ともに増加する——もちろん異なった率ではあるが——可能性を仮定によって排除している。それゆえ，新古典派モデルに対する信頼は，経済成長の穏当で一貫した説明を与えるのを困難にしている。

　新古典派理論の一層洗練された説明では，ある種の所得効果が考慮されていることは事実である。だがその場合でもなお，1つの静学的均衡状態からもう1つの均衡状態へのシフトに起動力を与えるのは，相対価格の変化から生じる代替効果である。したがって，そのモデルに実質的相違をもたらすのは，代替効果だけである。それとは対照的に，ポスト・ケインズ派の代替理論を展開するのに功績のある経済学者たちは，経済成長と循環的変動のような現実世界の現象についての穏当で一貫した説明が与えられるようにするのに，所得効果を考慮するだけでは十分でなく，それらをその分析全体の中に組み込む必要があるということに気付いていた。さらにまた，所得効果が一般的に代替効果を——全く排除するほどではないとしても——圧倒することを認める必要がある。

　ケインズ（1936年）はこのことを指摘した最初の人であった。賃金の低下は，労働の資本設備に対する代替を促進するよりも，むしろそれに代わって経営者の確信と企業投資を後退させ，それによって失業労働者の数を増大させるであろうという事実に注意を促したのは彼であった。彼の道に従った他の人々も，同じ種類の結論にいたった，——つまり問題が，長期の成長，短期の変動，所得分配，貿易のパターンあるいは本書にカバーされている他の議題の1つであっても，主要な操作要因は，その投資から派生する所得効果と同時に投資の水準とその構成であって，相対価格の変化ではないという結論である。計量経済学の研究は同じ種類の結論に導いてきており，新古典派正統説の重荷だけが，帰納的に研究する経済学者がこの結果を経験的原理に一般化することを妨げてきたように思われる。

　しかし，所得効果に対する強調は不利な点をもっている。つまり，それはすっきりとした解決が得られるのを困難にしている。実際，その結果は一層幅広

い解釈を許すようである。新古典派的アプローチのように，その分析の範囲が代替効果に制限される時，相対価格の変化がもたらすある種の新しい均衡状態がつねに存在し，そしてその新しい状態は新しいシステムを規定する数学的方程式の組合せを解くことによって（あるいは部分〔均衡〕分析において，新しい供給曲線と需要曲線との交叉点を調べることによって）簡単に決定されうる。しかしながら，ポスト・ケインズ派のアプローチのように，所得効果が完全に考慮される時，任意の新しい均衡状態など存在するとはかぎらない。むしろ，投資の変化かあるいは何か他に所得効果をもたらすようなものが，決定可能な最終状態を伴うことなしに，1つの過程を開始させる（あるいはもっと正確にいうと，すでに進行している過程を修正する）ようである。換言すると，その分析は〔新古典派の〕論理的時間から，大きなシステムを構成する社会的に異なったサブ・システムの間での相互作用の複雑な性格のために，その将来が予想されえない歴史的時間へと転換される。このことは，ポスト・ケインズ派のアプローチが受け入れられた暁に生じるであろう経済分析の性格における第2の変化を示している。

システムズ・アプローチ

　社会科学としての経済学は，大部分は，ニュートンの『プリンキピア』〔『自然哲学の数学的原理』の略称〕が鼓舞した18世紀の機械論的宇宙観の副産物である。それは，結果が原因と明らかに区別され，後者が前者から説明されうるという仮定に基礎を置いている。この哲学的枠組みの制限にもかかわらず，それが社会現象や他の生物学的現象を分析するようになる時，ヘーゲル流の弁証法を除いて最近まで頼るべきものは他にほとんど存在しなかった。しかしながら，これまで数十年にわたって，全く異なった哲学的な枠組み，つまり，ニュートン流の力学とヘーゲル流の弁証法を特殊なケースとして包摂する枠組みが出現してきている。それはシステムズ・アプローチあるいはサイバネティック・アプローチである。それが社会科学者に提示する利点というのは，それがその分析的構造内部に，(a) 目的意識的活動，(b) 累積的過程，および

(c) より大きなシステムズ・ダイナミックの一部としての，ならびに周囲の状況からのフィードバックに反応するという点での，サブ・システム間の相互作用，を組み入れることができるということである。システムズ・アプローチは経済学者を含めた社会科学者が利用可能な最も一般的なアプローチである。

システムズ・アプローチの下では，経済学は希少な諸資源がいかにして配分されるかという研究ではもはやない。それに代わって，経済学は経済システム——それは社会の成員の物的ニーズを充たす責任のある社会諸制度の組合せと定義される——が社会的余剰を生み出し分配することによって，時間を通じてその産出高をいかにして拡大することができるかという研究である。それは，その拡大率が不均等になりがちだというだけではない。それはまた，拡大が何らかの認められうる一定の限界をもたず，実際，拡大過程そのものが予測できない方法でそのシステムの性格を変える傾向があるということをもいいたいのである。その最終的状態は——その分析が歴史的時間にかかわるために——演繹することはできないが，拡大の過程，つまりそのシステムのダイナミックスは，わかりやすく分析されうる。

経済システムはその各々がそれ自身の特定のダイナミックスをもっている幾つかの主要な社会的システムのうちの1つと見なされる時，社会問題に対する真に学際的な挑戦への道が開かれる。しかし経済が独立して観察される時ですら，システムズ理論の諸原理が依然として妥当する。このことは，たとえば営利企業と家計との間，あるいは金融部門と非金融部門との間のような，さまざまな構成部分の間の相互作用が投入，産出およびフィードバックによって分析されねばならないことを意味する。最後のものは，全体としてのシステムの動きを理解しようとする場合には特に重要である。

ポスト・ケインズ派の視点からいえば，経済理論が説明することができねばならないのは歴史的に特定の諸制度の集合として構成される全体としてのシステムの動きである。これはよりよく指導された公共政策に向けての第1歩である。システムが現実の世界において実際に観察されたダイナミックな動き——そしてこれは長期の拡張と同様循環を，生活水準の向上とともにインフレを意

味している——の諸形態をシミュレートするためにひとたびモデル化されうるならば、それが現在存在しているシステムを操作するという形態をとるか，ある種の本質的構成要因を再構築するという形態をとるかどうかにかかわらず，一層有効な政府介入のための基礎が敷かれるであろう。このことは，経済学がポスト・ケインズ派の挑戦の結果として変わってゆきそうな第3の道へわれわれを導いてくれる。

経験的検証の重要性

経済学という学問は，公理の諸原則から演繹的にいかにして推論するかを練習するものであるという性格を変えるあらゆる努力に，これまで成功裡に抵抗してきた。つまり，それは社会科学のユークリッド幾何学にとどまることを主張してきた。このデカルト流の立場は経済学者自身にとって利点がないわけではなかった。彼らは，「われわれは軽い道具箱をもって旅をする」と述べていることが知られている。これによって，経済理論家が現実の詳細な出来事にそれほど煩わされる必要はなかったということを意味している。彼らは先験的に推論することに満足してきた——そしてそれゆえに彼らは現実妥当性よりも理論の優雅さを好んだ。しかし学問としての経済学にとって，これは現代科学としては不十分であるということを意味してきた。そこに欠けているものは，1理論の有効性を判断するために自然科学者たちの間でゆきわたっているのと同一の基準である。これは，理論がただ論理的誤謬を避けるにとどまらず，経験的に観察されうる現象——つまり，社会的関連において，現実世界の歴史的出来事から成っている現象——の全領域をも説明しなければならないという基準である。

幾人かの経済学者は，過去数十年間にわたってその分野の最も将来性のある発展の1つは，提示されるかもしれない任意の理論的議論を支持する経験的証明をさらに強調することであるとある種の正当性をもって指摘して，この言明に対し異議を唱えるものと予想されうる。事実，ポスト・ケインズ派経済学の研究はこれらの理由に基づいてしばしば拒絶されている。だがこの返答は2つ

の点を無視している。その第1は，受け入れられている正統派理論が，通常，その有効性の経験的検証から免除されているということである——もしある種の数学的または形式的論証が例証としてあげられるならば特にそうである。第2に，これまで遂行されてきた経験的検証のほとんどが正統派理論の正しさを前提としてきているということである。そして，それにもかかわらず大量の変則的な証拠が，他の計量経済学的調査と同様これらの研究から明らかにされたけれども，正統的な新古典派理論はそれでもなおあらゆる厳密な経験的検証を受けねばならない，——そこではその説明力が例えば本書において概説されているポスト・ケインズ派理論の代替的公式のそれと直接に比較することができるのである。

　理論を経験的に検証することは手の込んだ仕事であるが，このことは，生物学や自然科学一般と比較して，社会科学においてとりわけそうである。対照実験〔実験材料を2群に分け，A群には実験を加え，B群には実験を加えずにおき，その実験の影響を調べること〕は，問題外であり，社会科学者が頼らねばならない歴史的データは，測定上の誤差や他の未知の影響を受ける。これは，最もうまく構築されたモデルですら，それらが反映するはずの理論の不完全な検証を提供するにすぎないということを意味している。これは，よりよいモデルを構築しようとすることに反対する議論ではない。それらは諸理論の少なくとも第1の検証を提供している。それはむしろ，社会科学における1理論が公共政策と統合された時，それが予示された結果をもたらした後に初めて有効であるとして受け入れられうる，ということを主張するものである。ケインズ理論が大量の失業を妨げる指針として成功だと見なされ，新古典派総合がインフレの伴わない完全雇用を達成する指針として失敗したと判断されねばならないのは，まさにこれらの理由によるのである。それゆえ，最終的に本書の諸論文において概説されているポスト・ケインズ派の理論の検証は，それが市場経済の下にあるアメリカおよび世界の他の先進諸国が，経済成長や雇用を犠牲にすることなしに，インフレや貿易〔収支〕の赤字の問題を制御下に置く経済政策の一層有効な組合せを展開することを可能にするかどうかであるだろう。この

論点をさらに追及するために，その議論を理論から政策へと移す必要がある。

所 得 政 策

これまでの諸論文は，もし経済を規制するための伝統的政策手段が所得政策によって補足されないならば，――産出高の減少と失業の増大による余りにも大きな犠牲を払うことなしには――インフレが抑制されえないということを声をそろえて主張してきた。それゆえに，その経済諸政策にポスト・ケインズ派の方向づけを行うために政府がなすべきことは，せいぜい，現在手持ちの介入手段に所得政策を加えることぐらいであると，合理的に人は結論するかもしれない。しかしながら，そのような解釈は，正統派理論に対するポスト・ケインズ派の批判家がいわねばならないことを余りにも単純化しすぎている。それはまた，各国政府がこれまで所得政策を実施するのにほとんど成功しなかったのはなぜなのかを説明することもできない。主眼点は，所得政策が示すものは公共政策における1つの変更のための出発点ではなく，むしろ公共政策における他の先行する諸変更を必要とする反インフレ努力における最終動議であるということである。換言すると，ポスト・ケインズ派理論は，インフレと世界の他の現行の経済的な病いの幾つかが究極的に制御下に置かれるかもしれない幾つもの段階を指摘することができるが，それは「速効性の」解決を何ら提示しはしない。

だが所得政策は有効な反インフレ計画に対しての必要な頂石（capstone）である。しかしながら，これは労働組合の批判家や幾人かの主唱者の両者によってその用語が理解されているような所得政策を意味するものではない。所得政策は組織労働者たちの賃金〔引上げ〕獲得額を制限するだけの手段ではない。むしろそれは家計に対して生じる所得のさまざまな形態のすべて――賃金および給与とともに配当および地代――における年々の非インフレ的上昇を決定する1手段を示すものである。そしてそれは物価が上昇して名目所得を減価させ，それによって実質所得を実物諸資源の利用可能性の線までもってゆく過程であるというポスト・ケインズ派のインフレの見方を反映している。企業によって稼

得される利潤が所得政策の範囲内に収められるべきであると幾人かの人々が主張するが、この立場はポスト・ケインズ派理論が投資資金を調達するために企業によって留保される利潤と個人所得として〔資本の〕所有者たちに払い出される利潤との間に設ける区別を無視している。所得政策がかかわる必要のあるのは後者だけなのである。

さらにそのうえ、民主主義社会において、今ちょうど述べられたような所得政策は簡単に課すことはできない。その代りに、それは労働者1人当りより高い産出高という形態で現れる技術工学上の進歩の成果を分配するための、最も公平で最も平等な基礎として経済的利害の異なるグループの間で容認されなければならない。このことは、あらゆる社会的余剰の配分を支配する諸原理について、1つの合意が適切な代表機関を通じて達成されねばならないことを意味している。それはまた複雑な分配問題に対し憶せず率直にそして誠実に立ち向かうことをも意味している。実際、新古典派総合が有効な反インフレ政策を作成するのにほとんど役に立たなかったのは、「資本」のような測定不可能な量の「限界生産力」に集中することによって、それがそれらの分配問題の性格を誤解しているからなのである。したがって政策レベルでは、所得政策に先だって経済成長からの利得がいかにして分配されるべきかについて、ある最小限の社会的意見の一致が必要である。市場だけではこの判断を下すことができないという事実こそが、所得政策を必要不可欠なものにしているのである。

投資と成長

分配問題は、しかしながら、それだけを切り離して接近することはできない。上述の幾つかの論文が指摘してきたように、それは投資と成長の問題と密接に結びついている。実際、投資と成長の問題は政治経済学の核心を形成している。ひとたび投資率と投資の構成とが決定されたならば、その経済の動学的成長径路はほぼ設定されたことになる。というのは、長期の拡張率およびそれとともに労働者1人当りの産出高の成長は、供給能力——企業プラント、設備およびインフラストラクチャー〔訳注1〕——が増加する率に依存している。そしてその

趨勢線をめぐる短期の変動は，投資および他の形態の自由裁量支出の成長がどれほど着実に維持されるかに依存している。さらにそのうえ，それは量の問題だけでなく質の問題でもある。どんな種類の支出でもよいというわけではない——その捌け口に対して最高の限界収益をもたらすような供給能力への計画だけが役に立つ。そのため長期的拡張率は最大化される。認識されねばならないことは，伝統的な新古典派の議論とは対照的に，この点に関して最善の結果を保証するために市場に完全には頼ることができないということである。そして投資率，そして特に投資構成は集計レベルでは政府の政策を通じても容易に規制されないのであるが，それでももし基軸となる利益集団——労働組合，法人企業，農民，消費者など——の代表者たちがこれらの問題にもし発言権をもっていないならば，彼らの最も重要な問題に対するその構成員の利害に寄与することはできないであろう。所得政策によって決定されるインフレの率と家計間の相対的所得分配は確かに重要であるが，投資率と投資構成によって決定される時間を通じての実質所得の成長はさらに一層重要である。

価格設定

　分配と投資は，しかしながらポスト・ケインズ派の鼎（かなえ）の3本の足のうちの2本だけである。第3番目の足は価格設定メカニズムにかかわっている。正統派の理論家たちは，唯一の適切な問題は諸資源が最適に配分されているかどうかであると主張することによって公共政策を惑わしてきた。だが，価格設定メカニズムはまた，企業に投資資金を供給するにさいして，そして所得の相対的分け前を決定するさいに中心的な役割を演じる。これらの3つの決定的に重要な要因の組合せの間の相互関係は，アメリカのような進んだ経済において価格設定と投資行動が相互に異なる2つの全く異なった市場形態が存在するという事実によって一層複雑にされる。正統派理論の中心点で，第一次産品がそのほとんどである競争市場と，正統派理論がほとんど沈黙している，——巨大法人企業によって支配され，経済の技術工学上一層進歩的な諸部門において主として見出される——寡占市場が存在する。前者〔の市場形態〕においては，価格は需

要と供給の要因によって支配され，投資は計画されない。後者〔の市場形態〕においては，価格は個別巨大法人企業の長期資本拡張計画に基づいて，費用の側で決定され計画されるのが原則である。したがって，競争市場と寡占市場の両者にあてはまる〔単一の〕モデルは存在せず，あるいはまた単一のモデルに基づく政策の組合せも存在しない。実際，競争部門において，政府は企業間の調整と計画の欠如を埋め合せねばならない一方で，寡占部門では，政府は念のために民間の計画能力がより大きな公共の利益を破壊しないような手段を講じなければならない。

　分配，投資および価格設定の相互関係がひとたび適切に理解されるならば，有効な反インフレ政策を作成することが容易な仕事ではなく，所得政策を単に採用するだけでは十分でないであろうということも明らかになる。その仕事は，アメリカのような各々の国民経済がより大きな世界の経済システムの1部——ポスト・ケインジアンであろうと他の人々であろうと，いかなる種類の経済学者によってもほとんど理解されていない部分——であるという事実によってさらに一層困難になる。為替レートの不安定性そして国内価格と投資水準に及ぼすその反響的効果は，世界の現行の経済的病いのこの局面を示している。けれども有効な反インフレ政策を作成する仕事は望みのないものではない。そしてもしポスト・ケインズ派理論が容易で即効性の解決策を何ら提供していなくても，それは政策が向かわねばならない方向を少なくとも指摘してくれる。

　正統派，すなわち新古典派理論に対してポスト・ケインズ派理論が提示する批判は，第1段階として，公共経済政策が陥った袋小路の幾つかを封印するはずである。だがそれよりもさらに一層重要なことは，ポスト・ケインズ派理論が一組の本質的で相互に関連した諸要因が取り扱われるべき順序を示唆しているということである。投資率と投資構成を決定することは，第1になすべき仕事である。これらの問題が解決され，それによって経済の動学的成長径路を確定した後にのみ，価格設定と所得政策に厳密な数値があてはめられる。実際，もし諸政策が諸価格と成長過程における相対的所得の分け前によって演じられる役割の正しい理解に基づいているならば，それらの数値の導出は型にはまっ

たほとんど技術的な問題になるはずである。というのは、もしポスト・ケインジアンの議論が正しいならば、選択された長期的成長率において非インフレ的になるであろう唯一の平均利潤マージンと、唯一の家計所得の成長率が存在することがわかるであろう。

公共投資および民間投資

　もちろん、投資の率および構成を決定することは——少なくともアメリカのような先進諸国に見られる経済諸制度の性格を徹底的に変革することなしには——政府の力の及ばないことである、という異議が出されるであろう。しかしこの主張は現実を無視している。〔というのは〕アメリカのような先進諸国における全国民所得の少なくとも3分の1は、すでに公共部門を通過しているからである。真の問題はそれらの諸資源がどのように使用されるべきかということである。それらは、インフラストラクチャーへの投資として、経済的産出量を拡大するために使用されるべきか。そうではなくて、それらは非経済的諸目的を達成するために使用されるべきか。それとも、ただあれこれくだらぬ仕事に少しずつ使用されてしまうべきか。これらの諸問題への答えとして、公共投資の率および構成がひとたび決定されてしまうと、民間投資の率および構成はほぼ落ち着くべきところに落ち着くであろう。というのは、放っておいても、民間投資は、政府が自らの支出パターンを通じて、支配的な影響力を発揮する最終需要の構成の変化に順応するものと予想されうるからである。

　否、それよりも有力な異議は、政府が公共投資の率および構成についてより良い決定を行う能力——その支出を全面的な総合された計画の一部として民間部門の資本支出と調整する能力はいうまでもなく——欠いているということである。したがって、それは政府が自らの青写真をその経済に押し付ける手段を欠いているというのではない。むしろ、政府は——少なくともアメリカでは——実現可能な青写真を考案する手段を欠いているのである。このことは、一部には、誤った手がかりが正統派理論によって与えられていたからで、こういう手がかりが政府に誤った問題に焦点をあてさせたからなのである。しかしそ

れは，政府が全体的青写真を考案するのに正しく組織されてきていないからでもある。そしてこれは残念なことである。なぜなら，政府の後援の下に行われる全国的指示計画作成制度(system of national indicative planning) のために必要な諸要素の多くはすでに存在しているからである。

第1に，全国の最大法人諸企業の資本拡張計画に基づく民間計画作成制度が存在する。また協議会 (Conference Board)，データ・リソーシズ社 (Data Resources, Inc.)，チェース計量経済学協会 (Chase Econometric Associates) およびウォートン経済予測団体 (Wharton Economic Farecasting Unit) などの団体によって提供される予測やその他のサービスによって，これらの民間の諸計画を調整する努力さえ存在する。政府それ自身の内部においても，さまざまな分野——たとえば，運輸およびエネルギーという，経済的インフラストラクチャーに関するかぎり最も決定的に重要な2つの分野——での支出に一貫性と先見性をもたらす努力が存在する。欠けているのは，これらのさまざまな努力の成果を1つの総合的な計画，すなわちその範囲がすぐれて大きく，また一貫性をもつので，経済政策を指導するさいに，他の諸計画より優先するような計画に融合することができるためのある種の政府機関である。行政部内にある経済諮問委員会 (Council of Economic Advisers) や管理・予算局 (Office of Management and Budget) も，あるいは狭い政治的支持者にしか役立たず，不十分な職員しか使えない議会予算局 (Congressional Budget Office) も，そのような計画を開発することはできない。それよりもむしろ，それは新しい機関——中枢的な官吏とともに，所得政策を成功させるためにはその支持を欠くことのできない民間の利益団体すべての代表が出るような社会経済評議会 (social and economic council) の専門的な片腕として機能する計画作成事務局 (planning seretariat)——を必要とする。

新しい社会契約

このようにして——だが，このようにしてのみ——インフレ的結果を恐れる必要もなく，政府に極大成長つまり「完全雇用」政策の追求を最終的に許すよ

うな「社会契約」のための基礎が敷かれるであろう。重要な利益集団が要求したものよりも高い名目所得の増加分の獲得を可能にし、それによって賃金・物価の悪循環を引き起こすような市場支配力の行使を控える見返りとして、その重要な利益集団――とりわけその国の最大の法人企業および労働組合――は、実質所得の成長を決定するさいに、より直接的な発言権を与えられるであろう。これは、これらの利益集団が社会経済評議会とその計画作成事務局を通じて、公共支出の率および構成に発揮することができる影響力の結果である。各決意のそのような折り合いがひとたび達成されると、残りは――つまり、民間投資の率および構成、物価水準ならびに実質家計所得の成長は――落ち着くべきところに落ち着くであろう。

　これは、そのような計画の作成が、技術的にも行政的にもともに困難を伴わないであろうと示唆するものではない。あるいはまた、国家レベルで有効な計画作成機構を設置することによって、世界の現在の経済的病いをすべて解決してしまうと示唆するものでもない。ただポスト・ケインズ派理論によって示唆される線に沿ってしか、他の種類の諸問題の解決に向かう第1歩として、有効なインフレ抑制政策が展開されえないのである。ポスト・ケインズ派のアプローチは、所得再分配において物価が演じる役割のみならず、市場経済の働きにおいて金融諸機関および不確実性が演じる役割に光をあてることによって、ある種の国際経済的諸問題の性格に重要な洞察力をも与える。それでもなお、すでに述べたところから、有効なインフレ抑制政策を作成するか、あるいはその他の種類の経済的病いに対処することは、単なる理論もしくは政策だけの問題ではないことが明らかになるはずである。それは政治学の問題でもあるのだ。

インフレーションの政治学

　ある水準において、政府をインフレにより一層有効に対処できるような立場に置くには――もちろん、正統的新古典派理論の重荷は取り除かれるべきものと仮定して――政府がすでにその経済において演じている考慮すべき役割を少し拡大すればよいというように思われるであろう。所得政策を現存の〔政府〕

12 展　　望

　介入手段の兵器庫に追加するために必要と思われることは,せいぜい,計画作成事務局とともに社会経済評議会を現存の経済政策作成機構に重ねるだけである。これは既存の機構が存在するようになるに至った長い階段に今一段を——その一段を実際に踏み出すのは困難ではあろうが——加えるだけのことである。しかしこのような評価は,インフレに対するポスト・ケインズ派の説明のおそらく最も根本的な論点を無視するものである。そしてそれは,他の方法では和解されえない相対的所得分配をめぐる衝突のためにインフレが生じるということなのである。(さらに詳細に調べてみると,国際経済的諸問題の多くは,疑いもなく,同じ種類の衝突と関係することがわかるであろう。)

　社会経済評議会は,それらの衝突を明るみにもち出し,望むらくは,政治家の英知が一時的解決を与え,当代のその他の事業が進行できるようにするためのフォーラムにすぎない。計画作成事務局の分析作業の結果は,提起された問題点の多くについて,経済諸過程の性格がなんら実質的な選択の機会を与えないことを示すものでなければならない。それでもやはり,潜在的衝突すべてが単に客観的分析に基づくだけで解決できるものではない。労働者1人当り産出高の成長率は,実質家計所得の平均成長〔率〕を支配するだけであって,家計間の相対的分配を支配するものではない。同様に,長期的拡張率は費用を超えた平均マーク・アップを支配するだけであって,異なる産業間のマーク・アップの相対的規模を支配するものではない。これらの細部その他さらに詳しい細部の多くについては,かなり議論の余地が残るであろう。客観的分析は,ポスト・ケインズ派理論が指針として役立つ場合でも,衝突が起こりそうな範囲を制限することができるだけであって,不決定性の範囲をすべて排除することはできない。これが意味することは,客観的根拠に基づいていかなる制限が設けられようとも,その範囲内で,社会経済評議会に代表者を出している利益集団の各々は社会の他の集団の犠牲において名目所得の引上げに努めると期待することができるということである。しかし,インフレが避けられるようになるには,これらの競合する要求額がどうにか調整され,その合計額が規定された限度内に抑えられるようにならなければならない。これはまさに民主的政治制度がそ

の解決を最も困難とする種類の問題である。したがって，社会経済評議会が容認できる所得政策を提案するのを頼りにすることによってインフレを抑制するという努力は，ポスト・ケインズ派理論に対するマルクス派の代案と新古典派の代案の両者に反映された知恵に反抗するものである。

　マルクス派の見解は，社会経済評議会が単に社会におけるより有力な経済的利益集団に代わって経済政策をモデル化することに合法性を与えるものであるにすぎないとしている。そして実際，民主的政治制度の下では，それがそれ以外のものにどうしてなりうるのかを考えることは難しい。ただ唯一の問題は，こうした有力な経済的利益集団が，すでに活動中の民間経済計画作成機構を目下支配している集団と全く同じものである必要があるかどうか，ということだけである。新古典派理論は，それが基礎とする19世紀の政治哲学を反映して，相対的所得分配の諸問題は政治制度にとって解決することが非常に困難であるので，市場機構およびその他の機構にゆだねるのが最善であると仮定している。市場は問題をうまく処理できないだろうという事実だけでは，政治制度の方がより良い結果をもたらすだろうと信ずるための理由にはならない。実際，自らに適していない問題を引き受けると，その政治制度はその効率と公正に対する信頼を単に傷つけるだけになるかもしれないのだ。

　それゆえ，有効なインフレ抑制政策が採ることのできる唯一の進路と思えるものは，左舷か右舷のいずれかの浅瀬に乗り上げてしまうようなものかもしれない。その政策が，経済的に強力なエリートに占領されること，あるいは民主的政府を可能にする社会的団結を自ら破壊することのいずれか一方を避けられうると主張するのは，楽観主義者だけであろう。悲観主義者の眼から見ると，インフレは，事実，生じうべき結果のうち社会的に最も害が少ないものかもしれない。もし政府が財政・金融政策（これはインフレの制御には全く成功しない）の使用を避けるならば，それは少なくともスタグフレーション〔インフレと不景気〕という二重の罰を避けることになるだろう。相対的所得分配をめぐる，他の方法では手に負えない社会的緊張を処理するには，一部分は貨幣錯覚に陥っているさまざまな経済的利益集団に，物価水準に対して続々と打撃を与えるこ

とを認める以外に勝る方法があろうか。インフレがある限度内に抑えられているかぎり，いかなる害になるというのか。

　事態をよりはっきりと見るのが楽観主義者なのか，それとも悲観主義者なのか，いずれであろうとも，少なくとも有効なインフレ抑制政策の達成は——他のあらゆる重要な経済諸問題の解決と同じく——まさにただ単に経済理論の問題，あるいは政策の問題ではないということに意見の一致を見るはずである。それはまた，政治諸制度がどれほど成熟しているかという問題でもある。それらを完全に破壊してしまっていなくとも，今までに，確かに評判を落としたと思われる諸種の分配問題を取り扱うことができる点まで，政治諸制度は結局発展してきたのか。この最後の問題——政治問題——に関して，少なくとも近い将来には，楽観論者になることは困難である。

　〔訳注1〕　インフラストラクチュア（infrastructure）とは，道路・港湾・自動車道路・鉄道・発電所・灌漑（かんがい）施設など，経済発展の基盤となる施設をいう。この他に，学校・病院などを含める広義の意味で使用されることもあるが，後者を「社会的インフラストラクチュア」と呼び，前者を「経済的インフラストラクチュア」と呼んで区別することもある。

参考文献

1. Ackoff, Rusell L., and Fred E. Emery. *On Purposeful Systems*. Aldine 1972.
2. Adelman, M.A. *The World Petroleum Market*. Johns Hopkins University Press for Resources for the Future, 1972.
3. Asimakopulos, A., and John B. Burbidge. "The Short-Period Incidence of Taxation." *Economic Journal*, June 1974.
4. Asimakopulos, A. "A Kaleckian Theory of Income Distribution." *Canadian Journal of Economics*, August 1975.
5. Averitt, Robert T. *The Dual Economy: The Dynamics of American Industry Structure*. Norton, 1968.
6. Bain, Joe S. "Depression Pricing and the Depreciation Function." *Quarterly Journal of Economics*, August 1937.
7. Bain, Joe S. *Barriers to New Competition*. Harvard University Press, 1956.
8. Bain, Joe S. "A Note on Pricing in Monopoly and Oligopoly." *American Economic Review*, 1958.
9. Baumol, William. *Business Behavior, Value and Growth*. Harcourt, Brace & World, 1967.
 〔伊達邦春,小野俊夫訳『企業行動と経済成長』,ダイヤモンド社,1962年,但し1959年版の訳〕
10. Blaug, Mark. *Economic Theory in Retrospect*. Irwin, 1962.
 〔(上) 久保芳和,真実一男,杉原四郎訳 (中) 杉原四郎,宮崎犀一訳 (下) 関恒義,浅野栄一,宮崎犀一訳『経済理論の歴史』,東洋経済新報社,1966~1968年〕
11. Bowen, William G. *The Wage Price Issue: A Theoretical Analysis*. Princeton University Press, 1960.
12. Burbidge, John B. "Internally Inconsistent Mixtures of Micro- and Macro-theory in Empirical Studies of Profits Tax Incidence." *Finanzarchiv*, No. 2, 1976.
13. Burbidge, John B. "Two-Sector Models of Inflation and Recession." McMaster University Working Paper, No. 77-08.
14. Champernowne, D.G. "Expectations and the Links Between the Economic Present and Future." In *Keynes' General Theory: Reports of Three Decades*, edited by Robert Lekachman. St. Martin's Press, 1964.
 〔中内恒夫訳『ケインズ経済学の発展——『一般理論』後の30年の歩み——』,東洋経済新報社,1967年 (所収)〕

参 考 文 献

15. Chick, Victoria. *The Theory of Monetary Policy*. Parkgate, 1977.
16. Cooper, Richard N. *International Finance: Selected Readings*. Penguin Books, 1974.
17. Cornwall, John. *Growth and Stability in a Mature Economy*. Wiley, 1972.
18. Cornwall, John. *Modern Capitalism: Its Growth and Transformation*. St. Martins Press, 1978.
19. Cragg, J.G., Arnold C. Harberger, and Peter Mieszkowski. "Empirical Evidence of the Incidence of the Corporation Income Tax." *Journal of Political Economy*, December 1967.
20. Davidson, Paul. "Public Policy Problems of the Domestic Crude Oil Industry." *American Economic Review*, March 1963.
21. Davidson, Paul. "Inequality and the Double Bluff." In *Income Inequality. The Annals of the American Academy of Political and Social Science*, edited by Sidney Weintraub, September 1973.
22. Davidson, Paul, Laurence H. Falk, and Hoesung Lee. "Oil, Its Time Allocation, and Project Independence." *Brookings Papers on Economic Activity*, no. 2, 1974.
23. Davidson, Paul, Laurence H. Falk, and Hoesung Lee. "The Relations of Economic Rent and Price Incentives to Oil and Gas Supplies." In *Studies in Energy Tax Policy*, edited by G.M. Brannon, Ballinger Publishing, 1975.
24. Davidson, Paul. *Money and the Real World*. Macmillan, 2nd edition, 1978.
〔原正彦監訳『貨幣的経済理論』, 日本経済評論社, 1980年〕
25. Davis, J. Ronnie. *The New Economics and the Old Economists*. Iowa State University Press, 1971.
26. Dell, Sidney. "Kalecki at the United Nations, 1946-54." *Oxford Bulletin of Economics and Statistics*, February 1977.
27. DeVroey, M. "The Transition from Classical to Neoclassical Economics: A Scientific Revolution." *Journal of Economic Issues*, September 1975.
28. Dobb, Maurice. *Theories of Value and Distribution Since Adam Smith*. Cambridge University Press, 1973.
〔岸本重陳訳『価値と分配の理論』, 新評論, 1976年〕
29. Doeringer, P.B., and Michael Piore. *Internal Labor Markets and Manpower Analysis*. Lexington Books, 1971.
30. Domar, Evsey. *Essays in the Theory of Economic Growth*. Oxford University Press, 1957.

〔宇野健吾訳『経済成長の理論』,東洋経済新報社,1959年〕
31. Eatwell, John. "On the Proposed Reform of Corporation Tax." *Bulletin of the Oxford Institute of Economics and Statistics*, November 1971.
32. Eichner, Alfred S., and J.A. Kregel. "An Essay on Post-Keynesian Theory: A New Paradigm in Economics." *Journal of Economic Literature*, December 1975.
33. Eichner, Alfred S. *The Megacorp and Oligopoly: Micro Foundations of Macro Dynamics*. Cambridge University Press, 1976.
〔川口弘監訳『巨大企業と寡占——マクロ動学のミクロ的基礎——』,日本経済評論社(近刊予定)〕
34. Eichner, Alfred S. and Charles Brecher. *Controlling Social Expenditures: The Search For Output Measures*. Allenheld, Osmun, 1979.
35. Feiwel, George. *The Intellectual Capital of Michal Kalecki*. University of Tennessee, 1975.
36. Ferguson, Charles E. *The Neoclassical Theory of Production and Distribution*. Cambridge University Press, 1969.
〔木村憲二訳『生産と分配の新古典派理論』,日本評論社,1971年〕
37. Friedman, Milton. *The Optimum Quantity of Money and Other Essays*, Aldine, 1969.
38. Gaffney, M. Mason. "Soil Depletion and Land Rent" *Natural Resources Journal*, January 1965.
39. Galbraith, John Kenneth. *Money: Whence It Came, Where It Went*. Houghton Mifflin Company, 1975.
〔都留重人監訳『マネー——その歴史と展開』,TBSブリタニカ,1976年〕
40. Garegnani, Pierangelo. *Il Capitale Nelle Teorie Della Distribuzione*. Giuffré, Milano, 1960.
〔山下博訳『分配理論と資本』,未来社,1966年〕
41. Garegnani, Pierangelo. "Switching of Techniques." *Quarterly Journal of Economics*, November 1966.
42. Garegnani, Pierangelo. "Heterogeneous Capital, the Production Function and the Theory of Distribution." *Review of Economic Studies*, July 1970.
43. Ginzberg, Eli. *The Human Economy, A Theory of Manpower Development and Utilization*. McGraw-Hill, 1976.
44. Ginzberg, Eli. "The Job Problem." *Scientific American*, January 1977.
45. Godley, W.A.H., and W.D. Nordhaus. "Pricing in the Trade Cycle." *Econo-

参 考 文 献

mic Journal, September 1972.
46. Gordon, David M. *Economic Theories of Poverty and Underemployment.* D.C. Heath, 1972.
47. Hall, Robert L., and C.J. Hitch, "Price Theory and Business Behaviour." *Oxford Economic Papers*, No. 2, 1939, reprinted in Wilson and Andrews, 1951.
48. Harberger, Arnold C. "The Incidence of the Corporation Income Tax." *Journal of Political Economy*, June 1962.
49. Harcourt, G.C., and Peter Kenyon. "Pricing and the Investment Decision." *Kyklos*, September 1976.
50. Harcourt, G.C. *Some Cambridge Controversies in the Theory of Capital.* Cambridge University Press, 1972.
 〔神谷伝造訳『ケンブリッヂ資本論争』日本経済評論社,近刊予定〕
51. Harcourt, G.C. "The Theoretical and Social Significance of the Cambridge Controversy in the Theory of Capital: An Evaluation." *Revue D'Economie Politique*, March 1977.
52. Harrison, Bennet. "Institutions on the Periphery." In *Problems in Political Economy: An Urban Perspective*, edited by David M. Gordon. D.C. Heath, second edition, 1977.
53. Harrod, Roy F. "An Essay in Dynamic Theory." *Economic Journal*, March 1939.
54. Harrod, Roy F. *Towards a Dynamic Economics.* Macmillan (London), 1948.
 〔高橋長太郎,鈴木諒一訳『動態経済学序説』,有斐閣,1953年〕
55. Harrod, Roy F. *Economic Essays.* Harcourt, Brace, 1952.
56. Hartshorn, J.E. *Politics and World Oil Economics, An Account of the International Oil Industry in its Political Environment*, Praeger, 1967.
57. Hicks, John. "Mr. Keynes and the 'Classics': A Suggested Interpretation." *Econometrica*, April 1937.
 〔江沢太一,鬼木甫訳『貨幣理論』,オックスフォード大学出版局,1969年(所収)〕
58. Hicks, John. *Capital and Growth.* Oxford University Press, 1965.
 〔安井琢磨,福岡正夫訳『資本と成長』,岩波書店,1970年〕
59. Hicks, John. *The Crisis in Keynesian Economics.* Basil Blackwell, 1974.
 〔早坂忠訳・解説『ケインズ経済学の危機』,ダイヤモンド社,1977年〕
60. Hicks, John. "What Is Wrong With Monetarism." *Lloyd's Bank Review*, October 1975.

61. Hines, Al. *On the Reappraisal of Keynesian Economics.* Humanities Press, 1971.
62. Jaffé, William. "The Normative Bias of the Walrasian Model: Walras Versus Gossen." *Quarterly Journal of Economics,* August 1977.
〔安井琢磨，福岡正夫編訳『ワルラス経済学の誕生』，日本経済新聞社，1977年(所収)〕
63. Johnson, Harry G. *International Trade and Economic Growth, Studies in Pure Theory.* Harvard University Press, 1958.
〔小島清監修・紫田裕訳『国際貿易と経済成長』，弘文堂，1970年〕
64. Johnson, Harry G. *Money, Trade and Growth.* Allen and Unwin, 1962.
65. Kahn, R.F. *Selected Essays in Employment and Growth.* Cambridge University Press, 1972.
66. Kaldor, Nicholas. "Alternative Theories of Distribution." *Review of Economic Studies,* no. 2, 1956. Reprinted in Kaldor, 1960.
〔富田重夫編訳『マクロ分配理論』，学文社，1973年（所収)〕
67. Kaldor, Nicholas. *Essays on Value and Distribution.* Free Press, 1960.
68. Kaldor, Nicholas. "Inflation and Recession in the World Economy." *Economic Journal,* December 1976.
69. Kalecki, Michal. *Studies in Economic Dynamics.* Allen and Unwin, 1943.
70. Kalecki, Michal. *Theory of Economic Dynamics, An Essay on Cyclical and Long-Run Changes in Capitalist Economy.* Rinehart, 1954.
〔宮崎義一，伊東光晴共訳『経済変動の理論』，新評論，1958年〕
71. Kalecki, Michal. *Studies in the Theory of Business Cycles, 1933-39,* Augustus Kelley, 1966.
72. Kalecki, Michal. *Selected Essays on the Dynamics of the Capitalist Economy, 1933-70.* Cambridge University Press, 1971.
73. Kalecki, Michal. *Essays on Developing Economies.* Humanities Press, 1976.
74. Keynes, John Maynard. *The Economic Consequences of the Peace.* Macmillan (London), 1920.
〔早坂忠訳『平和の経済的帰結』(ケインズ全集第2巻)，東洋経済新報社，1977年〕
75. Keynes, John Maynard. *A Treatise on Money.* Macmillan (London), 1930. 2 vols.
〔小泉明，長沢惟恭訳『貨幣論』(ケインズ全集第5巻)，東洋経済新報社，1978年〕
76. Keynes, John Maynard. *The General Theory of Employment, Interest and Money.* Macmillan (London), 1936.

参 考 文 献

〔塩野谷九十九訳『雇用・利子および貨幣の一般理論』, 東洋経済新報社, 1941年〕
77. Keynes, John Maynard. *The Collected Writings of John Maynard Keynes.* Macmillan (London), 1973, Vols. VII, XIII, XIV.
78. Kregel, J.A. *Rate of Profit, Distribution and Growth: Two Views.* Aldine, 1971.
79. Kregel, J.A. *The Reconstruction of Political Economy: An Introduction to Post-Keynesian Economics.* Wiley, 1973.
〔川口弘監訳, 緒方俊雄, 福田川洋二共訳『政治経済学の再構築』, 日本経済評論社, 1978年〕
80. Kregel, J.A. *The Theory of Capital.* Macmillan (London), 1976.
81. Kuller, Robert G., and Ronald G. Cummings. "An Economic Model of Production and Investment for Petroleum Reservoirs." *American Economic Review*, March 1964.
82. Kzyzaniak, M., and R.A. Musgrave. *The Shifting of the Corporation Income Tax.* Johns Hopkins University Press, 1963.
83. Lange, Oskar. *Introduction to Economic Cybernetics.* Pergamon Press, 1970.
〔佐伯道子訳『経済サイバネティクス入門』, 合同出版社, 1969年. 但し, 1965年のポーランド語版からの訳〕
84. Laszlo, Ervin. *Introduction to Systems Philosophy: Toward a New Paradigm of Contemporary Thought.* Gordon and Branch, 1972.
85. Leijonhufvud, Axel. *On Keynesian Economics and the Economics of Keynes.* Oxford University Press, 1968.
〔根岸隆監修『ケインジアンの経済学とケインズの経済学』, 日本銀行ケインズ研究会訳, 東洋経済新報社, 1978年〕
86. Lowe, Adolph. *The Path to Economic Growth.* Cambridge University Press, 1976.
87. Lowe, Adolph. *On Economic Knowledge*, Enlarged edition. M.E. Sharpe, 1977.
〔竹内靖雄訳『経済学の認識』, ダイヤモンド社, 1973年, 但し1965年版の訳〕
88. McNulty, P.J. "Economic Theory and the Meaning of Competition." *Quarterly Journal of Economics*, December 1968.
89. Malthus, Thomas R. *Principles of Political Economy*. 1820.
〔小林時三郎訳『経済学原理』, 岩波書店, 1968年〕
90. Marshall, Alfred. *Principles of Economics.* Macmillan (England), 1890 [8th ed., 1920].

〔馬場啓之助訳『経済学原理』, 東洋経済新報社, 1965～67年〕
91. Marx, Karl. *Capital*. International Publishers, 1967.
〔『資本論』但し独語版からの邦訳多数有〕
92. Meade, James E. *A Geometry of International Trade*. Allen and Unwin, 1952.
93. Meade, James E. *The Theory of International Economic Policy*. Oxford University Press, 1955.
94. Means, Gardner C., ed. *The Roots of Inflation*. Burt Franklin, 1975.
95. Mieszkowski, Peter. "Tax Incidence Theory: The Effects of Taxes on the Distribution of Income." *Journal of Economic Literature*, December 1969.
96. Minsky, Hyman. *John Maynard Keynes*. Columbia University Press, 1975.
97. Moore, Basil. *An Introduction to the Theory of Finance*. Free Press, 1968.
〔前田新太郎, 漆崎健治訳『現代金融論入門』, 第三出版, 1974～77年〕
98. Nell, E.J. "The Fall of the House of Efficiency." In *Income Inequality. The Annals of the American Academy of Political and Social Science*, edited by Sidney Weintraub, September 1973.
99. Pasinetti, Luigi. *Growth and Income Distribution*. Cambridge University Press, 1974.
100. Pasinetti, Luigi. *Lectures on the Theory of Production*. Columbia University Press, 1977.
〔菱山泉, 山下博, 山谷恵俊, 瀬地山敏共訳『生産理論』, 東洋経済新報社, 1979年〕
101. Reich, M., D. Gordon, and R. Edwards. "A Theory of Labor Market Segmentation." *American Economic Review*, May 1973.
102. Ricardo, David. "Principles of Political Economy (with Sraffa's Introduction)." *Works and Carrespondence*, Vol. I, Cambridge University Press, 1951.
〔堀経夫訳『経済学および課税の原理』(リカードウ全集第1巻), 雄松堂書店, 1972年〕
103. Robinson, Joan. "The Production Function and the Theory of Capital." *Review of Economic Studies*, no. 2, 1953.
104. Robinson, Joan. *The Accumulation of Capital*. Macmillan (London), 1956.
〔杉山清訳『資本蓄積論』, みすず書房, 1957年〕
105. Robinson, Joan. *Essays in the Theory of Economic Growth*. Macmillan (London), 1962.
〔山田克巳訳『経済成長論』, 東洋経済新報社, 1963年〕

参 考 文 献

106. Robinson, Joan. *Economic Heresies.* Basic Books, 1971.
〔宇沢弘文訳『異端の経済学』,日本経済新聞社,1973年〕
107. Robinson, Joan. "The Need for a Reconsideration of the Theory of International Trade." In *Collected Economic Papers*, Vol. IV, Blackwell, 1973.
108. Roncaglia, Alessandro. *Sraffa and the Theory of Prices.* Wiley, 1978.
〔渡会勝義訳『スラッファと経済学の革新』,日本経済新聞社,1977年,但し1975年の伊語版の訳〕
109. Samuelson, Paul A. *Economics.* McGraw-Hill, 1948 [10th ed., 1976].
〔都留重人訳『経済学』,岩波書店,1977年〕
110. Schumpeter, Joseph. *History of Economic Analysis.* Oxford University Press, 1954.
〔東畑精一訳『経済分析の歴史』,岩波書店,(第1〜7分冊)1955〜1962年〕
111. Scitovsky, Tibor. "A Reconsideration of the Theory of Tariffs." *Review of Economic Studies*, no. 2, 1942.
112. Scott, Anthony D. "Notes on User Cost." *Economic Journal*, June 1953.
113. Shapiro, Nina. "The Revolutionary Character of Post-Keynesian Economics." *Journal of Economic Issues*, September 1977.
114. Shubik, M. "A Curmudgeon's Guide to Microeconomics," *Journal of Economic Literature*, June 1970.
115. Smith, Adam. *An Enquiry into the Nature and Causes of the Wealth of Nations*, edited by E. Cannon. Methuen & Co., 1904 (first edition, 1776).
〔大内兵衛,松川七郎訳『諸国民の富』,岩波書店,1969年〕
116. Solow, Robert M. "The Economics of Resources or the Resources of Economics." *American Economic Review*, May 1974.
117. Sraffa, Piero. "Sulle Relazioni fra Costo e Quantità Prodotta." *Anni di Economia*, 1925.
〔菱山泉,田口芳弘訳『経済学における古典と近代』,有斐閣,1956年(所収)〕
118. Sraffa, Piero. *Production of Commodities by Means of Commodities.* Cambridge University Press, 1960.
〔菱山泉,山下博訳『商品による商品の生産』,有斐閣,1962年〕
119. Sylos-Labini, Paolo. *Oligopoly and Technical Progress.* Harvard University Press, 1962.
〔安部一成,山本英太郎,小林好宏訳『寡占と技術進歩』(増訂版),東洋経済新報社,1971年,但し1969年版の訳〕
120. Thurow, Lester C. *Generating Inequality.* Basic Books, 1975.

121. Tinbergen, Jan. *On the Theory of Economic Policy.* North-Holland, 1952.
    〔気賀健三, 加藤寛共訳『経済政策の論理』, 巌松堂, 1966年〕
122. Veblen, Thorstein. "Why Is Economics Not An Evolutionary Science?" In *The Place of Science in Modern Civilization.* B.W. Heubsch, 1919.
123. von Böhm-Bawerk, Eugen. *Capital and Interest.* Kelley, 1970.
124. Walras, Léon. *Elements d'Économie Politique Pure.* Allen and Unwin, 1954 (first published in French in 1874–1877).
    〔手塚寿郎『純粋経済学要論』, 岩波書店, 1953～54年〕
125. Weintraub, Sidney. *Price Theory.* Pitman, 1949.
126. Weintraub, Sidney. "A Macroeconomic Approach to the Theory of Wages." *American Economic Review*, December 1956.
127. Weintraub, Sidney. *A General Theory of the Price Level, Output, Income Distribution and Economic Growth.* Chilton, 1959.
    〔千種義人監修, 水吉俊彦訳『物価と経済成長の一般理論』, 巌松堂, 1971年〕
128. Weintraub, Sidney. "Keynes and the Monetarists." *Canadian Journal of Economics*, February 1971.
129. Weintraub, Sidney. *Capitalism's Inflation and Unemployment Crisis.* Addison-Wesley, 1978.
130. Wicksell, Knut. *Lectures on Political Economy.* 2 vols. ed. by Lionel Robbins, George Routledge and Sons, 1934, (first published in Swedish in 1901).
    〔堀経夫, 三谷友吉訳『国民経済学講義』, 高陽書院, 1938年〕
131. Wicksell, Knut. *Value, Capital and Rent.* Allen and Unwin, 1954 (first published in German in 1893).
    〔北野熊喜男訳『価値資本及地代』, 日本評論社, 1937年〕
132. Wicksteed, P. "The Scope and Method of Political Economy in the Light of the 'Marginal' Theory of Value and Distribution." *Economic Journal*, March 1914.
133. Wilson, T., and P. W.S. Andrews. *Oxford Studies in the Price Mechanism*, Clarendon Press, 1951.
134. Wood, A. *A Theory of Profits.* Cambridge University Press, 1975.
    〔瀬地山敏, 野田隆夫, 山下清訳『利潤の理論』, ミネルヴァ書房, 1979年〕

訳者あとがき

(1)

　本訳書は, Alfred S. Eichner (ed.), *A Guide to Post-Keynesian Economics*, with a Foreword by Joan Robinson, M. E. Sharpe, Inc. 1979 の翻訳である。本書は, その題名が示すとおり, ポスト・ケインズ派経済学の入門書である。もっとも, ポスト・ケインズ派経済学翻訳叢書(1)の J. クリーゲル著『政治経済学の再構築』もやはりポスト・ケインズ派理論への入門書であるが, 後者では, その学説史的位置づけと基本的枠組みに力点が置かれているのに対して, 前者では, 各章に配列されているような経済学の種々の主要テーマに対してポスト・ケインズ派経済学がいかにして接近できるかが示唆されており, またその政策上の含意が積極的な形で指摘されている点が特徴といえよう。その意味で両書はともにポスト・ケインズ派経済学への格好の入門書といえるであろう。

　本書の出版経過は, 原著編者アルフレッド・S.アイクナーの「はしがき」と訳者への私信を敷衍すると, こうである。アイクナーは以前『巨大企業と寡占』を執筆していた時, その中のいくつかの章をジョーン・ロビンソン女史に読んでもらったことがあった。その後, 1969年に彼女がコロンビア大学にやって来た折に, はじめて個人的に面談する機会を持った。彼は,「彼女は私に励ましの言葉を与えてくれた最初の, そしてしばらくの間, 唯一の経済学者であった。そして彼女は, 私の研究はさらに一層広範な研究領域の中に含まれるものだと指摘して下さった。それがポスト・ケインズ派理論に対する私の最初の出会いであった」と述べている。

　1971年にアイクナーは, J. クリーゲルの『利潤率, 成長および分配』(1971年) を読んだ後に彼に会い, ポスト・ケインズ派経済理論に関する共同研究にとりかかった。その成果が, 二人の共同論文, 'An Essay on Post-Keynesian Theory: A New Paradigm in Economics' (1975年12月) である。こうして彼は, ポスト・ケインズ派経済学に接近しはじめ, 同時に彼の主著である『巨大企業と寡占』(1976年) を発表した。まもなく *Challenge* 誌の発行者マイク・シャープからその雑誌にその続論の執筆を依頼されたので, 彼は, それに応えるためには, *Challenge* 誌の読者にポスト・ケインズ派の全体系をよりよく知らせ, 正統派である新古典派理論に対する包括的な代替理論を提示する一連(シリーズ)の論文が必要であると考え, その各々のテーマとそれを執筆してくれるポスト・ケインジアンを選び出すことになった。前述のように, すでにクリーゲルの入門書があ

訳者あとがき

ったので，扱うべきテーマにはそれより一層包括的なものが取り上げられた。そしてはじめは，その寄稿者と容易に接触しうるように，主に北アメリカ大陸に在住の経済学者に限定されたが，執筆者一覧をみればわかるように，一人の例外者がいる。それは A. ロンカッリアである。彼はイタリア在住の経済学者であるが，このシリーズにスラッファに関する論文が必要なことと，彼にはそれに関する著書（『スラッファと経済学の革新』渡会勝義訳，日本経済新聞社）があり，それについて執筆する適任者であるというクリーゲルの提案もあったので参加を依頼することになったようである。付言しておくと，ロンカッリアの原書（伊語版）の英訳版を作成したのが実はクリーゲルなのである。もう一つの例外がある。それは，リチャード・X. チェースである。もっとも彼の場合は，所在地の問題ではない。彼は最初この企画とは別に，独自の論文を *Challenge* 誌に提出していたのであった。アイクナーはそれがこのシリーズに掲載されるべきものだと判断し，彼にそのことを同意してもらったのである。

アイクナーは1977年の秋にこのシリーズの「総論」を書き，それをこの企画の参加者に送った。こうして，このシリーズの論文は，少なくとも，アイクナーの「総論」が *Challenge* 誌の1978年5月号に発表される以前にすべて提出されていたのであった。こうしてポスト・ケインズ派経済学に関する一連の論文が以下の順序に従って *Challenge* 誌に発表されるに至ったのである。

1) Post-Keynesian Theory: An Introduction ... Alfred B. Eichner (May-June 1978).
2) Post-Keynesian Theory: Macrodynamics...John Cornwall (May-June 1978).
3) Pricing in Post-Keynesian Economics...Peter Kenyon (July-August 1978).
4) Post-Keynesian Theory: Income Distribution...J.A. Kregel (September-October 1978).
5) A Post-Keynesian Approach to Monetary Theory...Basil J. Moore (September-October 1978).
6) The "Ruth Cohen" Anomaly and Production Theory...Rchard X. Chase (November-December 1978).
7) Post-Keynesian Theory: The International Dimension... J. B. Burbidge (November-December 1978).
8) Post-Keynesian Theory: The Labor Market...Eileen Appelbaum (January-February 1979).
9) Sraffa and the Reconstruction of Political Economy...Alessandro Roncglia (January-February 1979).

訳者あとがき

10) Economics of Natural Resources…Paul Davidson(March-April 1979).
11) The Incidence of Taxation…A. Asimakopulos(March-April 1979).
12) A Look Ahead…Alfred S. Eichner (May-June, 1979)

 Challenge 誌のこの連載が終り，これらを一冊の本にまとめる際に，出版社の提案に従って，ジョーン・ロビンソン女史が本書への「はしがき」を書くことになった。こうして本書が作成されるに至ったのである。本書の章の順序や表題および表現に，シリーズのものと比べると若干の変更は含まれるが，内容そのものには実質的変更はない。
 本書はその性格からして内容の要約を必要としないであろう。したがって，蛇足になるかもしれないが，以下にポスト・ケインズ派経済学の展開の特徴をかつて訳者の一人（緒方）が整理発表したものを転載した。読者の参考にしていただければ幸いである。

(2)

1. ポスト・ケインズ派経済学の特徴

 アイクナーとクリーゲルは，ポスト・ケインズ派理論が，支配的な新古典派のパラダイムに対して積極的かつ包括的な代替理論となる可能性のある「新しいパラダイム（ある理論体系を基礎づけている基本的な考え方）」を保持していることを主張し，下のような比較表を掲げている。そこで，まず，ポスト・ケインズ派の主な特徴をみてみよう。
（注1）

(注1) A. S. Eichner and J. A. Kregel, 'An Essay on Post-Keynesian Theory : A New Paradigm in Economics', *Journal of Economic Literature*, Dec. 1975.

側　　　面	ポスト・ケインズ派理論	新 古 典 派 理 論
動 学 的 特 性	明らかに識別できる持続的成長率に加えて，明確な循環パターンを仮定する。	ゼロ成長，またはその成長径路からの一時的乖離以外の乖離を予め排除すると仮定された市場機構のもとでの定常的拡張。
所得分配の説明	制度的諸要因が残余所得受領者と非残余所得受領者の間の歴史的な所得の分配を決定する。そしてその分配の変化は成長率の変化に依存する。	所得分配は可変的な要素投入と，それら要素投入の限界生産力とだけによって説明される。
利用可能と想定される情報量〔時間〕	過去のみが既知で，将来は不確実〔歴史的時間〕	あらゆる可能的諸事象に関して完全予見が存在する〔論理的時間〕

分析が完成されたとみなされるまでに満たされるべき諸条件	自由裁量所得は自由裁量支出に等しくならなければならない。	すべての市場は，個別市場ごとに需給の一致によって一掃される。
ミクロ経済的基礎	かなりの独占的因子を含んだ不完全市場。	すべてのミクロ単位が価格受容者として活動している完全市場。
理論の目的	経験的に観察されたままの現実世界を説明すること。	現実世界が当該モデルに近似しているとすれば，その社会的最適性を論証すること。

成長と歴史的時間の重視

　第一の特徴は，成長と歴史的時間の重視である。本質的に無時間（論理的時間）の下にある新古典派理論とは対照的に，ポスト・ケインズ派理論は，特定の歴史の中で時間を通じて拡張している経済の解明を主たる課題にしている。「近代経済学」の中に時間概念を最初に導入したのはマーシャルであったが，その背後には産業革命を通じて形成された大規模な資本設備がすでに存在し，そのことが彼の費用分析の視点と関係して「短期」「長期」などという区別となったのであった。

　巨大な設備がひとたび導入されると，それは他の生産手段と容易に代替されることはない。こうした社会では，すべての行為は現時点での諸決意から出発するが，すでに過ぎ去った過去は変えることができず，将来は未知で不確実なのである。したがって，各時点にはそれ自身の過去の歴史，すなわち不確実に直面してなされた諸決意の結果が存在している。ある決意は実現されているが，他の決意は実現されていない。それと同時に，各時点には，現在における個々人の決意や行為に影響する将来についてのそれ自身の期待が存在する。

　J・ロビンソンは，「変えることのできない過去とまだ未知の将来との間に，たえず動きつつある瞬間において人間は生活しているのだということをはっきり認識したこと」に「ケインズ革命の核心」を求めているが，結局こうした認識の存否が，ケインズ解釈やケンブリッジ「資本論争」の対立点でもあった。(注2)(注3)

　ケインズ『一般理論』を長期化するために，ハロッドおよびドーマーがその出発点を提供したことはよく知られている。しかし新古典派は，ハロッド=ドーマーの方程式の中の二つの生産要素――同質的集計資本と労働――の価格効果に着目して，長期の文脈の中でそれら生産要素の相対的希少性，価格の伸縮性，代替性が主要な役割を果たす新古典派成長モデルを作成した。

　それに対してJ．ロビンソン，N．カルドア，L．L．パシネッティ等のポスト・ケ

インズ派は，歴史的時間を重視し，その方程式の中の貯蓄性向に着目し，かつそこに階級視点や生産構造視点を導入する。そして，所得分配の貯蓄比率に及ぼす効果と，賃金からの貯蓄性向よりも利潤からの貯蓄性向の方が高いという制度的関係に関心を寄せ，成長と分配の相互関係を強調している。

新古典派の「論理的時間」という過去と将来を自由に操作することのできる時間の下での「擬似的因果」モデルは，将来に均衡が横たわっていることを確信している。他方，ロビンソンの成長モデルでは，経済は経済内部における階級行動の相互作用の結果として進行し，将来は非常に浮動的である。彼女は，静穏状態において完全雇用をもたらす成長を「黄金時代」と呼んでいるが，それは現実の世界でけっして達成されることがなく，またそれに向かう傾向もけっしてないような状態を意味しているのである。

したがって，彼女にあっては，なぜ現実の世界がそのような状態にないのかを知るために分析されるのであって，なぜ体系がそれに向かう傾向をもっているのかを示すために，「黄金時代」が想定されるのではない。ロビンソンが「黄金時代」を神話と呼ぶのはその意味である。

(注2) J. Robinson, Economic Heresies : *Some Old-fashioned Questions in Economic Theory*, Macmillan, 1971. (宇沢弘文訳『異端の経済学』日本経済新聞社, 1973年)

(注3) G. C. Harcourt, *Some Cambridge Controversies in the Theory of Capital*, Cambridge University Press, 1972.

分配と階級視点の導入

ポスト・ケインズ派理論の第二の特徴は，分配理論が新古典派の限界生産力説に依拠していないという点である。そして前述したように，所得分配を経済成長と直接関係させている。ポスト・ケインズ派のモデルは因果律を問題にし，投資率を左右する者が所得分配と利潤率に対する支配力を持つことができる点を明らかにしている。

単純なモデルは，古典派の世界（資本家と労働者の二階級社会）から出発する。この社会では，国民所得 Y が労働者の賃金 W と資本家の利潤 P とから構成されているとすると，

$$Y \equiv W + P \cdots\cdots(1)$$

S_w と S_p をそれぞれ賃金と利潤からの貯蓄とし s_w と s_p をそれぞれの貯蓄性向とすると，総貯蓄額 S は，

$$S \equiv S_w + S_p = s_w W + s_p P \cdots\cdots(2)$$

そこで，資本家による自由裁量支出（投資）は労働者による自由裁量所得（貯蓄）と

等しくなければならないという条件の下では，

$$I=s_wW+s_pP=(s_p-s_w)P+s_wY \quad \cdots\cdots(3)$$

この式の両辺を国民所得Yで割って整理すれば，

$$P/Y=\frac{1}{(s_p-s_w)}\cdot\frac{I}{Y}-\frac{s_w}{(s_p-s_w)} \quad \cdots\cdots(4)$$

を得る。

また(3)式の両辺を資本K（ただしここではKの値が測定可能な「静穏」状態にあると想定される）で割ると，資本蓄積率は，

$$I/K=(s_p-s_w)P/K+s_wY/K \quad \cdots\cdots(5)$$

となり，この式を整理して利潤率を示すと，

$$P/K=\frac{1}{(s_p-s_w)}\cdot\frac{I}{K}-\frac{s_w}{(s_p-s_w)}\cdot\frac{Y}{K} \quad \cdots\cdots(6)$$

となる。この(4)式と(6)式を基礎にしてポスト・ケインズ派の蓄積・分配の決定における重要な論点を摘出することができる。

このモデルの中で資本家階級が投資率を支配することができるのは自由裁量支出に対する資金の唯一の源泉が利潤であるからである。つまり，古典派リカードウ・モデルでは，労働者は彼らの生存のために賃金のすべてを消費してしまい，他方，資本家は投資のための資金をすべて自らの利潤から調達する。この場合には(4)式と(6)式は，

$$P/Y=I/Y \quad \cdots\cdots(4)'$$

$$P/K=I/K \quad \cdots\cdots(6)'$$

となり，利潤分配率と利潤率は投資の大きさに直接に規定されることがわかる。

このことは，消費財部門と資本財部門の二部門からなる経済においては，両部門の労働者の賃金総額は消費財部門の生産総額と等しく，両部門の資本家の受け取る利潤総額は資本財部門の生産総額とフロー面で一致していることを意味している。したがって，もし生産技術が同一で，貨幣賃金率も一定であるとすると，より高い成長率は異なった所得分配をもたらし，実質賃金率の低下を通じて利潤の賃金に対する比率を高めることを含意している。

訳者あとがき

モデルの拡張

いま資本家の貯蓄性向の仮定のみを緩め，資本家はその所得の一部を消費財に支出する（$1 > s_p > 0$）と仮定すると，(4)式と(6)式は，

$$P/Y = \frac{1}{s_p} \cdot \frac{I}{Y} \quad \cdots\cdots\cdots\cdots\cdots\cdots\cdots\cdots\cdots\cdots\cdots\cdots\cdots\cdots (4)''$$

$$P/K = \frac{1}{s_p} \cdot \frac{I}{K} \quad \cdots\cdots\cdots\cdots\cdots\cdots\cdots\cdots\cdots\cdots\cdots\cdots\cdots\cdots (6)''$$

となる。これは，投資の他に資本家の貯蓄性向（あるいは消費性向）が，利潤率および利潤分配率の決定に関与する基本的要因になることを意味している。そしてこうした関係は，カレツキの「労働者は得たものを支出し，資本家は支出したものを得る」という有名な命題を包摂している。つまり(4)″式の両辺にYを掛けて，$s_p = 1 - c_p$ を代入すると，$P = I + c_p P$ を得る。この式の c_p は資本家の消費性向である。

これは，同時に，ケインズが『貨幣論』において，「企業者たちがその利潤をどれほど多く消費に支出しようとも，彼らに帰属する富の増加分は前と同じである。このように，利潤は企業者たちの資本増加の源泉であるが，それはそのどれほど多くが放恣な生活のために当てられようとも，空になることのない寡婦の壺である」(注4)と述べたことと同義である。

こうした関係はポスト・ケインズ派においても重視される。とりわけ J. ロビンソンは，蓄積率に起因する利潤率とその利潤率が資本家のアニマル・スピリッツを介して誘発される蓄積率との間の二重関係を取り出し，資本家が自らの意思決定によって直接に支配できるのは蓄積率と彼の貯蓄性向であって，利潤率ではないことを明示している。

最後に労働者が彼らの賃金の一部を貯蓄するケース（$1 > s_w > 0$）が考察されなければならない。その場合，これまでのような機能的所得カテゴリーとともに，労働者が受け取る所得（つまり賃金と派生所得 P_w）と資本家の受け取る所得 P_c という社会階級所得カテゴリーが考慮されねばならない。このケースはパシネッティによって分析され，彼は「長期において労働者の貯蓄性向が資本家と労働者の間の〔階級的〕所得分配に影響するけれども，利潤と賃金という〔機能的〕所得分配には影響しない」(注6)という「パシネッティ定理」を導出している。したがって機能的所得分配は依然として資本家の投資決意と貯蓄性向とに依存しているのである。

アイクナーおよびクリーゲルは，このような論点を保持しつつ，現代の産業社会に目を向け，資本家階級の貯蓄性向を法人企業部門の貯蓄性向に視点を移して分析を進めて

訳者あとがき

いく。

　すなわち，クリーゲルは法人企業の利潤留保率 r に着目し，配当を $D=(1-r)P$ とすると，総利潤は $P=I+\{(1-s)D-sW\}$ となるから，貯蓄・投資の均等条件から，

$$I=sW+s(1-r)P+rP \quad \cdots\cdots(7)$$

そして両辺に K を掛けて整理して，

$$P/K=\frac{I/K-s(W/K)}{s(1-r)+r} \quad \cdots\cdots(8)$$

という式を導出している。この式の $s(1-r)+r$ は，利潤からの総貯蓄性向である。
（注6）

　この場合，利潤からの総貯蓄性向の決定の中に s と r がはいっているが，だからといって家計の貯蓄が利潤率を決定するとはいえない。というのは，全体としての企業は r を変化させることによって家計所得にはいる配当 D の規模を決定することができるからであり，その場合にも，依然として企業が総貯蓄を決定する能力を持っていることになるからである。

　このモデルでは生産物価格水準が一定と仮定されて，もっぱら留保率 r に焦点を合わせて展開されているが，他方アイクナーは，後述するように巨大企業の貯蓄行動を彼らの価格決定政策と関係させて展開している。しかし両者はそれぞれのモデルが対立するものではなく，むしろ補完するものであるという立場をとっている。

(注4)　『ケインズ全集』第5巻『貨幣論』小泉明・長沢惟恭訳，東洋経済新報社，142ページ。
(注5)　L. L. Pasinetti, *Growth & Income Distribution-Essays in Economic Theory*, Cambridge University Press, 1974.
(注6)　J. A. Kregel, *Rate of Profit, Distribution and Growth : Two Views*, p. 186.

ビジネス・デモクラシー仮説への批判

　ポスト・ケインズ派の第三の特徴は，ビジネス・デモクラシーの前提である資金調達に対する危険性に目を向けたことである。

　経済発展につれて投下必要資金量が大きくなると，企業は投下資本を自己資本だけでは賄いきれず，外部資金に依存せざるをえなくなる。新古典派はビジネス・デモクラシーの仮説で，誰でも利子を支払いさえすれば資本を調達することができるものと考えていた。しかし，利用可能な技術の進歩が必要資本規模の巨大化をもたらし，それによって借入資本の依存度が一層増大すると，それがかえって企業経営の不安定化をもたらすことになった。

訳者あとがき

ギアリング・レイショウ

このような事態に対して，カレツキは「危険逓増の原理」を用いて，ビジネス・デモクラシーの仮説の批判を行った。さらにシュタインドルはそれに対して「ギアリング・レイショウ」(gearing ratio, 企業の自己資本に対する総資本の割合)という概念を提示して企業の資金調達の問題を分析している。そこで総資本をZ，自己資本をC，他人資本をD，ギアリング・レイショウをgで表すと，それは，

$$g = \frac{Z}{C} = \frac{C+D}{C} = 1 + \frac{D}{C} \quad\cdots\cdots\cdots\cdots\cdots\cdots\cdots\cdots(9)$$

と書くことができる。

この比率は形式的には自己資本比率の逆数であるが，あえて自己資本を分母にしているのは，自己資本をもとにしてどれだけの他人資本を動員できるかという点を考慮してのことである。そこでギアリング・レイショウが高まると危険を増大させる原因となり，企業の一層の借入行為に対して一種のギアが作動することになる。

一般に企業が自己資本以外に外部の資金を調達するのは，あくまでも自己資本に対する利潤を増大するためといえる。つまり，借入資本は自己資本を補って総利潤を高めるための一手段として利用されるのである。そこでいま，自己資本に対する利潤率をβ，総資本に対する利潤率をe，そして借入資本について支払われる平均利子率をiとすると，自己資本利潤率と総資本利潤率との間にはギアリング・レイショウをはさんで次のような関係があることがわかる。

$$\beta = (e-i)g + i \quad\cdots\cdots\cdots\cdots\cdots\cdots\cdots\cdots\cdots\cdots\cdots\cdots(10)$$

そこで，もし総資本利潤率eが利子率iを一定量上回っていれば，自己資本利潤率βはgが高くなればなるほど増大することになる。それゆえ，高いギアリング・レイショウは，事業に成功する場合には自己資本に対して特に高い利潤率をもたらすことになるが，もし総資本利潤率が利子率に及ばないならば，gが高くなればなるほど自己資本利潤率は逆に低下することになる。それゆえに高いギアリング・レイショウは，事業に失敗した場合には損失率を特に大きくし，ギアリング・レイショウを増大させるということは同時に危険を増大させることを意味する。このようにして外部資金の借り入れに対しては事実上一定の制約が生ずることになる。

訳者あとがき

内部蓄積による企業の拡張

そこで，次に利潤の一部を貯蓄の形態で留保する内部蓄積を通じて，いかにして企業を拡張させうるか調べてみよう。いまある企業家が次のような投資計画をたてるとする。彼は期間 t_1 期の末に $\Delta C t_1$ の内部蓄積を行ったとしよう。そしてこの内部蓄積と期待利潤率をもとにして t_2 期に実行する投資計画をたてるとする。その時，彼がギアリング・レイショウを一定に保つように彼の投資計画をたてるとするならば，t_2 期の内部蓄積は t_1 期の内部蓄積と同じであると期待していることを意味する。この場合のギアリング・レイショウを「期待ギアリング・レイショウ」と呼んで $\Delta Z_{t_2}/\Delta C t_1 = g^{*}{}_{t_2}$ で表す。彼がこの期待を実現するか否かは，彼のこの期間における内部蓄積つまり売上利潤の増加の達成に依存している。

将来に対して不確実な貨幣経済では，この期待が現実と一致する必然性はないであろう。そこで次の二つのケースを想定してみよう。第一のケースでは，この期待が裏切られたケースである。その場合には t_2 期においてこの企業家は $(\Delta C_{t_2} - \Delta C_{t_1})$ という額の負債の純増加をかかえこむであろう。この時のギアリング・レイショウを「現実のギアリング・レイショウ」と呼んで $\Delta Z_{t_2}/\Delta C_{t_2} = g_{t_2}$ で表すと，期待ギアリング・レイショウに対して現実のギアリング・レイショウは企業家の意図に反して増大するであろう。

次に，その結果が期待を上回っているケースを想定してみよう。その場合には t_2 期においてこの企業家は $(\Delta C_{t_2} - \Delta C_{t_1})$ の内部蓄積の純増加を確保するであろう。しかもこの企業家が投資している産業が順調に成長している時には，この期待を上回る内部蓄積の増加は次期のギアリング・レイショウを引き下げる必要はないであろう。なぜなら前期のギアリング・レイショウの水準を保持しながら，新たに外部資金の借入れを $(\Delta D_{t_3} - \Delta D_{t_2})$ だけ増加しても，それは「安全な」比率であるからだ。このようにして，企業家資本の蓄積の大きさに応じて新たな外部資金の調達が可能となるであろう。

しかし，投下必要資本規模がさらに増大すると，今度は資金調達上のこの制約を回避するための手段として，株式会社制度が活用されるようになった。そこでは企業が株式市場で新規株式を発行し外部資金を自己資本として導入すれば，ギアリング・レイショウの上昇を回避することができるわけである。そして事実，この株式会社制度の普及は大量の大衆資金を株式会社に供給し，一層大きな投下必要資金の調達を可能にした。

しかし他方，カレツキが指摘するように，新株発行には，(1)株式会社が「株主の友愛組合」ではなく，大株主からなる支配グループによって経営されているかぎり，公衆に無制限に株式を販売することができない，(2)株式の発行による投資資金の調達が企業の利潤を増加させないかもしれない，(3)株式を消化する市場が制限されている，という限

訳者あとがき

界も存在する。ことに，第一の制限は企業組織内部につながる限界を意味している。な
ぜなら，少額の株式発行は新株主になんら管理権を委譲することにはならないが，ある
一定の限度を超えると，現在の支配的株主の「管理の稀釈」をもたらすからである。そ
こで，現在の株主はある一定量以上の新株発行についても，彼または彼らの経営権に対
する危険逓増に直面する，ということができる。

したがって，企業家はギアリングの制約と稀釈の限度に直面するわけで，現在の企業
家資本が大きいことの有利性に変わりはないことになる。R. マリスやA. ウッドらとと
もに，ポスト・ケインズ派も内部資金の実現を原則とみなし外部資金の調達を「例外」
ないしは原則に対する補完とみなしている。

(注7) M. Kalecki, 'The Principle of Increasing Risk, *Economica*, Nov. 1937.
(注8) J. Steindl, *Maturity and Stagnation in American Capitalism*, new ed. 1976.
(注9) M. Kalecki, *Selected Essays on the Dynamics of Capitalist Economy*, 1971,
　　　p. 105-109.
(注10) A. Wood, *A Theory of Profits*, Cambridge University Press, 1975.（瀬地山敏・
　　　・野田隆夫・山下清訳『利潤の理論』ミネルヴァ書房，1979年）

2. マクロ動学のミクロ的基礎

以上のような特徴を保持しつつ『一般理論』の一般化に向かったポスト・ケインジア
ンは，初めのうちは短期という『一般理論』の性格を打破すべく，長期化に向けて努力
を重ねてきた。

しかし，クリーゲルによると「ポスト・ケインズ派理論を強化するという点での最大
の空白は，依然としてミクロ・レベルにある。ケインズの場合もそうであったように，
ポスト・ケインズ派理論のミクロ的基礎は必ずしも明示的に説明されないか，あるいは
通常のミクロ理論のそれであると仮定されている。ミクロ経済理論と新古典派価格メカ
ニズムの否定とを組み合わせる際には，法人企業から成る資本主義体制において価格が
どのように形成され，どのように機能しているかを正確に見いだすことが必要である」
とされていた。こうした必要に応えて，ポスト・ケインズ派は，価格設定決意と投資決
意のリンクに着目し，ミクロ理論的基礎の確立を試みてきた。

そこで最後に新古典派ミクロ理論と対比しつつアイクナーの視点をみておこう。

ポスト・ケインズ派の企業像

ポスト・ケインズ派のミクロ理論は新古典派のそれと比較するとその視座が異なって
いる。新古典派においては，個々の消費者および生産者のそれぞれの意思決定を基礎に

訳者あとがき

した需要と供給の諸力によって，価格が決定される。新古典派の「完全競争」の下では情報が完全に伝播され，すべての生産者が需要の状態に適応し価格受容者（price taker）となる。その意味でそこに「消費者主権」が成立している。そして市場均衡の下では，すべての生産者が彼の生産能力を完全に稼動させている。

他方，ポスト・ケインズ派においては主として製造業における法人企業が考察される。一般に製造業においては，不確実な将来に備えて所与の価格の下で需要の変化に対応するために在庫を保有し，それを取り崩したりあるいは積み増したりすることによって調整する。また時には，売上げの変化に対応するために，生産能力の利用度（稼動率）を引き上げたり，引き下げたりすることができる。

「完全競争」に代わるポスト・ケインズ派の競争概念は，部門間の利潤率を均一化する古典派の「自由競争」に対応する。さらに，企業は正常な状態においても，不確実な将来に備えて余剰能力を保有すると仮定される。現代の製造業においては，オックスフォード経済調査からも明らかなように，企業は主要費用にある一定のマージンを加えた「フル・コスト」に基づいて価格を設定し，その価格でもたらされる売上げ水準に生産能力の利用度を調整するような行動をとるとされる。このような企業はもはや個人企業ではない。一定の経営組織をもつ法人企業（株式会社）である。

アイクナーはそれを巨大企業（megacorp）と呼んで，その性格を次の三つの側面から捉えている。つまりその第一は，「経営の所有からの分離」である。これは，大衆株主の増大と，株式保有の分散および職業的経営者の出現という歴史的趨勢の反映である。その結果，所有者（株主）は受動的な金利生活者となり，企業内部での支配権は経営陣に移っていった。しかも，ライフ・サイクルに悩まされない経営組織の永続性は，経営陣に長期的視野に立った意思決定を可能にさせる。

第二の側面は，「固定的要素係数，あるいは技術的係数をもった複数工場での操業」で，これは新古典派とは異なる逆L字型費用曲線をもたらしている。第三の側面は「少なくとも一つの寡占産業における構成員であること」である。これは個別企業にとっての収入曲線を特徴づける。その結果，寡占的市場構造の下では価格水準はプライス・リーダーとしての代表的巨大企業によって設定される。

このような側面をもつ寡占的巨大企業の価格水準は次のように定式化される。

$$P = AVC + \frac{FC + CL}{SOR \cdot ERC} \quad \cdots\cdots\cdots (11)$$

ただし，AVC：平均可変費用，FC：（株式配当を含む）固定費用，SOR：標準操業度，ERC：技術的に評価された生産能力，CL: *corporate levy*（企業賦課金）であ

る。この式の特徴は，アイクナーが考案した新概念にある。つまり CL とは投資支出を賄うための内部資金で，キャッシュ・フロー（減価償却引当金＋留保利益），研究開発費，広告費，企業の市場における地位向上のための活動経費が含まれている。したがっていま AVC と FC を一定と仮定すると価格水準は巨大企業が CL をどのような規模に決定するかに依存することになる。CL の変化は企業の投資資金に対する需給に依存している。

寡占企業の価格・投資決定

アイクナー・モデルでは，寡占企業は市場においてある程度の自由裁量権をもっているので，異時点間の収入のフローを変えるために，それゆえその意図した投資資金，そのうち一層多くの内部資金を調達するために，価格支配力を行使することができると見なす。そのような価格調整の結果として，異時点間の収入のフローは，価格引き上げによってもたらされる投資資金に対する期待収益と，価格引き上げによって生じる売上高の減少との二つの効果によって変化する。

第一の効果は周知のように，企業の追加投資資金に対する需要曲線すなわちマーシャルやケインズが使用した「投資の限界効率曲線」によって表される。他方，第二の効果は，企業の投資資金に対する供給曲線によって表されるものである。しかしこれは，内部資金調達コストを企業外から調達される資金での投資収益率と一致させる機会費用概念を使用するやり方とは異なって，経常的に内部資金を増加させるために費用を上回るマージンを増加させることから生じる収入の減少，つまり中期・長期の弾力的需要の諸効果に着目している点にその特徴が見いだされる。

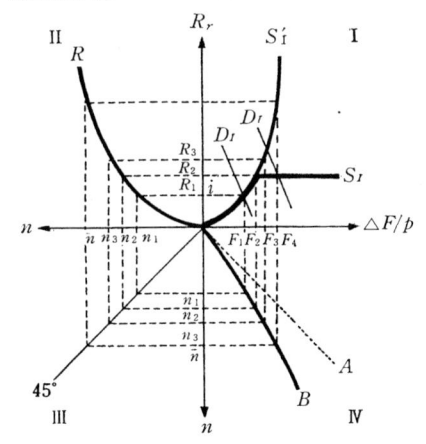

そして価格引上げに対する制約条件として，①代替効果，つまり代替製品との間の需要の孤弾力性の程度，②参入要因，つまり価格引上げに伴う新規参入の確率の程度，さらには③政府干渉の恐れが関係してくる。そのほか，④の制約条件として外国製品による市場侵入の恐れがあげられるが，アイクナーはそれを代替効果の一部と見なしている。製品の企画から完成までや，製品間の代替には時間を要することから，①②は短期的には影響力は弱いが，長期的には期待収益をしだいに減少させる。

— 211 —

訳者あとがき

アイクナーは，マージンの引上げによって生じる収益の増加分と，①②の影響力によって生じる減少分の割合を，「暗黙の利子率」(R) と呼ぶ。[注13]これは時間の関数のみならず，マージンの大きさの関数でもある。もしマージン（変数 n によって測定される）を増加するならば，それはその時の計画期間，つまり新規工場設備を稼動させるのに必要な期間にわたって，キャッシュ・フローの時間当りの量を増加させるであろう。この関係は図の第Ⅳ象限に示されている。

いまもし①②が関係してこなければ，追加資金曲線 $\Delta F/P$ は原点からの一定の勾配をもった直線 A で表されるであろう。しかし，もし費用を上回るマージンが増加するにつれて，①②が関係してくると，売上高は減少し，その結果，追加資金曲線は B 曲線のように逓減的になり，内部資金は減少率をもってしか増加しないであろう。

マージン n の引上げは同時に「暗黙の利子率」を増加させるであろう。この関係は図の第Ⅱ象限に示されている。マージンの増加が小さいうちは，R の値も小さいが，n が増加するにつれて代替と参入の影響力がしだいに増大していくと予想されうるので，その結果，暗黙の利子率もまた増加率をもって増大する関数となる。そしてある点 $\bar{n}$ において，追加内部資金に対する暗黙の利子率は，それらの影響力がそれによる危険を企業が受け入れるよりも大きくなっているために，無限大となるであろう。この点がまた，内部的に獲得されうる追加投資資金量の上限となるのである。

これら二つの関係から，図の第Ⅰ象限のように追加内部資金に対する供給曲線 S_I が導出される。それは，各計画期間において調達される追加資金が変化するにつれて，それら資金に対する暗黙の利子率 R がどのように変化するかを示すものである。もしプライス・リーダーが産業内の他の企業とともに市場利子率 i で外部資金を調達し，それで目標追加投資資金すべてをカバーできると仮定できるならば，追加資金に対するこの供給曲線 S'_I は，途中から屈折した供給曲線 S_I に変形される。したがって，この S_I 曲線が，内部・外部資金にかかわりのない追加投資資金に対する供給曲線を示すことになる。

このように投資の需要曲線 D_I と供給曲線 S_I が導出されると，次にこれら二曲線の間での可能な組合わせが検討される。たとえば D_I 曲線が原点より上の右の部分で，しかも市場利子率 i より下の水準で S_I 曲線と交差している場合，経常投資率は増加するであろう。そして費用を上回るマージンは n_1 にまで増加し，追加投資資金 F_1 は，すべて内部資金の増加分でカバーされる。

また D_I 曲線が原点より上で，しかも市場利子率 i の水準で S_I 曲線と交差している場合，経常投資率は増加するが，しかし追加必要総資金の一部 F_2 はマージンが n_2 にまで増加することによってもたらされるにすぎず，残りの必要資金 (F_4-F_2) は，外部金融を通じて調達されることになるであろう。

訳者あとがき

ミクロとマクロの統合の必要性

　これまで正統派経済学は，ミクロ経済学とマクロ経済学という二分法の下に構成され，相互に独立に展開されてきている。しかし，自由競争の中から法人企業が登場し，寡占的市場構造が形成されてくると，寡占は雇用・国民所得といった経済的集計量の動きに対して大きな影響力をもつ単位になり，ミクロの枠組みを超えた経済分析，つまりミクロとマクロの統合された経済理論が必要になってくる。

　アイクナー・モデルの特徴は，巨大企業の価格設定決意と投資決意とを関連づけ，とりわけフル・コストに含まれるマーク・アップ要因を追加投資資金需要と結びつけることによって，ポスト・ケインズ派マクロ動学理論のミクロ的基礎を提示し，その意味で，ミクロとマクロの有機的分析を展開していることに求めることができるのである。

(注11)　J. A. Kregel, *The Reconstruction of Political Economy: An Introduction to Post-Keynesian Economics*, Macmillan, 1973, 2nd ed. 1975. (川口弘監訳『政治経済学の再構築――ポスト・ケインズ派経済学入門』日本経済評論社，1978年) 292ページ。

(注12)　たとえば A. S. Eichner, 'A Theory of the Determination of the Mark-up under Oligopoly,' *Economic Journal*, Dec. 1973: *The Megacorp & Oligopoly: Micro Foundation of Macro Dynamics*, Cambridge University Press, 1976. (日本経済評論社，邦訳近刊):D. J. Harris, 'The Price Policy of Firms, The Level of Employment and Distribution of Income in the short run', *Australian Economic Papers*, Vol. 13, 1974: G. C. Harcourt and P. Kenyon, 'Pricing and the Investment Decision', *Kyklos*, Vol. 29, 1976. などがある。

(注13)　注15の Eichner, 'A Theory of the Determination of the Mark-up under Oligopoly', p. 1192. および *The Megacorp & Oligopoly: Micro Foundation of Macro Dynamics*, Cambridge University Press, 1976. の第3章参照。

　本書訳出にあたっては，はしがき，序文，1. 2. 3. 12. を緒方，4. 9. 11. を福田川，5. 6. 8. を森，そして 7. 10. を中野がそれぞれ分担し，それぞれの訳文の草案を相互に交換して忌憚なく加筆訂正しつつ，解釈・訳語の統一を図り，さらに福田川と中野が共同で全体を通読して整理した。その際に多くの方々から御支援・御教示をいただいた。中央大学経済研究所のケインズ経済学研究会のメンバーの方々，特に川口弘教授には，ともすれば怠惰になり挫けがちなわれわれを励まし，陰になり日向になって精神的にも物質的にも常に変らぬ御指導を下さったことに対し，心から感謝の意を表したい。また大蔵省文庫長の森田右一氏には *Challenge* 誌の原文および同省の内部資料「調査月報」に掲載された翻訳にもふれる機会を与えていただいた。その翻訳を担当した東京家

訳者あとがき

　政学院大学の間野英雄氏と拓殖短期大学の石橋邦夫氏とともに謝意を表したい。お名前は略させていただくが，ポスト・ケインズ派経済学の翻訳叢書を担当し，同研究会に参加しているメンバーの方々にも厚くお礼申し上げたい。なおこの訳者あとがきの一部に訳者の一人，緒方が『東洋経済・近代経済学シリーズ』No.50，1979年10月号に発表した論文の一部転載を快諾して下さった同誌編集長立花雄二氏のご好意に対しても心からお礼を申し上げたいと思う。最後になってしまったが，この翻訳叢書の出版に御支援をいただいている日本経済評論社社長の引地正氏，同社宮野芳一氏に深甚の感謝を捧げる。

　これらの人々の御支援・御教示のおかげで，ここに出版をみるに至ったが，それにもかかわらず，われわれの力不足のためになお思わぬ誤訳や不適訳を残しているかもしれない。読者の忌憚ない御教示をいただければ幸甚である。

1980年3月28日

　　　　　　　　　　　　　　　　　　　　　　　　訳　者　一　同

索 引*

*原著の索引に全面的に依拠して作成した。ただし,以下の項目中には,洋書の索引にしばしば見受けられるように,内容を示した項目名称(したがって,その名称自体は当該頁に必ずしも現れていない)が含まれているので注意されたい。

ア行

アイクナー(Eichner, Alfred)　43, 113, 117
アシマコプロス(Asimakopulos, A.)　73, 77
アヴェリット(Averitt, Robert)　115
安定性
　資本主義制度の——　32, 37, 40, 134～136
　労働者の側での——　121
異時点間配分　157～159, 160～161
一般均衡理論(「ワルラス派理論」をみよ)
イートウェル(Eatwell, John)　73
インフレーション　22, 27～28, 53～54, 68
ヴィクセル(Wicksell, Knut)　102
ヴェブレン(Veblen, Thorstein)　17, 31
ウッド(Wood, Adrian)　51
エドワーズ(Edwards, Richard)　120
エネルギー危機　157, 167

カ行

外資系企業　149
外部費用(external costs)　142, 157
価格　61, 65, 98～99, 104～105, 113～114, 116～118, 123～124, 130, 131, 136～137, 141, 152, 182～183
　売手によって決定される——　26～27, 105, 149
　需要に対する——の感応性　51
　貯蓄決定における——の役割　40, 43, 45～46, 65, 182
　伸縮的——　27, 45～46, 75, 116, 136, 149, 152
　相対——　21, 23, 47, 53, 58, 83, 101～102, 103～104, 131, 136, 150～151, 174
価格機構　34, 37, 182～184
価格先導者(プライス・リーダー)　49, 105, 117
過剰能力　116～117, 118
寡占　26～27, 36, 40, 46～47, 49～53, 55, 63, 75, 104～106, 109, 115, 120, 182～183
価値　98, 103～104, 137, 151
貨幣　25～26, 127～133, 137～139, 147, 151～152
貨幣(化された)経済　19, 25～26, 128, 147, 151
貨幣数量説　136～138, 151
貨幣ストック　127, 130, 131～133, 138, 151
貨幣賃金　110～115, 123～124, 127, 130～132, 135, 137～143, 148, 150, 154

— 215 —

索　引

貨幣の中立性　129, 130～131
貨幣の内生的性質 (endogeneity of money)　127, 131～133
カルドア (Kaldor, Nicholas)　19, 20, 36, 57, 145, 150, 155
カレツキ (Kalecki, Michal)　19～20, 39, 45, 53, 61～65, 73, 77, 117, 133, 145, 146, 149, 151, 154
ガレニャーニ (Garegnani, Pierangelo)　61, 68, 102
為替レート　147～148, 153, 183
カーン (Kahn, Richard)　19, 57
完全雇用　32, 34, 72, 75～76, 111, 130, 135, 136, 139, 151～152, 172, 179, 185
完全知識　35
管理価格　26～27, 45, 130 (「価格，売手によって決定される」もみよ)
機会費用 (opportunity cost)　59
企業家　40, 63, 146～147, 160, 163
企業心 (enterprise)　164
企業の行動目標　48, 52
企業の参入　105
技術工学の変化 (technological change)　34～35, 38～39 (「技術進歩」もみよ)
技術進歩 (technical progress)　63, 181
基礎的商品 (basic commodities)　97, 103～104, 107
期待　161～163
規模に関する収益　35, 38
　　――についてのスラッファ　19, 98
教育上の要件 (educational requirement)　121～122
供給
　個別市場における――　47, 58～61, 102, 117, 136, 150, 151, 172
　集計的――　(「能力」をみよ)

　石油の――　164～165
　労働の――　109～111, 114, 119～124, 131
供給諸要素　34
恐慌　134, 135
競争　27～28, 35, 45～50, 59, 74, 101, 104～106, 143, 157～158, 162, 172, 182～183
　海外市場での――　147～148, 154～155
均衡　60, 74, 128～129, 130, 146, 152, 175, 176 (「市場一掃」，「不均衡」もみよ)
ギンズバーク (Ginzberg, Eli)　119, 125
金融政策　28, 42, 89～90, 112, 124～125, 171～172
金融仲介機関　132
クーパー (Cooper, Richard)　152
クライン (Klein, Lawrence)　19
クラッグ (Cragg, John)　76
クリーゲル (Kregel, John)　113
クリザニアーク (Krzyzaniak, Marian)　76
計画化　(「指示的計画化」をみよ)
計画作成事務局　185～187
経験的研究　(「定量的証拠」をみよ)　16, 72, 88, 139, 175, 178, 179
ケインズ (Keynes, John Maynard)　18～19, 23, 31, 54, 57～58, 60～65, 73, 81, 112～114, 124, 128～131, 139, 145～147, 151～152, 160, 168, 171～173, 175
ケインズ派理論　33, 76～79, 83, 89, 173, 179～180
ケネー (Quesnay, Francois)　71
限界主義理論　15, 17, 59～60, 92～93, 106～107 (「新古典派理論」もみよ)
限界生産力　59～60, 110

索　引

現実適合性（経済理論の）　25, 45, 117, 149
ケンブリッジ大学　19, 21, 23, 36, 85, 87〜88
原(材)料　117, 136〜137, 157, 167
交易条件（農業と製造業との間の）　150, 154
工業市場　46, 51, 105, 147〜148, 149〜151
公共政策　27〜28, 41〜43, 53〜54, 67〜69, 78〜79, 89〜95, 106〜107, 124〜126, 139〜143, 153〜155, 166〜169, 180〜189
公共投資　184〜185
枯渇性資源　60, 158
国際金融　152
国際的次元　145〜155
国際貿易理論　145〜153
ゴッドレイ (Godley, Wynne)　51
「固定価格」市場　（『工業市場』、「管理価格」をみよ）
固定的要素比率　84, 87, 116〜117, 119, 123
古典派理論　27, 47〜48, 52, 58, 61, 63, 98, 104, 106〜107, 150
ゴードン (Gordon, David)　120
雇用　31〜32, 34, 53, 57, 60〜64, 67, 75〜76, 119〜120
コーンウォール (Cornwall, John)　148
コングロマリット　158, 163, 166

サ行

再切換え（技術の）　82, 84〜89
再生不能資源　（「枯渇性資源」をみよ）
先物市場　158, 161
差別（雇用上の）　121
サムエルソン (Samuelson, Paul)　21, 88, 172
サロー (Thurow, Lester)　120
産業構造　115, 123
時間　18, 128, 158
事業 (enterprise)　160
資金調達 (finance)　127, 133, 146
資源配分　15, 27, 47, 159, 177
指示的計画化　54, 94〜95, 140, 143, 185
市場一掃　45, 109, 111, 123, 130（「均衡」もみよ）
システムズ・アプローチ　176〜178
自然資源　（「原料」をみよ）
「自然」成長率　34, 35, 37
シトフスキー (Scitovsky, Tibor)　154
資本　48, 60〜61, 83〜87, 99, 109, 181
　異質的――　84, 87
資本家　62, 73〜74, 99〜101, 146
資本市場　52
資本蓄積　（「投資」をみよ）
資本論争　82, 85
社会階級　48, 67, 99
社会経済審議会　185〜188
社会契約　54, 185〜186
社会構造　184
社会的割引率　159
奢侈品　103〜104
シャックル (Shackle, G.L.S.)　19
ジャッフェ (Jaffé, William)　93
収益逓減　57, 98
収益逓増　98
収益率（資本に対する）　38, 60〜61, 103, 105〜107, 115（「利潤率」もみよ）
集計的産出高　57, 61〜63
重商主義的貿易理論　147, 154, 155
自由貿易　154
シュビック (Shubik, Martin)　46, 47
シュムペーター (Schumpeter, Joseph)

索　引

31, 38, 81, 88
需要
　貨幣に対する―― 111
　個別市場における―― 48, 50, 59
　集計的―― 23, 26, 32, 34, 57, 106, 130, 136
　要素用役に対する―― 59
　労働に対する―― 109～112, 114, 118～119, 130
需要管理政策 53～54, 140
循環的運動（経済の） 24, 34, 39, 41, 68, 76～77, 133, 147, 175, 181
循環的流れ (circular flow) 82, 89
乗数効果 31～32
消費 58, 62～64, 66, 146, 148
　資本家による―― 53, 62～63, 66, 73
消費者 158～160, 182
　――の嗜好 38～39
消費性向 63, 73
商品市場 27, 45
剰余（1国の） 98～101
職業獲得競争 (job competition model) 120
所得効果 21, 23, 174
所得政策 28, 42～43, 54, 68, 107, 141, 154, 180～187
所得の不平等 68
所得の分け前をめぐる闘争 77～79, 107, 125, 142, 187
所得分配 20, 23, 28, 48, 53～54, 57～69, 78, 98～99, 102, 104, 107, 125, 133, 141～142, 158, 181
ジョンソン (Johnson, Harry) 152
シロス・ラビーニ (Sylos-Labini, Paolo) 105
新古典派総合 21～22, 89, 111, 136, 151, 172, 189
新古典派成長モデル 22, 25, 33～36, 40～41

新古典派理論 21, 24, 27, 47, 98, 101～102, 109, 133, 137, 145, 151, 154, 168, 171, 175～176, 179, 182～183, 186
信用制度（機関） 25, 26, 133
信用割当 140
スタグフレーション 41, 124, 136, 171
スミス (Smith, Adam) 98
スラッファ (Sraffa, Piero) 19, 60～61, 68, 85, 97～107, 145
スワン (Swan, Trevor) 22
税 71～72
生産 99, 129, 130, 132, 146, 114
生産関数 34～35, 61
生産技術 52, 83～84, 148
生産性 54, 98, 114, 124, 130, 137～138, 140, 142, 147, 150
生産の社会的諸関係（「生産様式」をみよ）
生産費（生産価格） 60, 101, 104, 107, 149, 183
生産様式 107, 145, 149, 150, 153
政治学 94, 186～189
政治経済学 107, 171, 181
製造業　（「工業市場」をみよ）
生存賃金 63, 66, 110, 120, 123, 130, 138
成長
　企業の―― 48, 118
　経済の――20, 23～25, 36～37, 45, 48, 57～58, 63, 67, 125, 133, 139, 148, 171, 175, 179, 181
　――と循環 33
正統派理論　（「新古典派理論」をみよ）
制度派経済学者 16, 109
税に基づく所得政策 142, 143
税の帰着 (incidence of taxes) 71～79, 103
政府支出 72, 74～76, 79

― 218 ―

索　引

石油産業　157, 161～166
潜在的成長率　（「自然」成長率をみよ）
先進諸国（間の貿易）　145～149
ソロー（Solow, Robert）　21, 158

タ行

第三世界　（「低開発諸国」をみよ）
代替効果　21～24, 83～84, 174～175
ダーウィン（Darwin, Charles）　17
多国籍企業　157
短期　25, 73, 75～77
地代　98, 101
中央銀行　26, 127, 132, 140～141
超過需要（インフレの説明のための）　28, 124～125
長期的運動（経済の）　24, 135, 181
調整機構　21, 24, 40, 45～46, 51～52, 59, 111, 124, 129
貯蓄　20, 25, 26, 35, 39, 45, 58, 63, 66～68, 74～75, 77～78, 133～135, 150
　　労働者による――　65～67
賃金　35, 38, 41, 54, 62～69, 74, 87, 99～103, 108～115, 117, 123～124, 138, 146, 175, 180
　　相対――　141, 187
　　――の設定　54
　　利潤と区別されるものとしての――　20, 53, 58, 107
賃金財　（「消費」、「必需品」をみよ）
賃金ドリフト　144
賃金・物価の悪循環　54, 83, 154
通貨の切下げ　148, 153, 171
低開発諸国　140, 155, 149
デヴィッドソン（Davidson, Paul）　68, 19
デル（Dell, Sidney）　151
動学　20, 47, 52, 82, 128, 177
投機　160, 164, 166～167

投資　21, 23, 25, 35, 39, 41, 48, 50, 53～54, 57～58, 62～63, 65～66, 68, 73, 75, 77～78, 111, 114, 118, 125, 127, 133～134, 137, 147, 151, 175～176, 181～184
ドーリンジャー（Doeringer, Peter）　120
独占　74, 164～165, 166～167
ドーマー（Domar, Evsey）　31

ナ行

内部発生資金　（「留保利潤」をみよ）
二重性（経済の）　115
ネル（Nell, Edward）　68
農業　71, 150
ノードハウス（Nordhaus, William）　51
能力（capacity）　31, 73, 149, 181

ハ行

パシネッティ（Pasinetti, Luigi）　51, 66, 67
ハートショーン（Hartshorn, J.E.）　157
ハーバーガー（Harberger, Arnold）　71, 75, 76
バービッジ（Burbidge, John）　73, 76
パラダイム（経済学の）　28, 128, 174
ハリスン（Harrison, Bennett）　120
ハロッド（Harrod, Roy）　19, 20, 31, 32, 33, 58
ハロッド＝ドーマーの公式　20, 33, 36
ハンセン（Hansen, Alvin）　19
ピオーレ（Piore, Michael）　120
比較優位　147
失業　36, 107, 109, 112, 121, 136, 139, 141, 147
ヒックス（Hicks, John）　148, 151, 153

— 219 —

索　引

必需品　103, 104
ヒッチ(Hitch, Charles)　51
ヒューム(Hume, David)　152
費用
　間接――53, 117, 119
　限界――　116～118
　主要――　63～65
　正常――　45, 51～52
　単位労働――　130, 136, 138, 140, 142, 147～149
標準商品　104
ファーガソン(Ferguson, Charles)　87～88
フィリップス曲線　112, 124
不確実性　19, 36, 52, 129, 130, 152, 161
不均衡　37, 128, 129
副次的労働市場(secondary labor markets)　121～123, 125
負効用（労働の）　58～59, 110
負債　132, 134
物々交換経済　128
部分均衡理論　（「マーシャル派理論」をみよ）
フリードマン(Friedman, Milton)　132, 138, 140
ブローグ(Blaug, Mark)　91
分割された労働市場(Segmented labor markets)　109, 119～123
分配問題　28, 43, 54, 67～69, 107, 125, 141～143, 181, 186～189
ベイン(Bain, Joe)　105
ヘクシャー＝ウリーン・モデル　152
ポスト・ケインズ派理論
　――の出現　17～20
　――の基本的貢献　20～23
　――の本質的要素　23～27
　――のミクロ経済的基礎　27, 45, 114～124

　――の政策上の含意　27～28, 53～54, 67～69, 78～79, 124～126, 139～143, 153～155
　――の成長理論　36～41
　――内の競争概念　45～49
　――の価格設定　49～52
　――の「正常」費用　51～53
　――の所得分配　61～69
　――の税の帰着　72～75
　――の生産　82～89
　――とスラッファの研究との関係　97～107
　――と労働　109, 114～124
　――と貨幣　127, 129～133, 138～139
　――の歴史的時間　127～129
　――と資金調達　133～134
　――と循環的運動　134～136
　――とインフレーション　124～125, 136
　――の国際的次元　145～155
　――と自然資源　158, 167～168
　――の将来への影響　173～189
貿易　（「国際貿易」をみよ）
貿易収支　147, 153～154
貿易収支の赤字　148, 152, 154, 179
法人企業　142, 182, 185
法人利潤税　71
ボェーム・バヴェルク(Böhm-Bawerk)　102
ポートフォリオ選好　134
方法論　49
保証成長率　24, 35, 37
ボーモル(Baumol, William)　71
ホール(Hall, Robert)　51

マ行

マーク・アップ　45, 49, 50, 52～54, 67～68, 75, 78～79, 105, 117～118, 123,

索引

136〜138, 187
マクナルティ(McNulty, Paul) 47
マクロ経済学 (「新古典派総合」をみよ)
マクロ動学 31, 33〜34, 36〜38, 40〜41
マーシャル(Marshall, Alfred) 17〜18, 98, 128〜129, 151, 160
マーシャル派理論 19, 129, 136, 151
マスグレイブ(Musgrave, Richard) 76
マネタリズム 25, 90, 133, 137
マネー・ベース 132, 137, 139
マルクス(Marx, Karl) 20, 31, 48, 100, 145
マルクス主義理論 16, 47〜48, 51, 106, 135, 188
マルサス(Malthus, Thomas) 31
ミエツコウスキー(Miezkowski, Peter) 75, 76
ミクロ経済理論 21, 27, 45, 58, 98, 136, 151〜152
ミード(Mead, James) 152
民間計画化 183, 186, 188
民主的制度 125, 141, 181, 187
ミンスキー(Minsky, Hyman) 19

ヤ行

輸出 147〜149
輸入価格 138, 148
要素市場 58, 83〜85
余暇(leisure) 110

ラ行

ライク(Reich, Michael) 120
利益集団 182, 185, 186
利潤 58, 62〜68, 71, 73〜75, 78, 99, 104, 117, 133〜134, 147, 150, 181
 企業目標としての―― 48, 59, 105
 〜106, 109, 117〜118
 投資の――に及ぼす影響 20
 留保―― 46, 49〜50, 74, 118, 133, 181
利潤マージン (「マーク・アップ」をみよ)
利潤率 38, 48, 87, 102〜106
利子率 86〜87, 111, 139〜140, 159
リカードウ(Ricardo, David) 17, 19, 31, 48, 51, 85, 98〜100
流動性の危機 26, 139
ルース・コーヘンの珍奇な事例 85
歴史 38
歴史学派 17
歴史的時間 127, 130, 135, 145〜146, 176
ロウ(Lowe, Adolph) 94
労働 58〜60, 83, 86〜87, 109〜126, 130, 135, 146 (「労働者」もみよ)
労働組合 26, 36, 54, 115, 116, 182, 186
労働市場 109, 123, 124, 130
労働者 (「労働」をみよ)
労働者1人当りの産出高 (「生産性」をみよ)
ロビンソン(Robinson, Joan) 19〜21, 36, 54, 57, 84, 128, 145, 147, 148, 154, 155
論理的時間 127〜128, 176

ワ行

ワイントロープ(Weintraub, Sidney) 19, 60, 112, 117
ワルラス(Walras, Leon) 91〜93, 102, 128
ワルラス派理論 18, 50, 91〜95, 127〜128, 136, 151, 174

〔訳者略歴〕

緒方　俊雄

1945年　神奈川県に生れる。中央大学経済学部卒業，同大学院修了。市場構造論を専攻。現在，中央大学経済学部助教授

中野　守

1946年　東京都に生れる。中央大学経済学部卒業，同大学院修了。経済政策・計画経済論を専攻。現在，中央大学経済学部専任講師

森　義隆

1945年　熊本県に生れる。山口大学経済学部卒業，一橋大学大学院修了。経済理論を専攻。現在，中央大学法学部助教授

福田川洋二

1948年　東京都に生れる。中央大学商学部卒業，同大学院修了。ケインズ経済学を専攻。現在，中央大学経済学部助教授

ポスト・ケインズ派経済学入門

昭和55年5月20日　発行

検省			
印略	訳　者	緒　方　俊　雄	
		中　野　　守	
		森　　義　隆	
		福　田　川　洋　二	
	発行者	引　地　　正	
	印刷所	㈱太平印刷社	
発行所	㈱日本経済評論社		

〒101　東京都千代田区神田神保町 3-2
電話03(230)1661(代)・振替東京3-157198

落丁本・乱丁本はお取替えいたします。Ⓒ1980

ポスト・ケインジアン叢書
A5判 上製函入

1 政治経済学の再構築 ポストケインズ派経済学入門 （既刊）
—The Reconstruction of Political Economy—
J.A.クリーゲル著　川口弘監訳　緒方俊雄・福田川洋二共訳
338頁　2,800円

2 ポスト・ケインズ派経済学入門（既刊）
—A Guide to Post-Keynesian Economics—
A.S.アイクナー編　J.ロビンソン序
緒方俊雄・中野　守・森　義隆・福田川洋二共訳
230頁　2,600円

3 貨幣的経済理論（既刊）
—Money and Real World—
ポール・デヴィッドソン著　原正彦監訳　金子邦彦・渡辺良夫共訳
520頁　6,000円

4 ケンブリッヂ資本論争（近刊）
—Some Cambridge Controversies—
G.C.ハーコート著　神谷伝造 訳

5 巨大企業と寡占
—The Megacorp and Oligopoly—
A.S.アイクナー著　川口弘監訳　緒方俊雄・金尾敏寛・
高木邦彦・吉川俊雄・広田精孝 共訳

6 Dynamics of the Capitalist Economy
M.カレッキ著　青木達彦・玉井龍象 共訳

7 Employment and Growth
R.カーン著　浅野栄一・袴田兆彦 共訳

8 Capital Accumulation and Income Distribution
ドナルド・J.ハリス著　森　義隆 訳

9 Further Essays on Economic Theory
ニコラス・カルドア 著

ポスト・ケインズ派
経済学入門　（オンデマンド版）

2003年3月10日　発行

訳　者　　緒方　俊雄・中野　　守
　　　　　森　　義隆・福田川洋二

発行者　　栗原　哲也
発行所　　株式会社　日本経済評論社
　　　　　〒101-0051　東京都千代田区神田神保町3-2
　　　　　　電話 03-3230-1661　FAX 03-3265-2993
　　　　　　　　E-mail: nikkeihy@js7.so-net.ne.jp
　　　　　　　　URL: http://www.nikkeihyo.co.jp/

印刷・製本　株式会社　デジタルパブリッシングサービス
　　　　　　URL: http://www.d-pub.co.jp/

AB197

乱丁落丁はお取替えいたします。　　　　　　Printed in Japan
Ⓒ T.Ogata, M.nakano, Y.Mori, and Y.Fukudagawa 1980　ISBN4-8188-1600-0
Ⓡ〈日本複写権センター委託出版物〉
本書の全部または一部を無断で複写複製（コピー）することは、著作権法上での例外を除き、禁じられています。本書からの複写を希望される場合は、日本複写権センター（03-3401-2382）にご連絡ください。